大学生体育与健康

主　　编　鲁俊华　王　龙
副主编　　毛建勋　程业军　张建新
　　　　　车　通　唐　坤　李　健
参编人员　（按姓氏笔画排列）
　　　　　马明磊　李　佳　赵晓光
　　　　　姜　博　韩　金

北京理工大学出版社
BEIJING INSTITUTE OF TECHNOLOGY PRESS

内容简介

本教材作为大学生进行身体锻炼的理论指导，是普通高等学校体育教师对大学生进行体育技术指导与体育常识教育的理论依据。教材编写坚持以"学校教育要树立健康第一"的精神为指导思想，以熟知更多、更好、更新颖的体育项目为准则，以增加学生的知识面和增强学生的身体素质为内容，把培养和启发学生的体育兴趣、创新思维、健康意识和提高体育素养作为目标。在内容上，重点突出了体育常识，把体育教育与健康教育有机结合起来，使大学生真正树立终身体育的意识，养成终身锻炼的习惯。

在写作上，本教材把对学生体育文化的培养和运动项目的介绍结合起来，并采用了图文并茂的方式，具有较强的针对性和实用性，既拓展了公共体育课教学的新思路和新理念，也有利于培养学生的鉴赏能力，发掘学生的求知欲望和探究心理，有助于学生对运动技术的理解与掌握和综合素质的提高，适合作为应用型本科院校公共体育课教材。

版权专有　侵权必究

图书在版编目（CIP）数据

大学生体育与健康 / 鲁俊华，王龙主编．—北京：北京理工大学出版社，2019.8（2021.9 重印）

ISBN 978－7－5682－7435－7

Ⅰ.①大…　Ⅱ.①鲁…②王…　Ⅲ.①体育－高等学校－教材②健康教育－高等学校－教材　Ⅳ.①G807.4 ②G647.9

中国版本图书馆 CIP 数据核字（2019）第 174070 号

出版发行 /	北京理工大学出版社有限责任公司
社　　址 /	北京市海淀区中关村南大街 5 号
邮　　编 /	100081
电　　话 /	（010）68914775（总编室）
	（010）82562903（教材售后服务热线）
	（010）68944723（其他图书服务热线）
网　　址 /	http://www.bitpress.com.cn
经　　销 /	全国各地新华书店
印　　刷 /	涿州市新华印刷有限公司
开　　本 /	787 毫米 × 1092 毫米　1/16
印　　张 /	18
字　　数 /	400 千字
版　　次 /	2019 年 8 月第 1 版　2021 年 9 月第 3 次印刷
定　　价 /	48.00 元

责任编辑 / 高　芳
文案编辑 / 赵　轩
责任校对 / 周瑞红
责任印制 / 李志强

图书出现印装质量问题，请拨打售后服务热线，本社负责调换

前言

《大学生体育与健康》作为大学生实施身体锻炼的理论指导，是普通高等学校体育教师对大学生进行体育技术指导与体育常识教育的理论依据。本教材坚持以"学校教育要树立健康第一"的精神为指导思想，以让学生熟知更多、更好、更新颖的体育项目为准则，以增加学生的知识面和增强学生的身体素质为内容，把培养和启发学生的体育兴趣、创新思维、健康意识和提高体育素养作为目标。在内容上，重点突出了体育常识，把体育教育与健康教育有机结合起来，使大学生真正树立终身体育意识，养成终身锻炼习惯。

本教材在写作上，把学生体育文化的培养和运动项目的介绍结合起来，并采用了图文并茂和微信扫码视频教学的方式，具有较强的针对性和实用性，既拓展了公共体育课教学的新思路和新理念，也有利于培养学生的鉴赏能力，发掘学生的求知欲望和探究心理，有助于学生运动技术的理解掌握和综合素质的提高。

全书共分四篇十七章，第一篇为体育理论，共两章，主要编写了高等学校体育概述、运动损伤的防治与体育保健。第二篇为运动技术，共十章，主要编写了乒乓球、羽毛球、网球、足球、篮球、排球、健美操、啦啦操、武术、跆拳道十个运动项目的运动概述，以及基本技术和基本战术。第三篇为休闲体育，共四章，主要编写了高尔夫、台球、飞镖、轮滑四个休闲体育项目。第四篇为大学生体质健康，主要编写了大学生体质健康测量、评价与锻炼。

本教材编写分工如下：鲁俊华编写第一章、第三章、第五章、第十六章；王龙编写第九章、第十章、第十七章；毛建勋编写第十一章、第十二章；张建新编写第四章、第八章;车通编写第七章、第十三章;唐坤编写第十五章;李健编写第二章;姜博编写第六章;赵晓光编写第十四章;马明磊、程业军参加了微信扫码视频教学部分章节的资料收集等工作。书稿初审由王龙完成,统编、校对和终审由鲁俊华完成,韩金、李佳协助主编完成审稿任务。

本教材在编写的过程中,参考了有关著作及论文,采用了一些相关的研究成果,听取了有关专家和同行的意见,同时,也得到了学校各级领导的大力支持与帮助,在此一并表示感谢!由于编写人员水平有限,书中难免有不妥之处,敬请读者批评指正。

编 者

2019 年 4 月

第一篇　体育理论篇

第一章　高等学校体育概述 (3)

第一节　高校体育需要大发展 (3)
一、高校体育课程的发展趋势 (3)
二、积极推进体育教学改革 (4)
三、大力开展课外体育活动 (4)
四、努力培养高水平运动员 (5)

第二节　高校体育倡导健康生活理念 (5)
一、学校体育要树立健康第一的指导思想 (5)
二、全民健身与高校体育改革 (6)
三、高校体育在学生素质教育中的作用 (6)

第三节　体育课教学质量评价 (7)
一、体育课概述 (7)
二、体育课的类型 (8)
三、体育课的结构 (9)
四、体育教学评价 (10)

第二章　运动损伤的防治与体育保健 (15)

第一节　运动生理反应和运动损伤 (15)
一、运动生理反应和运动损伤的区别 (15)
二、运动损伤的预防 (15)
三、运动损伤的分类 (16)

第二节　常见的运动生理反应及处理 (16)

一、肌肉酸痛 ·· (16)
二、运动中腹痛 ·· (17)
三、肌肉痉挛（抽筋）·· (17)
四、运动性昏厥 ·· (17)
五、极点和第二次呼吸 ·· (18)

第三节　常见运动损伤与防治 ·· (18)
一、开放性软组织损伤 ·· (18)
二、闭合性软组织损伤 ·· (18)
三、骨折 ·· (19)
四、关节韧带损伤 ·· (19)
五、其他部位的损伤 ·· (20)

第四节　体育运动注意事项 ·· (21)
一、体育课安全问题 ·· (21)
二、户外活动与安全 ·· (23)

第二篇　运动技术篇

第三章　乒乓球 ·· (29)

第一节　乒乓球运动概述 ·· (29)
一、乒乓球运动简介 ·· (29)
二、乒乓球运动起源、发展、演变概况 ·· (29)

第二节　乒乓球基本技术和基本战术 ·· (30)
一、乒乓球基本技术 ·· (30)
二、乒乓球基本战术 ·· (41)

第四章　羽毛球 ·· (44)

第一节　羽毛球运动概述 ·· (44)
一、羽毛球运动简介 ·· (44)
二、羽毛球运动起源、发展、演变概况 ·· (44)

第二节　羽毛球基本技术 ·· (45)
一、握拍技术 ·· (45)
二、发球技术 ·· (47)
三、接发球技术 ·· (49)
四、击后场球 ·· (49)
五、击前场球 ·· (51)

第三节　羽毛球基本技术练习法 ·· (52)

  一、发球练习 ·· (52)
  二、击高球（高远球、平高球）练习 ·· (53)
  三、吊球练习 ·· (54)
  四、杀球练习 ·· (54)
  五、网前球练习 ··· (55)
  六、平抽球练习 ··· (55)
  七、接杀球练习 ··· (55)
 第四节　羽毛球基本战术 ··· (55)
  一、羽毛球战术的意义 ·· (55)
  二、我国羽毛球战术指导思想 ··· (56)
  三、基本战术 ·· (56)

第七章　网球 ·· (59)
 第一节　网球运动概述 ·· (59)
  一、网球运动简介 ·· (59)
  二、网球运动起源、发展、演变概况 ·· (59)
 第二节　网球基本技术和基本战术 ··· (60)
  一、网球基本技术 ·· (60)
  二、网球基本战术 ·· (65)

第八章　足球 ·· (68)
 第一节　足球运动概述 ·· (68)
  一、足球运动简介 ·· (68)
  二、足球运动起源、发展与演变概况 ·· (68)
 第二节　足球的基本技术 ··· (69)
  一、踢球 ··· (69)
  二、运球 ··· (71)
  三、停球 ··· (72)
  四、头顶球 ·· (74)
  五、抢截球 ·· (75)
 第三节　足球的基本战术 ··· (75)
  一、进攻战术 ·· (75)
  二、防守战术 ·· (76)
  三、定位球战术 ··· (77)

第七章　篮球 ·· (78)
 第一节　篮球运动概述 ·· (78)
  一、篮球运动简介 ·· (78)

二、篮球运动起源、发展与演变概况 …………………………………………(78)

　第二节　篮球基本技术 ……………………………………………………………(79)

　　一、基本步法、移动 ………………………………………………………………(79)

　　二、持球、接球、抢球、传球 ……………………………………………………(80)

　　三、运球、突破 …………………………………………………………………(83)

　　四、投篮 …………………………………………………………………………(83)

　第三节　篮球基本战术 ……………………………………………………………(85)

　　一、进攻战术基础配合方法 ……………………………………………………(85)

　　二、快攻战术 ……………………………………………………………………(87)

　　三、防守战术基础配合 …………………………………………………………(88)

第十章　排球 ……………………………………………………………………(90)

　第一节　排球运动概述 ……………………………………………………………(90)

　　一、排球运动概念 ………………………………………………………………(90)

　　二、排球运动起源与发展 ………………………………………………………(90)

　　三、排球运动的特点 ……………………………………………………………(91)

　第二节　排球运动基本技术 ………………………………………………………(91)

　　一、无球技术 ……………………………………………………………………(91)

　　二、有球技术 ……………………………………………………………………(93)

　第三节　排球运动基本战术 ………………………………………………………(97)

　　一、排球战术概念 ………………………………………………………………(97)

　　二、阵容配备 ……………………………………………………………………(97)

　　三、位置交换 ……………………………………………………………………(98)

　　四、进攻战术阵型 ………………………………………………………………(98)

　　五、自由防守队员的应用 ………………………………………………………(98)

　　六、进攻打法 ……………………………………………………………………(98)

　　七、防守战术 ……………………………………………………………………(99)

第九章　健美操 …………………………………………………………………(100)

　第一节　健美操运动概述 …………………………………………………………(100)

　　一、健美操运动起源与发展 ……………………………………………………(100)

　　二、健美操运动的分类及特点 …………………………………………………(101)

　第二节　健美操的基本技术 ………………………………………………………(104)

　　一、健美操基本手型与上肢基本动作 …………………………………………(104)

　　二、健美操基本步法 ……………………………………………………………(104)

　　三、手位操 ………………………………………………………………………(105)

　　四、音乐的辨识 …………………………………………………………………(108)

第三节　健美操等级套路组合 ……………………………………… (108)
　　　一、大众健美操等级套路组合一级 ………………………………… (108)
　　　二、大众健美操等级套路组合二级 ………………………………… (113)

第十章　啦啦操 …………………………………………………… (120)

　　第一节　啦啦操运动概述 …………………………………………… (120)
　　　一、啦啦操简介 …………………………………………………… (120)
　　　二、啦啦操的分类 ………………………………………………… (121)
　　　三、高校开展啦啦操运动的意义 ………………………………… (122)
　　第二节　啦啦操运动的基本组成要素 ……………………………… (123)
　　　一、动作要素 ……………………………………………………… (123)
　　　二、音乐要素 ……………………………………………………… (123)
　　　三、时间要素 ……………………………………………………… (123)
　　　四、空间要素 ……………………………………………………… (123)
　　　五、服装要素 ……………………………………………………… (124)
　　　六、口号要素 ……………………………………………………… (124)
　　　七、道具要素 ……………………………………………………… (124)
　　第三节　花球啦啦操 ………………………………………………… (124)
　　　一、组合一 ………………………………………………………… (124)
　　　二、组合二 ………………………………………………………… (126)
　　　三、组合三 ………………………………………………………… (127)
　　　四、组合四 ………………………………………………………… (129)
　　　五、组合五 ………………………………………………………… (130)
　　　六、组合六 ………………………………………………………… (132)
　　　七、组合七 ………………………………………………………… (134)
　　　八、组合八 ………………………………………………………… (135)
　　第四节　街舞啦啦操 ………………………………………………… (136)
　　　一、预备部分 ……………………………………………………… (136)
　　　二、组合一 ………………………………………………………… (137)
　　　三、组合二 ………………………………………………………… (139)
　　　四、组合三 ………………………………………………………… (140)
　　　五、过渡部分 ……………………………………………………… (142)
　　　六、组合四 ………………………………………………………… (142)
　　　七、组合五 ………………………………………………………… (145)
　　　八、组合六 ………………………………………………………… (146)
　　　九、组合七 ………………………………………………………… (148)
　　　十、结束部分 ……………………………………………………… (149)

第五节　爵士啦啦操 ·· (149)
 一、组合一 ·· (149)
 二、组合二 ·· (151)
 三、组合三 ·· (152)
 四、组合四 ·· (154)
 五、组合五 ·· (155)
 六、组合六 ·· (156)
 七、组合七 ·· (157)
 八、组合八 ·· (158)
 九、结束部分 ··· (160)

第十一章　武术 ·· (161)
第一节　武术运动概述 ·· (161)
 一、武术运动简介 ·· (161)
 二、武术运动的产生和发展 ··································· (162)
第二节　武术基本手型与步型练习 ······························· (162)
 一、五步拳的动作 ·· (162)
 二、五步拳的练习步骤 ······································· (163)
第三节　简化太极拳（二十四式） ································ (164)
 一、动作分组 ··· (164)
 二、每式动作及要点 ··· (164)
第四节　初级刀术 ··· (182)
 一、动作名称 ··· (182)
 二、预备式动作要领和重点 ··································· (182)
 三、第一段动作要领、易犯错误、纠正方法和要点 ············ (183)
 四、第二段动作要领、易犯错误、纠正方法和要点 ············ (186)
 五、第三段动作要领、易犯错误、纠正方法和要点 ············ (189)
 六、第四段动作要领、易犯错误、纠正方法和要点 ············ (192)
 七、结束动作的动作要领和要点 ······························ (196)

第十二章　跆拳道 ·· (197)
第一节　跆拳道运动简介 ·· (197)
第二节　跆拳道运动的特点 ······································ (197)
 一、跆拳道的礼仪 ·· (197)
 二、跆拳道的精神 ·· (198)
 三、以腿为主，以手为辅，主要关节武器化 ··················· (198)
第三节　跆拳道运动规则简介 ···································· (198)

一、竞赛形式 ………………………………………………………… (198)
二、比赛区域 ………………………………………………………… (199)
三、得分分值 ………………………………………………………… (199)
四、犯规行为与判罚 ………………………………………………… (200)
五、犯规败 …………………………………………………………… (201)
六、加时赛和优势判定 ……………………………………………… (202)
七、分差胜 …………………………………………………………… (202)
八、即时录像审议 …………………………………………………… (202)
第四节 跆拳道基本技术及练习方法 ………………………………… (203)
一、跆拳道准备姿势 ………………………………………………… (203)
二、跆拳道基本技术 ………………………………………………… (203)
三、跆拳道品势练习 ………………………………………………… (209)

第三篇 休闲体育篇

第十三章 高尔夫 ……………………………………………………… (223)
第一节 高尔夫运动简述 ……………………………………………… (223)
一、高尔夫简史 ……………………………………………………… (223)
二、球场类型简介 …………………………………………………… (223)
第二节 高尔夫基本技术 ……………………………………………… (224)
一、握杆 ……………………………………………………………… (224)
二、球位和脚位 ……………………………………………………… (224)
三、准备击球姿势 …………………………………………………… (225)
四、击球动作 ………………………………………………………… (225)
第三节 高尔夫主要技法与练习要求 ………………………………… (226)
一、远距离击球 ……………………………………………………… (226)
二、中距离击球 ……………………………………………………… (226)
三、近距离击球 ……………………………………………………… (227)
第四节 高尔夫简要比赛规则 ………………………………………… (227)
一、击球顺序 ………………………………………………………… (228)
二、不得干扰 ………………………………………………………… (228)
三、击球路线 ………………………………………………………… (228)
四、错球 ……………………………………………………………… (228)
五、球损坏 …………………………………………………………… (228)
六、擦拭球 …………………………………………………………… (228)
七、击对手球入洞 …………………………………………………… (228)

第十四章　台球 (229)

第一节　台球的基本动作 (229)
　　一、手架 (229)
　　二、握杆 (229)
　　三、身体姿势与站位 (230)

第二节　台球的基本技术练习 (230)
　　一、握杆技术 (230)
　　二、击球练习 (231)
　　三、击直线球入袋 (232)

第三节　瞄准与击球点 (234)
　　一、偏角球瞄准 (234)
　　二、击球点 (235)

第四节　台球的基本杆法 (237)
　　一、推杆 (237)
　　二、定杆 (237)
　　三、高杆 (238)
　　四、缩杆 (238)
　　五、扎杆 (239)
　　六、跳杆 (240)
　　七、旋转球 (240)

第五节　影响因素 (242)
　　一、入射角与反射角 (243)
　　二、垂直台边击球 (243)
　　三、力度不同外向台边击球的入射角与反射角 (243)
　　四、中上与中下击点的反射角 (243)
　　五、偏角球分离角的运用 (243)

第十五章　飞镖 (245)

第一节　飞镖简史 (245)

第二节　飞镖基本技术 (245)
　　一、握镖 (245)
　　二、站姿 (246)
　　三、掷镖 (246)

第三节　飞镖简要比赛规则 (246)

第十六章　轮滑 (247)

第一节　轮滑运动简介 (247)

第二节　轮滑的基本技术 ·· (248)
　　一、站立、平衡和移动 ··· (248)
　　二、滑行 ·· (249)
　　三、滑行停止 ·· (250)
　　四、弯道滑行 ·· (250)
第三节　轮滑的比赛规则 ·· (250)
　　一、比赛场地 ·· (250)
　　二、装备 ·· (251)
　　三、竞赛通则 ·· (251)

第四篇　大学生体质健康篇

第十七章　大学生体质健康测量、评价与锻炼 ·· (255)
第一节　大学生体质健康的测量与评价 ·· (255)
　　一、体质与健康的基本内容及关系 ··· (255)
　　二、大学生体质健康测试与评价 ·· (256)
第二节　《国家学生体质健康标准》大学生测试项目及锻炼方法 ····················· (260)
　　一、《国家学生体质健康标准》测试的操作方法 ··································· (260)
　　二、《国家学生体质健康标准》测试项目的锻炼方法 ···························· (263)

参考文献 ·· (267)

第一篇

体育理论篇

第一章

高等学校体育概述

高等学校（简称"高校"）体育是学校体育的主要组成部分，这意味着学校体育是教育学范畴的一门学科，与竞技体育有所不同，具有自己独特的研究对象、方法和目标。学校体育作为健康的载体，它的根基和归宿是热爱身体、热爱自己。

我国教育所提出的"健康第一"理念关系到社会民生问题，这也明确了体育教育的根本意义：把学生的健康调控到最佳状态，打造出一个符合世界卫生组织（WHO）制定的健康标准。这不仅是体育教育的主题，也是国际化的最重要的社会目标。要实现高校的教育目标，就必须把握好体育课程改革的方向，真正在课程标准中体现健康为本的思想，体现素质教育的精神，反映高校体育的最新发展趋势。

第一节 高校体育需要大发展

历史上有名的教育家和大学校长都非常重视体育，北京大学前校长蔡元培曾指出："所谓健全的人格，内分四育，即体育、智育、德育、美育。"蔡元培先生以德智体美和谐发展作为养成完全人格的具体途径，对北京大学新时代的教育产生了深远的影响。美国加州伯克利分校前任校长田长霖曾经说过："美国大学的校长是要管校际的运动竞赛的，体育运动需要领导的支持。"

一名高校领导者，在培养学生德、智、体、美全面发展的问题上应提高着眼点，从培养健全人格和基本素质的高度增强对体育的认识，与体育职能部门达成共识，树立"健康第一"的指导思想，树立提高身体素质是提高生活质量最重要方面的意识并着力推动体育工作的开展。

一、高校体育课程的发展趋势

（一）高校体育强调可持续性发展

中华人民共和国成立后，政治经济制度对高校体育产生了极大的影响，特别是改革开放以来，高等教育体制处于激烈嬗变的时期，高校体育迅速与国际接轨。高校体育作为高等教育的重要组成部分，担负着培养高级专门人才和提高民族体质、增进健康、改善文化素质的重任，这就决定了高校体育必将走上可持续发展的道路。在教育发生变革的今天，分析高校体育发展现状，消除阻碍高校体育可持续发展的因素，研讨可持续发展的对策，是高校体育改革的必然选择，也是我国高等教育乃至全社会发展的需要。

（二）高校体育课程发展的趋势

（1）体育课程目标呈现出多元化的趋势。在以"健身育人"为核心目标的基础上，继续贯彻发展学生身心，增强体质，重视传授科学的健身和保健知识、健身的技能和方法，使学生具有一定的体育素养，培养学生的健身能力和对体育的兴趣、爱好。

（2）高校体育教学指导思想呈现出综合化的趋势。在确立以健康第一和终身体育为指导思想的同时，体现体育的多功能特点，强调人的全面发展，追求体育教育的综合价值。

（3）强身育人教育是体育课程设置的发展趋势。注重理论教学知识范围，普及健身教学内容，增强课程的科学性、系统性、多样性、选择性和维持性，建立多向性的考评制度。

（4）在教材内容选择上，向着"易学、易用、少而精"的体育实践教材发展，重视竞技项目教材的改造，合理安排民族性、健身性、健美性、娱乐性的教材。

（5）在教学方法上更突出师生的双边协调，体育教学方法的内涵更加丰富，方法日趋科学化和娱乐化。

（6）未来的学校体育教学组织形式更重视学生主动性、能动性、创造性的发挥，更重视师生之间的互动。

（7）体育教学的评价更加注重师生双方的信息反馈，突出过程评价与结果评价的有机结合。

二、积极推进体育教学改革

高校体育教学改革的方向应是在打牢学生体能素质基础的前提下，培养、发展学生的体育兴趣和特长，引导学生通过体育锻炼克服自身心理、体质、体能方面的弱点。因此，要使学生掌握体育的基本知识、基本技能，就要有硬性指标，教师应严格要求，增强示范，加强教学的针对性和科学性。在此基础上，全面开设专项体育课，让学生根据自己的兴趣和特长，有目的地选择至少一项运动项目，在教师的指导下学习和锻炼，提高该项目的技术水平和锻炼质量，以满足今后参加健身、竞赛等活动的需要。

三、大力开展课外体育活动

课外体育活动是大学体育重要的、不可缺少的组成部分，它包括早操、课间操、课后自由活动、体育比赛等。应根据学校场地情况尽可能多地安排学生上早操，改变学生出操不出力的现象；至于课间操，除非有场地限制，有条件的学校、学院、年级甚至班级都应尽量安排；对于课后自由活动，体育教师应加强技术指导，场地较少的学校还应加强管理与协调，使每个学生每周至少参加两次课后体育锻炼；比赛是体育的最高表现形式，是群众性体育活动开展不可缺少的方式。组织好体育比赛应以田径运动会为龙头，以足球、篮球、排球、乒乓球、羽毛球、游泳比赛为主要赛事，视情况举办其他项目的比赛并合理安排比赛时间和场地，使之既丰富多彩又有条不紊、交替有序。

同时，可以通过创办运动项目爱好者俱乐部或协会，把各项目的爱好者组织起来，观看高水平比赛、举办活动、办比赛、开讲座、培训裁判、进行体育评论等，增强学生体育锻炼的积极性，提高运动水平，增加体育知识，增进同学间的友谊。

四、努力培养高水平运动员

十几年来，近百所高校试办高水平运动队的经验说明，高校不仅能培养出高水平的大学生运动员，还能培养出全国冠军，甚至奥运会冠军、世界冠军。高校体育今后的努力方向应是延伸高校培养运动员的过程，从小学开始选材，建立小学、中学、大学本科、研究生一条龙的培养体制，建立完善、配套的文化课学习、训练、比赛、管理、淘汰、激励制度，建立有利的场地、经费等保障条件，选好教练。各高校在确定发展项目时应根据学校条件和传统，选择适合本校开展且水平较高的运动项目，在制订培养计划和确定培养体制时，应充分考虑大学生运动员和普通大学生的区别，使大学生运动员既能基本达到毕业生文化课水平，又能不断提高运动水平，真正培养出具有较高文化素质的、能在国内外比赛中摘金夺银的高水平运动员。

第二节　高校体育倡导健康生活理念

"每天锻炼一小时，健康工作五十年，幸福生活一辈子"，这句口号就倡导了健康的生活理念。

教育部原副部长赵沁平说："面对当前的高校体育状况，我们必须高度重视高等学校体育课程的改革，努力实现高校体育与终身体育相对接，让大学生通过体育教育，至少掌握两项运动技能，养成良好的锻炼习惯，在体育锻炼中品味健康向上的高质量生活。"

2008年，中国奥运健儿的突出成绩为全民健身的发展带来了巨大的机遇，全国高校体育现正处在最佳发展机遇期，应该抓住契机，利用氛围，开展高校体育工作。

一、学校体育要树立健康第一的指导思想

近年来，学生体质健康监测结果表明，我国大学生的身高、体重等形态发育指标水平呈增长趋势，反应速度、力量的素质指标有所提高，营养状况得到较大改善。但校园缺乏体育文化氛围，学生的耐力素质、肺活量指标长期持续下降，肥胖学生的比例明显增多，近视眼发病率居高不下，视力不良检出率在75%以上。此外，不少大学生心理素质不高、抗挫折能力差，这些已成为高校体育教育中的突出问题。值得引起重视的是，学生健康意识不强、缺乏体育锻炼习惯和必要的运动技能的情况较为突出。学校体育工作要充分认识党中央国务院提出的"学校体育要树立健康第一的指导思想，切实加强体育工作"的时代背景和精神实质，使出实招、硬招和高招，进一步推动高校体育工作的开展，使高校体育工作不断迈上

新的台阶，把大学生的健身运动落到实处。

二、全民健身与高校体育改革

高校体育集健身实践、健身教育、健身研究三项功能于一身，同全民健身运动发展的关系越来越密切，推动全民健身运动发展的作用也越来越明显。

大学生处于身心较为成熟的青春时期，是接受教育、自我完善和实现个体社会化的最佳阶段，因此大学体育对于巩固和提高中小学阶段体育成果，进一步培养学生独立锻炼的能力和习惯，形成终身体育观并树立全民健身意识，具有长远的战略意义。一批批经过长期的学校体育教育培养，具有良好体育意识、兴趣、习惯和能力的毕业生走上社会后，必将成为我国全民健身队伍中的骨干力量。

增加健身教材，调整竞技教材的比重，以全民健身为准，切实开设一些有利于学生长期健身的项目。如果能在保证实现体育教学基本目标的情况下，挖掘体育职业的功能，实行社会化目标导向，进行体育职业技能培养，那么高校体育也将被赋予新的内涵。学生一旦把体育与其职业需求联系起来，学习的积极性也就提高了。

三、高校体育在学生素质教育中的作用

（一）用素质教育唤起学生的健身热情

以素质教育的观点来看，当前高校体育改革尚未达到质的变革，应试教育的弊端仍然存在。几十年一贯制的依分数论"英雄"，不利于学生在校期间体质的提高和终身体育观念的形成。

大学生处在接受新观念、新理论的最佳时期，高校体育要加强对学生终身体育、养生长寿、健康投资与智力投资辩证关系的教育，加深学生对现代体育运动功能效应的理解，在新观念、新理论的指导下科学地健身。高校体育改革要体现教材的先进性，要具有娱乐和健身功能，能满足大学生不同的兴趣和爱好，唤起学生健身热情，起到提高学生体育素质的目的；教学方法要灵活多样，重视发挥学生的主体作用，体现其个体需要，使学生在锻炼过程中充分享受体育的乐趣。

对学生体育成绩的评价，不仅要看其是否达标，还应看其在动态过程中的成绩升降变化和巩固率，做到既看技术成绩，还看体质变化，全面评价学生的体育成绩。开创校园体育文化，培育良好的校园体育氛围。利用体育特有的凝聚力和感染力，吸引更多的学生投入到锻炼中来。制定一些必要的特殊规则，强制参加，使学生由不习惯到习惯进而主动参与。总之，高校体育一定要培养学生懂健身、会健身的能力，充分发挥体育在学生素质教育中的作用。

（二）高校体育课改革与学生体育意识教育

1. 端正学习动机，加强现代体育意识教育

要巩固体育课程教改的初步成效，提高学生的健康水平，首先就要使学生真正明白什么是体育。"体育"概念的准确性涉及体育工作的内容和导向目标。人们都知道体育运动是增

进健康的，但是怎样增进健康？健康的概念和标志又是什么？其实，体育的本质属性是人自身的运动，用自觉意识去增进健康，使人具有良好的生理、心理状态和社会适应能力。这就是说，体育锻炼必须促进人的身心健康发展和培养良好的社会适应能力。

高校体育教育改革，应以现代体育意识转变学生学习体育的动机。作为学校体育教育，要让学生明白体育具有教育、健身和娱乐等本质功能，学校体育课程教学的基本任务，是促进学生的身心健康。学校体育教育要配合德育、智育、劳动技能和心理素质教育，进行整体性素质教育。通过有目标、有组织、有计划地传授体育锻炼的知识与技能，养成良好的自我健身习惯，促进学生身心健全，使其具有高尚的道德品质，成为新世纪的高素质人才。

2. 以终身体育为指导思想

终身体育是20世纪60年代以来出现的一种体育思潮，主张体育教育应贯穿人的一生，它不仅仅是学龄儿童和青少年在校期间的体育教育，而是从生命开始到生命终结，一生均伴随着体育锻炼。终身体育教育的思想是根据人体发展规律和体育锻炼的作用，以及现代人适应社会发展的需要而提出的。它与我国古代"持之以恒，坚持不懈"的主张、"流水不腐，户枢不蠹"的理论是相符的。

现代人的体力活动逐渐减少，工作和生活节奏加快，精神过度紧张，以及社会经济建设的发展和生活的富裕导致摄取的热量过剩等，容易导致高血压、心脏病、肥胖症、糖尿病和神经官能症等现代文明病，严重地威胁健康。为了改善学生的健康状况，学校体育必须以全民健身为宗旨，积极地采用科学的健身方法，努力改革学校体育课程教学，促进学生的身心健康，这已成为广大教育工作者的社会共识。

学校体育之所以是终身体育的基础，正是由于6～22岁在校学生处于身体生长发育和体质增强的黄金时代。学校体育教育要不失时机地通过有计划的体育教学，使学生系统地学习体育知识和健身方法，养成良好的锻炼习惯，坚持终身锻炼，以使学生具有完整的生理、心理状态和良好的社会适应能力。现代体育方法学的研究表明，只有自觉地遵守体育意识性原则才能获得成功的效果。因为，任何锻炼的内容，都必须持之以恒、坚持反复锻炼，才能巩固和提高健身效益。必须根据年龄、身体基础、学习与劳动特点，科学地选择体育活动内容和健身方法，使在校学生在不同年龄阶段学会不同的自我锻炼的方法，使学生身心得到均衡的发展。

第三节　体育课教学质量评价

体育课是体育教学的重要组织形式，课堂教学质量的好坏直接影响着整个体育工作的成败。通过对体育课的检查与评价，不断地改进体育课教学，提高教学质量。

分析一节体育课，常用的方法有两种。第一种是综合分析。它包括对一节课中任务完成的情况，如教材处理是否得当，教师的讲解、示范、组织、教法等是否恰当，学生掌握动作的水平、运动量、密度是否适当等各方面进行全面评价。第二种是专题分析。它是针对课堂教学中的某一个专门问题进行的分析。例如对运动负荷量的测定，对某一教法的分析等。

一、体育课概述

体育课是我国各级学校教育计划中规定的必修课，是有计划、有目的、有组织的教与学的过程,是学生积极掌握体育科学知识、技能,发展和改善身体素质,进行社会主义思想学习,培养个性的过程。

(一) 体育课特点

体育课是学校体育的基本组织形式,它有以下特点。

(1) 体育课是国家教育部门颁发的教育计划中规定的学生的必修课。我国十分强调体育课在教育中的重要地位,它是对青少年进行体育教育的重要阵地。

(2) 体育课是我国普通教育的重要组成部分,其目的在于使各级学校的学生掌握体育科学的基本知识、技术、技能,使之体质得到增强,个性得以发展,达到国家所需要的水平。

(3) 教师必须根据教育计划,按统一规定的任务,在规定的时数内,依据统一制定的教材和考核标准进行体育教学。

(4) 体育课的主要特点是将学生的体力活动和智力活动按一定的科学依据有机地结合,达到一定的教学、锻炼和教育的效果。

(5) 体育课必须与其他课程相配合,也必须与课外的其他形式的体育活动相结合,这样才有助于实现整个学校体育教学的任务和教育计划的要求,有助于学生形成全面发展的个性。

(二) 体育课教学基本要素

1. 明确教学任务

只有任务明确,才能选择好教学内容和教学方法,安排好合理的运动负荷。无论是一个学期,还是一堂课,教师都应明确使学生获得哪些体育知识,掌握哪些技术、技能,提高和改善哪些运动素质和能力,培养哪些思想品质和个性等。

2. 精选课的内容

体育课上,不能把大量的身体练习内容都传授给学生,只能把最基本的、最主要的内容作为基本教学内容。

3. 合理的教法

明确了任务,选择了内容之后,要按照体育教学的规律把既定的内容教给学生,必须讲究合理的教法,体育课的任务、内容和教法等是相互关联的。

4. 教师的主导作用和学生的主体作用

教与学的双边活动就是一个双方信息交流的过程,在这一过程中,教师必须起主导作用,学生必须发挥能动性,只有这样,才能上好体育课。教与学的关系是辩证统一的,只强调任何一方的作用都不利于体育教学任务的实现。只有教与学双方紧密配合,教师的主导作用和学生的主体作用一齐发挥,才能按照计划,有组织、有目的地进行教学。

二、体育课的类型

体育课类型的划分和正确运用,对体育教学有着重要的意义。体育课的类型较多,总的说来可分为理论课和实践课两大类。

（一）理论课

理论课主要指在教室内讲授体育基本理论知识的课。高校体育理论课一般包括两个方面：一是体育卫生基本理论课，教师传授系统的体育理论和体育保健常识，以及运动生理卫生常识等；二是讲各运动项目基本知识的理论课，教师讲授各专项的技术、战术理论，动作力学分析，裁判法等。

根据教学任务和教学进度的安排，理论课一般有以下几种上课方法：①安排在学期开始讲课；②安排在重大体育活动日前夕讲课；③有的课可安排在优秀运动员在重大比赛中取得优异成绩之后讲；④有的课可安排在机动时间讲，如在雨雪天无法进行室外教学时。

（二）实践课

实践课是指在场馆（室外操场、体育馆和健身房）里进行身体练习的课。它是按照国家统一规定的体育教学大纲和各校制定的教学进度进行的。

在我国各级学校中，根据学生的不同情况如年龄特点、专业特点、体育基础等，有不同的体育课。其中主要有以下几种：①普通体育课；②专项提高课；③保健体育课；④引导课；⑤新授课；⑥复习课；⑦综合课；⑧考核课。

总之，体育课的类型有很多，可根据体育教学任务、内容及对象特点，选择和运用不同类型的课，使体育课构成一个完整体系，保证体育教学的整体性，从而使学生系统地掌握体育的基本知识、技术和技能，使身心得到全面发展。

三、体育课的结构

随着教育思想和体育教学理论的发展，体育课的结构也在发生变化。时至今日，对体育课结构的探讨，已不能再停留于一般教育理论的基础之上，而是需要综合运用教育心理学、运动生理学和运动保健学等理论和科研成果。

（一）对体育课的结构的理解

体育课的结构是指一堂体育课教与学的活动内容安排的合理顺序，各练习之间的有机联系以及时间的分配。

体育课的内容的安排顺序，不单是指课堂上练习的安排，而是主要包括了教师教的活动（讲解、示范、保护、分析、纠正错误、评价等）和学生学的活动（观察、听讲、做练习、互相帮助与保护等）的合理顺序。当然，这个顺序要依据动作学习规律和教材体系来安排。

体育课的结构的实质在于把教与学双方的活动安排得合理，使练习与休息合理交替。

（二）安排体育课的结构的依据

1. 机体工作能力在一堂课上的变化规律

运动生理学的研究证明，一堂课上学生工作力的规律表现为四个阶段：练习前阶段、进入工作阶段、相对稳定阶段、能力下降阶段，体育教师应按照这个规律安排好课的结构。

很多体育课老师常用心率曲线在课上的变化说明学生机体工作能力的变化。一般来说，心率曲线图与机体工作能力的动态曲线是基本一致的，但不完全相同，所以不能完全用心率来反映机体工作能力大小，心率只是机体工作能力的一个指标。

2. 学生上课时心理活动的变化规律

体育课上，通过观察记录学生注意力的变化指数，可以研究学生心理活动的变化规律。我国目前还缺乏这方面的研究。

（三）国内外体育课的结构的主要类型

1. 国内体育课的结构的主要类型

国内体育课的结构以三部分的结构为主，这种结构为我国多数学校所采用。体育教师和科研人员，结合本地实际情况对体育课的结构进行修正和改革，归纳起来，主要有以下三种。

（1）三部分的结构。三部分的结构将课分为开始、基本和结束三个部分，可把基本部分再分成两个阶段：技术教学部分主要完成一项技术教学，身体训练部分发展综合素质。这样可适当加大课的练习密度，正确处理技术教学与提高身体素质之间的关系。

（2）六段教学结构。六段教学结构将课根据学生在课上身心活动的变化规律，分为六段。这种结构比较适用于小学和初中的体育课。

（3）按练习顺序安排的结构。按练习顺序安排的结构不分部分与阶段，而是根据人体机能活动规律，练习和休息合理交替，使练习一个接一个进行。如游戏练习、技术教材练习、身体素质练习和舞蹈等。

2. 国外体育课结构的主要类型

这里介绍日本和美国的体育课的结构。

（1）日本体育课的结构。日本的体育课没有统一的结构模式。有的学校按三部分的结构；有的按上课内容的顺序一个接一个地上，不划分部分；有的是以调动学生的练习兴趣和情绪为主的课的结构。总之，当前日本体育课的结构不拘形式。

（2）美国体育课的结构。美国体育课的结构的主要特点是无严格的课的结构模式，各行其是，主张体育课上不要束缚学生的积极性，让学生的个性得到自由发展，不断满足学生的运动欲望，重视课的实效和内容的安排，不重视结构形式；重视发展学生的运动能力，而不过分强调技术的传授。美国体育课不太注重课内组织教学的严密性。

四、体育教学评价

（一）教育评价与体育教学评价

1. 教育评价的概念

什么是评价？这是每一个从事评价研究的人必须首先回答的问题。在国内，针对体育教学评价的研究只是初步的，至今尚无体育教学评价的确切含义。现阶段对体育教学评价的研究，只是得到教育评价的启发，一些观点的形成也受到了教育评价的不少影响。

尽管教育评价在国内外如此热门，但是，关于什么是教育评价，现在并无统一的定义。不同的人根据各自不同的需要，对教育评价有着不同的理解和解释。

评价的本质就是对客观事物作出价值判断和鉴别。有人把国内外对"教育评价"一词的解释归纳为四种。

第一种，认为教育评价就是教育测验。

第二种，认为教育评价就是"专业判断"。

第三种，认为教育评价是把实际的表现与理想的目标相比较的历程。

第四种，认为教育评价是一种系统地去寻找并搜集资料，以便协助决策者在诸种可行的途径中择一而行的历程。

2. 教育评价的特点

通过以上四种定义的分析，可总结出教育评价的特点。

第一，教育评价是一个活动过程。它是一种特殊的、连续性的活动，其中包含着一系列的评价步骤和方法，而不是单一性的活动。

第二，这个活动过程是有计划、有目的地进行的。它和日常所进行的选择和决定有所不同。这个系统由确定目标、搜集资料、分析资料、形成判断、指导行动等一系列活动所组成。

第三，评价的根本在于用价值观念对各种状态进行评定进而作出选择。

第四，在教育评价活动中，评价者与被评价者是统一的。在教育评价的活动中，不能把评价者与被评价者分成两部分，相互对立，二者应该协同动作，而且在很多时候被评价者就是评价者自身。

3. 对体育教学评价的理解

这些分析都是很有道理的，问题的关键是如何运用评价，用评价去做什么。目前对教育评价的理解主要有两大观点。

一种是把评价作为决策的手段，为决策者提供信息、情报，以供决策者对学校、教师以及学生分等分类、进行排队，以利于管理。

另一种是把评价作为促进教育、教学质量提高的手段，与教育、教学改革相结合，把评价作为教育、教学过程中的一部分，为改进教育、教学提供矫正措施，旨在使大多数以至全部学生的学习成绩都能得到提高，使之在教育的作用下得到充分发展，使每个人都能成为对社会有用的人。

体育是教育的一部分，其根本功能是协同教育中其他诸育完成全面发展人的教育任务。高校体育的基本组织形式是体育教学，体育教学与其他学科相比有其独特的教学特征，这就是通过身体活动的过程对学生进行全面发展的教育。然而，体育教学除自身的特点外，其诸多原理、原则、方法与其他学科是息息相通的。那么把评价作为体育教学过程中的一个手段，来提高体育教学的质量就是完全可能的。只要确定了评价的目的，体育教学评价的含义也就不难理解了。

4. 研究体育教学评价的目的

研究体育教学评价的目的，就是为了解决问题。尽管人们对体育教学的目的有各种不同的解释，但是，一个根本的问题不容忽视，这就是培养人的问题。培养什么样的人，培养多少人，这是体育工作者应当深思的。体育是培养社会主义合格人才的基础教育，是为广大青少年和社会服务的，不是专门用于竞技比赛、运动训练的，也不能把提高运动技术水平作为其最终目的，而要使每个学生都能在体育中获得身心全面的、充分的发展。所以，体育教学不单单是考虑极少数具有优越先天素质的学生，而是着眼于如何使每个学生都能在现有身体条件的基础上得到全面的、充分的发展，使他们能真正享受到体育的效益。

正像前面已论述的那样，体育教学评价，不是把学生按体育成绩分等分类，也不是专门用来选拔和培养少数运动尖子，而是作为一种手段，用于改进教与学的过程，用于体育教学中每一步骤的信息反馈、矫正，获取和处理用以确定学生水平和教学有效性的证据，以使每个学生都能在教与学的过程中得到全面的、充分的发展。这就是确定体育教学评价内涵的根本依据。

基于上述认识，可以认为，体育教学评价是按照体育的性质及其所确立的目标，对所实施的教学活动的效果、完成任务的情况以及学生学习成绩和发展水平进行科学的价值判定的过程。

（二）体育教学评价过程

体育教学评价是一个过程，而不单是对教学最终结果的鉴定。它的着眼点应在于如何使体育教学进一步得到完善，如何使教学质量进一步得到提高，这样思考就不会把评价只放在教学的结果上面了。只有把评价看成改进教学过程本身的一种手段，它才具有实际意义。

任何一种教学评价，其实施的过程一般包括三个阶段（或称步骤），即确定教学目标，选择和使用评价工具进行评价，对教学结果作出价值判断并提供反馈信息。

体育教学评价过程涉及教学目标的确定、教学内容的选择、教学方法的运用、课程的结构以及对教学结果的价值判断等一系列问题。教学评价过程的主要机制是反馈，所以评价是在连续不断的教学活动中，按照教学目标对教学效果作出价值判断，有效地进行教学指导的一连串反馈活动。

体育教学是一个控制过程，充分发挥评价的反馈、导向、调节等功能是体育教学评价的关键。

1. 确定教学目标

教学是有意识、有计划的活动，而所有的教学活动都是受教学目标制约的，因此，教学活动的第一步就是确定教学目标。体育教学目标中，既有促进体力发展、能力发展的具体目标，也有心理方面的抽象目标，标准不一。要确定哪一种标准的教学目标，同评定计划密切相关。但是一般地说，最好给教学目标下一个可以操作的定义，即教学目标应用可以分析的、结合学生具体行为的、适合于指导的具体行为概念来表述。

2. 事前测量和评定

把握并评定学生的现状，即用教学目标来衡量学生的体力、能力发展水平。这不仅对下一步学习计划的设计来说是需要的，而且对研究教学目标的效果来说，也是需要的。这种评定也叫作诊断性评价。

3. 课时计划的设计

根据诊断性评价设计教学目标，使教学目标具有具体明确的方向。课时计划的所有指导内容要同教学目标相一致，同时，指导方法也必须遵循学生的生理和心理发育规律。因此，教师不仅要具有对应学科的专业知识，还要具有教育学、心理学的素养。然后按照课时计划的设置，根据学生的不同情况进行教学。

4. 事后测验及评定

教师要根据各班学生的具体情况制订课时计划，据以开展教学活动。因此，教学活动的评定也是教师的重要任务。事后评定要弄清各项教材内容预期的目标达到了怎样的程度；如果预期目标未达到，那么课时计划的薄弱环节在哪里；怎样调整课时计划；等等。评定结果如果对学生的学习活动和教师课时计划的改进毫无益处的话，那么这种评定就毫无价值。

由此可见，教学评价的基点应当放在学生的质量上，放在评价学生质量的基础上，通过因素分析，从教学的各项活动中寻找原因，并分析各种因素之间的相互影响、相互作用，准确、有效地把握住教学过程的反馈信息，及时调整教学活动，这样才能获得评价的效果。

（三） 体育教学评价方法

评价是使用各种测量结果进行价值判断的过程。在评价过程中，依据某种已经建立起来的标准来解释这些测量结果。可见，评价成功与否，是否能达到预期目的，直接取决于测量结果的好坏，如果所得到的测量结果缺乏可靠性和有效性，就不可能作出准确而客观的评价。因此，测量过程又是评价过程最关键的环节，只有不断地提高测量过程的可靠性、有效性和客观性，才能保证评价的科学性。

布鲁姆等人主张，不仅要在学习终末时进行评价，而且应在学习的开始和学习过程中随时进行评价。在学习过程中进行的评价，意义尤为重要。因此，他把评价的方法分成三种基本形式。

1. 诊断性评价

诊断性评价，是为了在教学开始之前，使教师明确了解学生的现状（身体能力、技术、技能等）以及他们的初始水平，以使教学安排符合实际。诊断评价的内容，一般包括以下几个方面。

（1）为了达到某一教学目标，是否已经具备了所需要的身体能力和技能。

（2）在教学之前，是否已经达到了预定的目标。

（3）根据教学对象的兴趣、个性、身体能力、技能、学习经验等特征进行分组。

只有通过诊断性评价，教师才能做到胸中有数，有针对性地安排教学内容、选择教学方法和手段，以获得最佳的教学效果。

2. 形成性评价

形成性评价是把某一教学的内容，分解成若干单位目标（基本环节），并将这些单位目标根据重要性和难易程度依次排列，而后分别向学生介绍要达到各项目标所需要的学习方法和经验。应定时、多次、重复地检查和评价达到每一目标的程度，明确哪些已经达到了，哪些还没有达到。然后根据评价所得到的反馈信息，及时调整和补充教学内容，选择和安排更适宜的教学方法和手段。

形成性评价，实际上是通过信息的反馈，进一步调整教学控制的过程，使之向预期的目标发展变化。然而，在以往的体育教学评价中，很少把这个过程作为评价对象，教学的方案与目标确定之后，并不关心对其形成过程的评价，只把其结果作为评价的对象，忽略了对动作技能形成期的评价。

形成性评价是整个评价的中心环节。在一定意义上，它比诊断性评价和总括性评价更为重要。因为教学的预期效果和技术、技能是需要一个过程逐步形成的，所以，这里包含了时间的因素。在这个过程中，总体目标的实现，是由若干单位目标（或环节）按一定时间序列逐一实现而决定的，达到某一单位目标的程度，直接影响教学的效果。因此，重视形成性评价，是当今评价理论的发展与进步。

3. 总括性评价

总括性评价，一般在学期（学年）末或某一单元教学结束时进行。它包括对成绩、技术、技能和身体能力的评价，增强体质的评价，成绩提高幅度的评价，个人在集体中位置的确定以及班级间的比较，与地区及全国的评价标准的比较等。总括性评价可以使教师和学生又一次得到反馈信息，为检查教学方法的效果、确定下一阶段教学的起点和目标，提供了科学的依据。

评价从目标的具体化开始，到制订计划时的诊断性评价、教学过程中的形成性评价、学期终了时的总括性评价，三种评价方式环环扣紧，每一步都伴随着评价、反馈和调节，形成一个有机的系统，以保证所有学生都能得到发展。

第二章

运动损伤的防治与体育保健

第一节 运动生理反应和运动损伤

一、运动生理反应和运动损伤的区别

在体育运动中,跌打损伤和运动生理反应是很难避免的。因此,必须贯彻"预防为主"的原则,研究损伤发生的规律、机制及预防与治疗措施,最大限度地避免损伤的发生。一旦出现了损伤和生理反应,在医生到达或送患者去医疗部门之前,必须采取急救手段。早期正确的处理,可减轻患者痛苦,缩短病程,为患者尽快康复创造条件。

在体育锻炼过程中,人体生理活动过程的有序性或平衡受到暂时性破坏,并出现某些生理反应。这种反应称为"运动生理反应"。

运动损伤是指人体在体育运动过程中所发生的各种损伤。在体育锻炼中,对运动损伤的预防应有充分的认识,需要很好地掌握运动损伤的发生规律,切实做好预防工作,使之最大限度地减少或避免。同时,还应了解和掌握体育运动中常见的运动损伤的产生原因、预防与处理方法,从而使体育运动健康安全而富有成效。

二、运动损伤的预防

加强运动安全教育,克服麻痹思想,提高预防损伤的意识。认真做好准备活动,对可能发生运动损伤的环节和易伤部位,要及时做好预防措施。合理组织安排运动负荷,防止局部运动器官负担过重。加强保护与帮助,特别要注意自我保护能力的提高,摔倒时要低头、屈肘、团身滚动;由高处向下跳时,要脚前掌着地,注意屈膝、弯腰、两臂自然张开,以利缓冲和保持身体平衡。

三、运动损伤的分类

（一）按受伤组织结构分类

按受伤组织结构，运动损伤分为皮肤损伤、肌肉损伤、肌腱损伤、关节软骨损伤、骨及骨骺损伤、滑囊损伤、神经损伤等。

（二）按伤后皮肤、黏膜是否完整分类

按伤后皮肤、黏膜是否完整，运动损伤分为开放性损伤和闭合性损伤。

1. 开放性损伤

伤后皮肤、黏膜不完整即为开放性损伤，如擦伤、刺伤、切伤、撕裂伤及开放性骨折等。

2. 闭合性损伤

伤后皮肤、黏膜完整即为闭合性损伤，如挫伤、关节韧带扭伤、肌肉拉伤、闭合性骨折等。

（三）按损伤的病程分类

按损伤的病程，运动损伤分为急性损伤、慢性损伤、陈旧性损伤。

（四）按损伤程度分类

按损伤程度，运动损伤分为轻度损伤、中度损伤、重度损伤。

第二节　常见的运动生理反应及处理

运动生理反应是人体的一种保护性抑制，它的实质是对机体工作能力的限制，防止机体因过度工作产生伤害。常见的运动生理反应及处理方法如下。

一、肌肉酸痛

（一）产生的原因

肌肉酸痛多数是由于平时缺乏锻炼或运动量过大。

（二）预防与处置

要做好准备活动，运动开始时运动量小些，以后逐渐增加，即在一个阶段的锻炼中，遵循循序渐进的原则。每次锻炼后，要及时做好放松活动，如仍然有酸痛现象，可采取局部按摩、热敷或用松节油擦抹等，以促进气血通达，缓解酸痛。

二、运动中腹痛

（一）产生的原因

由于准备活动不充分或者在长跑和其他激烈运动时，膈肌运动异常，血液瘀积在肝、脾两区，引起两肋间肌疼痛；或者在运动前饮食过多，或者过于紧张引起胃肠痉挛等，都会产生腹痛。

（二）预防与处置

做好准备活动，运动负荷要循序渐进，并注意呼吸自然，切忌闭气。如已产生腹痛，可适当减慢跑速，加深呼吸，揉按疼痛部位或弯着腰跑一段；腹痛严重者，可停止运动，并口服十滴水或普鲁苯辛 1 片。如仍不见效，应护送医院诊断治疗。

三、肌肉痉挛（抽筋）

（一）产生的原因

肌肉突然猛力收缩或用力不均匀，或受到过冷水温（或气温）的刺激，或收缩与放松不协调等都会引起肌肉痉挛。

（二）预防与处置

在运动前对容易发生痉挛的部位做好充分的准备活动，并适当按摩，同时点按委中的承山、涌泉等穴位。注意保暖，进行局部热敷，严重时采用麻醉缓解。

四、运动性昏厥

（一）产生的原因

在运动过程中，脑部突然血液供给不足，并达到一定程度时，发生一时性知觉丧失的现象，称为运动性昏厥。其症状为面色苍白、手脚发凉、呼吸缓慢、眼睛发黑、失去知觉而昏倒。主要原因是，长时间剧烈运动，四肢回流血液受阻，或突然进入激烈运动状态（如疾跑、冲刺），或在极度疲劳下继续勉强地锻炼，或久蹲后骤然站起，或疾跑后骤停，或空腹状态下锻炼等。

（二）预防与处置

平时应经常参加体育锻炼，以增强体质。运动时要控制运动负荷，防止过度疲劳。一旦出现运动性昏厥，应及时将患者平卧，使脚高于头部，并由小腿向大腿、心脏方向按摩，也可点按人中穴、合谷穴。如发生呼吸障碍，即进行人工呼吸。轻微患者可由同伴搀扶慢走，并协助做伸展运动和深呼吸等。

五、极点和第二次呼吸

（一）产生的原因

剧烈运动时，内脏器官的功能因存在惰性而与肌肉活动需要不相称，致使氧债不断积累，乳酸堆积，达到一定程度时，就会出现胸闷、呼吸急促、下肢沉重、动作不协调，甚至恶心、呕吐等现象。这就是运动生理学中所称的极点。

（二）预防与处置

平时应加强体育锻炼，不断提高机体对运动的适应力，这可延缓极点出现的时间和减轻症状。当极点出现后，适当减小运动负荷、加深呼吸，上述异常反应可逐渐缓解或消失，随后运动又重新变得轻松、协调，运动能力有所提高。这种现象称为第二次呼吸。

极点是运动中常见的生理现象，因此不必恐惧。

第三节　常见运动损伤与防治

常见的运动损伤有开放性软组织损伤、闭合性软组织损伤、骨折、关节韧带损伤等。

一、开放性软组织损伤

开放性软组织损伤，其伤口与外界相通。如擦伤指皮肤受摩擦所致的表皮伤；刺伤指长而尖的锐器刺入机体所引起的损伤；撕裂伤指皮肤或皮下组织不同程度的裂口等。因其伤口均与外界相通，易引起出血和感染，因而要特别注意伤口卫生，一般处理方法如下。

（1）小面积的损伤，只需用红药水涂伤口即可。

（2）大面积的损伤，必须严格消毒，用生理盐水清洗伤口，再用消毒纱布覆盖伤口，最后用纱布包扎。若无医疗条件，可取干净的代用品覆盖伤口，以防感染，然后送医院进一步治疗。

（3）伤及深层肌肉组织或裂口较大则需清创止血，甚至进行缝合术，口服抗生素，必要时应注射破伤风抗毒素。

二、闭合性软组织损伤

闭合性软组织损伤，无裂口与外界相通。如挫伤指身体局部受到钝器打击引起的组织损伤；拉伤是受力后肌肉猛烈收缩所致；扭伤是由于关节部位突然过猛地扭转，使肢体和关节周围的筋膜、肌肉、韧带过度扭曲或牵拉，多发生在踝关节、膝关节、腕关节和腰部。其所受伤部位均有疼痛、红肿、皮下出血乃至运动功能出现障碍等症状，一般处理措施有五种。

（一）休息制动

早期应限制活动，抬高患肢，即将患肢抬到比心脏高的位置，并用弹性绷带从远心端缠到近心端，以减轻肿胀，使局部得到充分休息，以利组织的修复愈合。

（二）先冷后热

一般先采用冷敷，即将受伤部位直接置于冷水中，或用冰块、冰袋及在冷水中浸湿的毛巾等物置于患处，以促使局部血管收缩，减少血流量，使血肿得到控制。局部加压包扎冷敷的时间以30分钟左右为宜，冷敷是对闭合性软组织损伤进行止血的有效手段之一。24小时后可进行热敷，加速血液循环，促进新陈代谢，从而达到消炎、退肿、止痛的目的。常用的方法有干热敷，即把热水袋或食盐、沙子炒热装入布袋置于患处；湿热敷，即将患处置于热水中或用热毛巾敷盖。

（三）活血化瘀

皮下有青紫斑应适当选用活血化瘀的中草药，可取陈醋半斤煮热后用毛巾浸醋敷伤处；亦可外擦红花油，内服三七粉、跌打丸等。同时，可辅以推拿和按摩。按摩挤压淋巴管，有助于渗液的吸收，对消除水肿有良好作用。

（四）医院治疗

如果怀疑伴有内脏器官损伤、肌纤维断裂等，应保持受伤部位的稳定，做一些必要的处理后立即送医院进行急救。

（五）功能锻炼

功能锻炼的目的是加速受伤肢体的血液循环，防止损伤组织的粘连和萎缩。功能锻炼要循序渐进，以不引发再度受伤为原则。

三、骨折

骨折是运动中身体某部位受到直接或间接外力作用而发生的骨质断裂现象。骨折时，患者的受伤部位剧烈疼痛，伴有肿胀和变形，伤肢缩短，失去原有的功能。骨折是比较严重的损伤，一旦发生，急救办法如下。

（1）判断可能为骨折时，切勿随意移动患肢，禁止触摸和检查骨折部位，更不能试图复位，应用夹板或其他代用品固定伤肢，然后尽快送医院检查治疗。

（2）倘若同时伴有休克，可以用手掐人中穴和内关穴、合谷穴，促使患者苏醒。

（3）若骨折为开放型，应先止血，再用消毒纱布包扎、固定。

四、关节韧带损伤

（一）手指挫伤

手指挫伤在篮球和排球运动中多见。若接球时手的动作不正确，手指过于紧张伸直，当外力冲击时就会引起挫伤，出现指关节肿胀、疼痛、屈伸受限。按闭合性软组织损伤处理时，切忌按摩，因为若手指关节两侧的副韧带撕裂，按摩将适得其反。最好用一块与伤指等长的薄木片或其他代用品，垫上纱布后用胶布固定在指侧，或把伤指和邻近的手指固定在一起。

（二）踝关节扭伤

踝关节扭伤在球类、田径、体操项目中多见，主要是因为踝关节外侧韧带承受力比内侧差，运动中身体落地时踩在凸凹不平的地面或他人脚上等造成身体失去平衡，使踝关节活动范围超出限度而致伤。加强自我保护及踝关节周围韧带的锻炼，充分做好准备活动是防止踝关节扭伤的关键。一旦扭伤，按闭合性软组织损伤处理。此外，还可以用脚尖、脚跟、脚外缘各走路3~5分钟，达到使气血流通的目的。

（三）腰部扭伤

腰部扭伤多发生在体操、田径、篮球等运动中，主要是由于腰部突然受力猛烈伸屈或过分扭转，超过了本身的承受力。腰部扭伤后有压痛、肿胀、腰部活动受限等症状。可根据闭合性软组织损伤的处理办法进行冷冻、热疗、按摩等，同时要睡硬板床。此外，背晃法对治疗腰伤极有帮助，即健康者与患者背对背，使患者腰部位于健康者臀部，健康者背着患者，弯腰屈膝的同时晃动臀部，使患者的腰和肢体能轻轻地左右摆动，经过多次晃动后，健康者迅速将自己弯曲的两膝挺直，使患者的腰部在健康者的臀部发生一次颠簸动作，然后再屈腿晃动，反复多次。施用背晃法可使脊柱产生牵拉、过伸、上下震动、旋转、左右摇动等动作，从而起到正骨理筋、疏通经络气血的作用。运动时应充分做好准备活动，遵守循序渐进的练习原则。免受风寒和潮湿能大大避免腰部损伤发生。

（四）肩关节损伤

肩关节损伤多发生在体操、排球、投掷等运动中，主要是由于转肩用力较大或反复摩擦。肩关节损伤表现为压痛，做"反弓"动作时疼痛加剧。主要处理手段是局部封闭、按摩、理疗等。愈后应加强三角肌肌力及肩部灵活性练习，纠正练习时的错误动作。

五、其他部位的损伤

（一）肌肉拉伤

肌肉主动强烈地收缩或被动过度地拉长所造成的肌肉微细损伤、肌肉部分撕裂或完全断裂，称为肌肉拉伤。其征象为局部疼痛、压痛、肿胀、肌肉紧张、发硬、痉挛、功能障碍；当受伤肌肉主动收缩或被动拉长时疼痛加重；做肌肉收缩抗阻力试验时疼痛加剧或有断裂的凹陷出现；有些有闪痛、撕裂感，肿胀明显及皮下淤血严重，触摸局部有凹陷而一端异常隆起。

肌肉拉伤主要是由准备活动不当、训练水平不够、疲劳或过度负荷、错误的技术动作或运动时注意力不集中、动作过猛或粗暴等造成的。肌纤维轻度拉伤及肌痉挛者，用针刺疗法会取得显著疗效。肌纤维部分断裂者，早期用冷敷、加压包扎，还要把患肢放在使受伤肌肉松弛的位置上以减轻疼痛，48小时后开始按摩，手法要轻缓。怀疑有肌肉、肌腱完全断裂者，应在局部加压包扎，固定患肢，立即送医院确诊，必要时还要接受手术治疗。

（二）髌骨劳损

髌骨劳损是膝部常见的运动损伤，几乎所有的运动项目都能引起髌骨损伤，田径、篮球、排球更多见。髌骨劳损由膝关节经常伸屈、超常范围的内外翻，使髌骨下面的软骨和股骨的相应面长期碰撞而致，主要表现为局部酸痛并有"膝软"的感觉，可采用按摩、理疗及中草药热敷。适当控制运动量，多做直腿负重抬高练习，使股四头肌力量加强，增强膝关节的稳定性是防治的主要手段。

（三）胫腓骨疲劳性骨膜炎

胫腓骨疲劳性骨膜炎在田径项目中多见。初参加体育锻炼的人常因跑跳过多而引起小腿骨疼痛，这是由于过多地跑跳刺激拉伤小腿肌肉在胫腓骨附着点的骨膜，造成肿胀充血，可摸到小结节。初参加体育锻炼的学生应掌握循序渐进的原则，不要在硬地上跑跳，做好准备活动，防止受寒。运动后及时进行自我按摩，放松小腿肌肉，即可避免小腿骨疼痛。骨膜炎症状出现后，可用弹力绷带裹扎小腿，减少运动量，休息时抬高患肢，并可配合按摩、针灸、理疗等。伤后重新锻炼时，运动量要逐渐增加，以防旧伤复发。

（四）跟腱炎

跟腱炎是指由于跟腱背侧深筋膜和腱组织之间的滑膜层及其结缔组织损伤，造成血液循环障碍，导致腱围及腱组织产生的损伤性炎症。运动场地不平或过硬，可能造成跟腱炎；扁平足、足弓过高、后群肌肌力不足也是主要的发病原因。在鞋内加一层软垫，可帮助减缓跟腱紧张。

第四节　体育运动注意事项

如何正确处理体育运动与安全问题，减少、避免伤害事故，已成为社会、教育行政部门、学校关心的热点。作为学校教育组成部分的体育教学，由于自身的特点或其他各种因素，事故偶有发生，成为学校教育过程中主要的不安全因素。

一、体育课安全问题

体育课安全问题已成为体育教育工作者必须进行思考、分析、研究的重要课题，使学生了解一些体育课教学过程中或锻炼时相应的安全措施是相当必要的。

（一）体育课安全注意事项

体育课是锻炼身体、增强体质的重要课程。体育课上的训练内容是多种多样的，因此安全上要注意的事项也因训练的内容、使用的器械不同而有所区别。

（1）课前做好准备活动，课中听从指挥，服从安排，有序地进行各项目的练习，课后做好放松整理。

（2）短跑等项目要在规定的跑道进行，不能串跑道，特别是快到终点冲刺时，更要遵守规则，避免受伤。

（3）跳远时，必须严格按要求助跑、起跳。起跳前脚要踏中木制的起跳板，起跳后要落入沙坑之中。这不仅是跳远训练的技术要领，也是保护身体安全的必要措施。

（4）在进行投掷训练时，如掷铅球、铁饼、标枪等，一定要按老师的口令进行，不能有丝毫的马虎。这些体育器材有的坚硬沉重，有的前端装有尖利的金属头，如果擅自行事，就有可能击中他人或者自己，造成受伤，甚至危及生命。

（5）在进行单杠、双杠和跳高训练时，器械下面必须准备好厚度符合要求的垫子，如果直接跳到坚硬的地面上，会伤及腿部关节或后脑。做单杠、双杠动作时，要采取有效措施，使双手握杠时不打滑，避免从杠上摔下来，使身体受伤。

（6）在做跳马、跳箱等跨越训练时，器械前要有跳板，器械后要有保护垫，同时要有老师在器械旁站立保护。

（7）做前后滚翻、仰卧起坐等垫上运动时要严肃认真，不能打闹，以免发生扭伤。

（8）参加篮球、足球等项目的训练时，要学会保护自己，也不要因在争抢中蛮干而伤及他人。在这些争抢激烈的运动中，自觉遵守竞赛规则对于安全是很重要的。

（二）体育课的着装

（1）衣服上不要别胸针、校徽、证章等。

（2）上衣、裤子口袋里不要装钥匙、小刀等坚硬、尖锐、锋利的物品。

（3）不要佩戴各种金属或玻璃的装饰物。

（4）头上不要戴各种发卡。

（5）若患有近视眼，如果不戴眼镜可以上体育课，就尽量不要戴眼镜。如果必须戴眼镜，做动作时一定要小心谨慎。做垫上运动时，必须摘下眼镜。

（6）不要穿塑料底的鞋或皮鞋，应当穿舒适的运动鞋。

（7）衣服要宽松合体，最好不穿纽扣多、拉链多或者有金属饰品的服装。有条件的应该穿运动服。

（三）合理安排课间活动

在每天紧张的学习过程中，课间活动能够起到放松、调节和适当休息的作用。课间活动应当注意以下几方面。

（1）室外空气新鲜，课间活动应当尽量在室外，但不要远离教室，以免耽误接下来的课程。

（2）活动的强度要适当，不要做剧烈的运动，以保证继续上课时不疲劳、精力集中、精神饱满。

（3）活动的方式要简便易行，如做操等。

（4）活动要注意安全，避免发生扭伤、碰伤等。

（四）参加运动会的注意事项

运动会的竞赛项目多、持续时间长、运动强度大、参加人数多，安全问题十分重要。

（1）要遵守赛场纪律，服从调度指挥，这是确保安全的基本要求。

（2）没有比赛项目就不要在赛场中穿行、玩耍，要在指定的地点观看比赛，以免被投掷的铅球、标枪等击伤，也避免与参加比赛的运动员相撞。

（3）参加比赛前做好准备活动，以使身体适应比赛。

（4）在临赛的等待时间里，要注意保暖，春秋季时应当在轻便的运动服外再穿上防寒外衣。

（5）赛前不可吃得过饱或者饮水过多。赛前半小时内，可以吃些巧克力，以增加热量。

（6）比赛结束后，不要立即停下来休息，要坚持做好放松活动，例如慢跑等，使心脏逐渐恢复平静。

（7）剧烈运动以后，不要马上大量饮水、吃冷饮，也不要立即洗冷水澡。

二、户外活动与安全

户外郊游、野营、游戏、体育锻炼时，活动的空间更广阔，接触的事物更加复杂多样，存在的危险因素也增加了。户外活动应当注意以下的安全问题。

（一）保证郊游、野营活动的安全事项

郊游、野营活动的地点大都远离城市，比较偏远，物质条件较差，所以，要注意以下各点。

（1）要准备充足的食品和饮用水。

（2）准备好手电筒和足够的电池，以便夜间照明。

（3）准备一些常用的治疗感冒、外伤或预防中暑的药品。

（4）穿运动鞋，统一着装（如穿校服），这样目标明显，便于互相寻找，防止掉队。

（5）早晨和夜晚天气较凉，要及时添加衣物，预防感冒。

（6）活动中不随便单独行动，应结伴而行，防止发生意外。

（7）晚上注意充分休息，以保证有充足的精力参加活动。

（8）不要随便采摘、食用蘑菇、野菜和野果，以免发生食物中毒。

（9）对活动路线、地点进行勘察时，有专人组织、带领。

（10）所有参加活动的人要严格遵守活动纪律，服从统一指挥。

（二）登山活动的安全事项

登山对人的身心健康大有好处，但也潜伏着一定危险。为了保证安全，应该做到以下几点。

（1）登山时有专业人员带领，要集体行动。

（2）登山的地点应该慎重选择。要向附近居民了解清楚当地的地理环境和天气变化情况，选择一条安全的登山路线，并做好标记，防止迷路。

（3）备好运动鞋、绳索、干粮和水。在夏季，一定要带足水，因为登山会出汗，如果不补充足够的水分，容易发生虚脱、中暑。

（4）最好随身携带急救药品，如云南白药、止血绷带等，以便在发生摔伤、碰伤、扭伤时派上用场。

（5）登山时间最好选择早晨或上午，午后应该下山返回驻地。不要擅自改变登山路线和时间。

（6）背包不要手提，要背双肩包，以便双手抓攀。还可以用结实的长棍作手杖，帮助攀登。

（7）千万不要在危险的崖边照相，以防发生意外。

（三）滑冰运动的安全事项

滑冰融健身与娱乐为一体，是一项深受青少年喜爱的活动。怎样才能保证活动的安全呢？

（1）若在自然结冰的湖泊、江河、水塘滑冰，应选择冰冻结实，没有冰窟窿、裂纹、裂缝的冰面，并尽量选择距离岸边较近的地方。初冬或初春时节，冰面尚未冻实或已经开始融化，千万不要去滑冰，以免冰面断裂发生事故。

（2）初学滑冰者，不可性急莽撞，学习应循序渐进。特别要注意保持身体重心平衡，避免向后摔倒而摔坏腰椎和后脑。人多时，滑冰要集中注意力，避免相互碰撞。

（3）结冰的季节，天气十分寒冷，滑冰时要戴好帽子、手套，注意保暖，防止感冒或身体暴露的部位发生冻伤。

（4）滑冰的时间不可过长，因为在寒冷的环境里活动，身体的热量损失较大。在休息时，应穿好防寒外衣，同时解开冰鞋鞋带，活动脚部，使血液流通，以防生冻疮。

（四）户外活动中暑的预防与处理

中暑是人持续在高温条件下或受阳光暴晒所致，大多发生在烈日下长时间站立、劳动、集会、徒步行军时。轻度中暑会感到头昏、耳鸣、胸闷、心慌、四肢无力、口渴、恶心；重度中暑可能会伴有高烧、昏迷、痉挛等。

（1）喝水。大量出汗后，要及时补充水分。外出活动，尤其是远足、爬山或去缺水的地方时，一定要带够充足的水。条件允许的话，还可以带些水果等解渴的食品。

（2）降温。外出活动前，应该做好防晒的准备，最好准备太阳伞、遮阳帽，着浅色透气性好的服装。外出活动时一旦有中暑的征兆，要立即采取措施，寻找阴凉通风之处，解开衣领，降低体温。

（3）备药。可以随身带一些人丹、十滴水、藿香正气水等药品，以缓解轻度中暑引起的症状。如果中暑症状严重，应该立即送医院诊治。

（五）手脚冻僵的处理方法

在寒冷的冬季外出活动时，常常冻得手脚发僵。手脚冻僵后，千万不要在炉火上烤或者在热水中浸泡，那样会形成冻疮甚至溃烂。

（1）应该回到温暖的环境中去，使冻僵部位的温度慢慢回升。

（2）如果在野外，应当设法用大衣等将手脚包裹起来，还可以互相借助体温使冻僵的手脚暖和过来。

（3）最有效的方法是用手搓，通过摩擦增加温度，促进自身的血液循环，以恢复正常。

（六）掉进冰窟窿的处理方法

在冬季滑冰或在冰面上行走时，万一冰面破裂，就有可能掉进冰窟之中。一旦发生这种情况，应当怎么办呢？

（1）不要惊慌，保持镇定，大声呼救，争取他人相救。

（2）应当用脚踩冰，使身体尽量上浮，保持头部露出水面。

（3）不要乱扑乱打，这样会使冰面破裂加大。要镇静观察，寻找冰面较厚、裂纹小的地点脱险。此时，身体应尽量靠近冰面边缘，双手伏在冰面上，双足打水，使身体上浮，全身呈伏卧姿势。

（4）双臂向前伸张，增加全身接触冰面的面积，一点一点爬行，使身体逐渐远离冰窟。

（5）离开冰窟口，千万不要立即站立，要卧在冰面上，用滚动式爬行的方式到岸边再上岸，以防冰面再次破裂。

（6）年龄较小的青少年发现有人遇险，不可贸然去救，应高声呼救。在紧急情况下，救人的正确方法是将木棍、绳索等伸给落水者，自己趴在冰面上，防止营救他人时冰面破裂。

（七）游泳时遇到意外的处理方法

游泳最容易遇到的意外有抽筋、陷入漩涡、被水草缠住等。万一发生了这些情况，应当采取下列自救方法。

（1）遇到意外要沉着镇静，不要惊慌，应当一面呼唤他人相助，一面设法自救。

（2）游泳发生抽筋时，如果离岸很近，应立即出水，到岸上进行按摩；如果离岸较远，可以采取仰游姿势，仰浮在水面上，尽量对抽筋的肢体进行牵引、按摩，以求缓解；如果自行救治不见效，就应尽量利用未抽筋的肢体划水靠岸。

（3）游泳遇到水草时，应以仰泳的姿式从原路游回。万一被水草缠住，不要乱蹦乱蹬，应仰浮在水面上，一手划水，一手解开水草，然后仰泳从原路游回。

（4）游泳时陷入漩涡，可以吸气后潜入水下，并用力向外游，待游出漩涡中心再浮出水面。

（5）游泳时如果出现体力不支、过度疲劳等情况，应停止游动，仰浮在水面上恢复体力，待体力恢复后及时返回岸上。

（八）被蛇咬伤的急救措施

毒蛇有毒牙和毒腺，头部大多为三角形，颈部较细，尾部较短粗，色斑较鲜艳，牙齿较长。被毒蛇咬伤的，一般可在患处发现2~4个大而深的牙痕，局部疼痛。被无毒蛇咬伤的，一般有两排"八"字形牙痕，小而浅，排列整齐，伤处无明显疼痛。对一时无法确定的，则应按毒蛇咬伤处理。

（1）立即就地自救或互救，千万不要惊慌、奔跑，以免加快毒素的吸收和扩散。

（2）立即用皮带、布带、手帕、绳索等物在距离伤口3~5厘米的地方缚扎，以减缓毒素扩散速度。每隔20分钟需放松2~3分钟，以避免肢体缺血坏死。

（3）用清水冲洗伤口，用生理盐水或高锰酸钾液冲洗更好。此时，如果发现有毒牙残留必须拔出。

（4）冲洗伤口后，用消过毒的刀片，连接两毒牙痕为中心做"十"字形切口，切口不宜太深，只要切至皮下能使毒液排出即可。

（5）有条件的话，可以用拔火罐反复抽吸伤口，将毒液吸出。紧急时也可用嘴吸，但是吸的人必须口腔无破溃，吐出毒液后要充分漱口。吸完后，要将伤口温敷，以利毒液继续流出。

（6）可用火烧灼伤口，破坏蛇毒。

（7）尽快食用各类蛇药，咬伤24小时后再用药已无效。同时可用温开水或唾液将药片调成糊状，涂在伤口周围的2厘米处，伤口上不要包扎。

（8）经处理后，要立即送附近医院。

第二篇

运动技术篇

第三章

乒乓球

第一节 乒乓球运动概述

一、乒乓球运动简介

乒乓球是我国的国球，是开展最广泛的球类运动之一。这项运动在长 274 厘米、宽 152.5 厘米的球台上进行，球台离地面 76 厘米。球直径 40 毫米，重 2.7 克，白色、黄色或橙色，用赛璐珞制成，打时有"乒乓"声，故名乒乓球。运动员各站球台一侧，用球拍击球，击法有挡、抽、削、搓、拉等。球须在台上反弹后才能还击过网，以落在对方台面上为有效。比赛以 11 分为一局，采用七局四胜制或五局三胜制，分团体、单打、双打等。它具有球体小、速度快、变化多、设备简单、趣味性强、不受年龄和性别限制的特点，深受人们的喜爱。

二、乒乓球运动起源、发展、演变概况

乒乓球运动于 19 世纪末起源于英国。最初只是一种活动性游戏，球用轻而富有弹性的材料制成，拍子用雪茄烟盒盖之类的木质板，像打网球一样在桌上打，故称之为"桌上网球"。

1900 年左右，由于轻工业的发展，球才改成用赛璐珞制成的空心球。此后，乒乓球运动便逐步发展起来。第一次大型乒乓球比赛于 1900 年 12 月在英国伦敦举行，参加比赛的有三百多人。比赛时，男运动员要穿上带领子的衬衣和坎肩，女运动员要穿裙子、戴帽子。

1903 年，英国人古德发明了胶皮球拍，有力地促进了乒乓球技术的发展。从 1926 年到 1951 年，世界各国选手大都使用表面有圆柱形颗粒的胶皮拍。用胶皮拍击球增加了弹性和摩擦力，可以使球产生一定的旋转，因而出现了削下旋球的防守型打法。这一打法在欧洲流行长久，不少运动员采用这种打法获得了世界冠军。这一时期，乒乓球运动的优势在欧洲，其中匈牙利队成绩最突出，在 117 项次世界冠军中，他们获 57.5 项次，约占欧洲队的一半。20 世纪 50 年代初，奥地利人发明了海绵球拍，日本运动员道德在世界比赛中使用，并一举

夺得第 19 届世界乒乓球锦标赛的四项冠军，打破了欧洲运动员的垄断地位。由于日本运动员利用这种球拍创造的远台长抽进攻型打法，具有正手攻球力量大、速度快、发球抢攻威胁大等优点，因而速度慢、旋转弱、攻击力不强的欧洲防守型打法被逐渐取代，使日本拥有了 50 年代乒乓球运动的优势，1952 年到 1959 年，在 49 项次世界冠军中，日本队夺得 24 项次，约占 49%。这是乒乓球运动水平的第一次大提高。

1959 年，在容国团获得了第 25 届世界乒乓球锦标赛男子单打冠军后，中国运动员开始登上国际乒坛，逐渐形成了以"快、准、狠、变"为技术风格的直拍近台快攻打法。在 1961 年第 26 届世界乒乓球锦标赛中，中国队既过了欧洲关，又战胜了远台长抽加秘密武器——"弧圈球"打法的日本选手，第一次夺得了男子团体世界冠军，并连续获得第 27、28 届世界乒乓球锦标赛男子团体冠军。中国近台快攻的优点是站位近，速度快，动作灵活，正反手运用自如，比日本的远台长抽打法又大大前进了一步。20 世纪 60 年代，中国乒乓球技术水平位于世界最前列，乒乓球运动的优势由日本转移到中国。这是乒乓球运动水平的第二次大提高。

现在，乒乓球已发展成各国人民喜爱的运动项目之一。国际乒乓球联合会已拥有 127 个协会会员，是世界上较大的体育组织之一。由国际乒乓球联合会和各大洲乒联举办的世界锦标赛、世界杯赛、洲际比赛及各种规模和形式的国际比赛不胜枚举。1988 年，国际奥委会把乒乓球列为奥运会正式比赛项目，引起世界各国对乒乓球运动的进一步重视，推动了乒乓球运动更快地发展。

第二节　乒乓球基本技术和基本战术

一、乒乓球基本技术

（一）握拍法（以右手为例）

握拍法指单手持球拍的方法。世界上流行着直式和横式两种握拍方法。两种握法各有千秋，实践时应因人而异，扬长避短。

1. 直式握拍法

正面拇指第一指节和食指第二指节握拍，拍柄压住虎口（两指间距离适中），背面中指、无名指和小指自然弯曲斜形重叠，中指第一指节顶住球拍的后上部使球拍保持平稳。直式握拍法如图 3-2-1 至图 3-2-3 所示。

图 3-2-1

图 3-2-2

图 3-2-3

2. 横式握拍法

中指、无名指和小指自然地握住拍柄，拇指在球拍正面轻贴在中指的旁边，食指自然伸直斜放于球拍的背面，虎口轻微贴拍，击球时拇指和食指帮助手腕调节拍形和加力挥拍作用。正手攻球时食指向上移动，反手攻球时拇指向球拍中部移动帮助手腕下压加大击球力量。横式握拍法如图3-2-4至图3-2-6所示。

图 3-2-4　　　　　　　图 3-2-5　　　　　　　图 3-2-6

（二）准备姿势

两脚开立约与肩宽，两膝微屈稍内扣以前脚掌内侧着地，身体重心在两脚中间，上体微前倾，下颌微收，两眼注视来球，持拍时手臂自然弯曲，手腕放松，球拍后仰置于腹前，左手自然弯曲抬起高于台面。重点是两脚前脚掌内侧着地，屈膝提踵放松微动。

（三）基本步法

（1）单步。以一脚为轴，另一脚向前后左右移动一步。
（2）跨步。以来球同方向的脚向侧跨出一大步，另一脚再跟着移动一步。
（3）跳步。以一脚蹬地，两脚同时离地向前后左右跳动。
（4）侧身步。以左脚为轴，右脚向左移动一步；或左脚先向左跨一步，右脚向左后移动。
（5）交叉步。来球方向的脚向来球方向移动一大步，另一脚随着移动一步。

（四）发球与接发球

乒乓球比赛是从发球和接发球开始的，两者有时甚至能直接得分或失分，因此要重视发球和接发球技术的练习。

1. 发球

（1）反手平击发球。左半台站位，离台30厘米，右脚稍前，身体略向左转，左手掌心托球，右手持拍于身体左侧。持球手轻轻向上抛球，同时持拍手向后引拍，上臂自然靠近身体右侧，待球下落低于球网时，持拍手以肘关节发力，由左后向右前挥拍击球中部，拍面稍前倾，第一落点在本台中区。

（2）正手平击发球。中近台偏右站位，左脚稍前，身体稍右转，球向上抛起，持拍手由右后向前挥动。其余同反手平击发球。

（3）反手发急球。准备姿势同反手平击发球。抛球的同时持拍手向左后方引拍，待球下落到网高时，持拍手由左后向右前加速挥拍，拍面稍前倾，以前臂和手腕发力为主击球中上部，第一落点靠近本方端线，第二落点在对方端线附近。

直拍反手发急球如图3-2-7至图3-2-9所示。

图3-2-7

图3-2-8

图3-2-9

横拍反手发急球如图3-2-10至图3-2-12所示。

图3-2-10

图3-2-11

图3-2-12

（4）反手发右侧上（下）旋球。站位和准备姿势同反手平击发球。抛球的同时持拍手向左后引拍，用前臂带动手腕向右前上方挥动，拍面逐渐向左稍前倾，拇指压拍手腕内转从球的中部向右侧上摩擦，第一落点为本方端线，第二落点在对方左角。若发落点短的球，前臂向前力量减小而增强手腕摩擦力量，第一落点为本方中区；若发下旋球，击球时拇指加力压拍，使拍面后仰从球的中部向侧下摩擦。

（5）正手发左侧上（下）旋球。左半台站位，抛球的同时持拍手迅速向右上方引拍，身体随即向右转，手臂自右上方向左下方挥摆，球拍从球的右侧中下部向左侧摩擦。若发左侧下旋球，手臂自右上方向左前下方挥摆，拍从球的右侧中部向左侧下部摩擦，第一落点为本方端线附近。

（6）正手发奔球。近台站位，左脚稍前，身体略向右转，两膝微屈，上体稍前倾，持拍手自然放于身前。抛球的同时拍手向右后上方引拍，手腕放松，拍面较垂直，待球下落至与网同高时，上臂带动前臂由右后方向左前方挥摆，腰同时向左扭转。击球刹那拇指压拍的左侧，手腕同时从后向前使劲抖动，球拍沿球的右侧中部向侧上摩擦，第一落点为本方端线，第二落点在对方右角。

正手发奔球如图 3-2-13 至图 3-2-15 所示。

图 3-2-13

图 3-2-14

图 3-2-15

（7）正手发短球。站位与姿势同正手发奔球，区别是触球刹那突然减力并向左下切球，第一落点为本方中区，第二落点在对方近网处。

2. 接发球

视对方发球站位而定的接发球站位要恰当，判断来球的旋转性能、飞行弧度、落点要准确，移动回击手法要适当。

发球的重点、难点是发球手法、发球的隐蔽性和准确性以及第一落点。

接发球的重点、难点是正确判断来球的旋转性能、飞行弧度和落点。

（1）判断的正确与否，直接影响接发球的方式和成败。为了判断发球的旋转性质、旋转强度及来球线路落点，应利用各种信息进行综合分析。

①就对方发球时的站位决定自己接发球的站位。
②观察对方发球前的引拍方向。
③观察球拍触球瞬间摩擦球的方向，判断球的旋转性质。
④观察发球时挥臂的动作幅度和手腕用力程度，判断球的落点和旋转性。
⑤根据发球的第一落点判断来球的长短。
⑥根据球在空中的飞行弧线判断旋转性。
⑦根据手感判断来球的旋转性。
⑧把握住不同性能球拍的颜色及各自的性能。

（2）接发球技术的具体运用。

①上旋转（奔球）用正反手攻球或推挡回接，拍面适当前倾，击球的中上部，调节好向前的力量。
②下旋长球用搓球、削球、提拉球回接，搓或削时多向前用力。
③左侧上下旋球可采用攻球和推挡（搓球或拉球）回接，拍面稍前倾（后仰）并略向左偏斜，击球偏右侧中上（中下）部位，以抵消来球的左侧上（下）旋力。
④右侧上、下球可采用攻球或推挡（搓球或拉球）回接，拍面稍前倾（后仰）并向右偏斜，击球偏左侧中上（中下）部位；回接要点和方法与接左侧上、下旋球相同。

⑤近网短球用快搓、快点或台内突击回接，主要靠手腕和前臂的力量。
⑥接转与不转接在判断不准的情况下可轻轻地托一板或撇一板，但要注意弧线和落点。
⑦长胶、生胶、防弧胶球拍的发球基本属不转球，用相应的方法回接。
⑧接高抛发球如球着台后拐弯的弧度大，应向拐弯方向提前引拍。

（五）挡球与推挡球

挡球是初学者首先应学习的一项基本技术。推挡球是我国近台快攻传统打法的独特技术，是教师最重要的教学技能。

1. 挡球

近台中偏左站位，左脚稍前，屈膝提踵，含胸收腹，重心在前脚掌上，持拍手置于腹前，上臂靠近身体右侧，球拍半横状。前臂和手腕顺来球路线向前伸出主动迎球，上升期击球中部，拍面与台面几乎垂直，拍触球后立即停止，迅速还原成准备姿势。

直拍反手平挡球如图 3-2-16、图 3-2-17 所示。

直拍正手平挡球如图 3-2-18、图 3-2-19 所示。

图 3-2-16　　　　　　　　图 3-2-17

图 3-2-18　　　　　　　　图 3-2-19

2. 推挡球

近台中偏左站位，左脚稍前，击球时提起前臂上臂后收肘部贴近身体，在上升时期或高点期击球的中上部。击球时适当用伸髋转腰动作加大手腕发力，并用中指顶住拍背向前用力。挡球与推挡球的重点是正确的拍面、身体的协调配合和准确的线路落点。

直拍反手快推球如图 3-2-20 至图 3-2-22 所示。

图 3-2-20　　　　　　　　　图 3-2-21　　　　　　　　　图 3-2-22

（六）攻球

攻球从大的动作结构来讲，可分为正手攻球和反手攻球两大类。攻球是快速进攻最重要的一项技术，杀伤力强，是解决战斗的关键技术。

1. 正手攻球

近台中偏右站位，左脚稍前，身体斜对球台，持拍手自然放松置于腹前，拍半横状。顺来球路线略向右侧引拍，约与台面齐高，拍面与台面约成 80 度左右，前臂与台面基本平行。当球从台上弹起，持拍手由右侧向左前上方挥动，以前臂快速内收发力配合手腕内转沿球体做弧线挥动，在上升期击球的中上部，击球位置在身体右前方一前臂距离处。

正手攻球技术包括正手快点、正手快带、正手快攻、正手中台攻、正手扣杀、正手拉攻、正手突击下旋球、正手杀高球、正手滑拍、放高球、放短球、侧身正手攻。

（1）直拍正手近台攻球。直拍正手近台攻球如图 3-2-23 至图 3-2-25 所示。

图 3-2-23　　　　　　　　　图 3-2-24　　　　　　　　　图 3-2-25

（2）横拍正手近台攻球。横拍正手近台攻球如图 3-2-26 至图 3-2-28 所示。
（3）直拍正手中台攻球。直拍正手中台攻球如图 3-2-29 至图 3-2-31 所示。
（4）横拍正手中台攻球。横拍正手中台攻球如图 3-2-32 至图 3-2-34 所示。

图 3-2-26　　　　　　图 3-2-27　　　　　　图 3-2-28

图 3-2-29　　　　　　图 3-2-30　　　　　　图 3-2-31

图 3-2-32　　　　　　图 3-2-33　　　　　　图 3-2-34

2. 反手攻球

近台站位，左脚稍前，持拍手自然弯曲置于腹前偏左，重心偏于左脚。顺来球线路向后引拍。当球从台上弹起，持拍手由左后向右前上加速挥拍，以前臂发力为主，手腕外转，拍面前倾，重心移至右脚，左右胸前击球上升时期的中上部。

反手攻球技术包括反手快点、反手快带、反手快攻、反手快拨、反手中台攻、反手拉攻、反手扣杀。

（1）直拍反手近台攻球。直拍反手近台攻球如图 3-2-35 至图 3-2-37 所示。

图 3-2-35　　　　　　　图 3-2-36　　　　　　　图 3-2-37

（2）横拍反手近台攻球。横拍反手近台攻球如图 3-2-38 至图 3-2-40 所示。

图 3-2-38　　　　　　　图 3-2-39　　　　　　　图 3-2-40

攻球的难点是挥拍发力和正确恰当的击球点。

（七）搓球

搓球是近台还击下旋球的一种基本技术，特点是站位近、动作小，回球多在台内进行。搓球是初学削球必须掌握的入门技术。

1. 慢搓

近台站位，左脚稍前，持拍手臂自然弯曲。击球时用前臂和手腕向前下方用力，拍面后仰，在下降期击球中下部。

慢搓技术包括正手慢搓、反手慢搓。

（1）直拍正手慢搓。直拍正手慢搓如图 3-2-41 至图 3-2-43 所示。
（2）直拍反手慢搓。直拍反手慢搓如图 3-2-44 至图 3-2-46 所示。
（3）横拍反手慢搓。横拍反手慢搓如图 3-2-47 至图 3-2-49 所示。

2. 快搓

快搓的站位及击球方法与慢搓相同，击球时拍面稍横立避免出界或回球过高。搓球的重点是前臂和手腕的挥拍路线和用力方法。

图 3-2-41　　　　　　图 3-2-42　　　　　　图 3-2-43

图 3-2-44　　　　　　图 3-2-45　　　　　　图 3-2-46

图 3-2-47　　　　　　图 3-2-48　　　　　　图 3-2-49

快搓技术包括正手快搓、反手快搓。
（1）直拍正手快搓。直拍正手快搓如图 3-2-50 至图 3-2-52 所示。
（2）横拍正手快搓。横拍正手快搓如图 3-2-53 至图 3-2-55 所示。
（3）直拍反手快搓。直拍反手快搓如图 3-2-56 至图 3-2-58 所示。
（4）横拍反手快搓。横拍反手快搓如图 3-2-59 至图 3-2-61 所示。

第三章 乒乓球

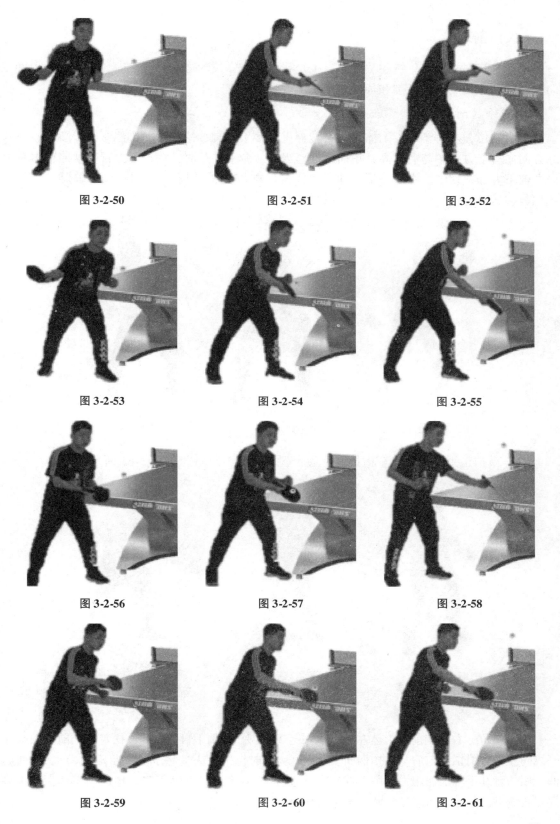

图 3-2-50 图 3-2-51 图 3-2-52

图 3-2-53 图 3-2-54 图 3-2-55

图 3-2-56 图 3-2-57 图 3-2-58

图 3-2-59 图 3-2-60 图 3-2-61

（八）削球

削球是我国乒乓球传统手法之一，也是乒乓球防守技术之一，正在向转、稳、低、攻方向发展。削球技术包括近削和远削。本书主要介绍远削。

1. 正手远削

中台站位，左脚稍前，上体稍向右转，重心落于右脚，持拍手臂自然弯曲于腹前。顺来球方向向右上方引拍与肩同高，拍面后仰。当球从台上弹起时，持拍手上臂带动前臂由右上向左前下方加速切削，手腕向下转动用力，在右侧离身体40厘米处击准下降期球的中下部，并顺势前送。

（1）直拍正手远台削球。直拍正手远台削球如图3-2-62至图3-2-64所示。

图3-2-62　　　　　图3-2-63　　　　　图3-2-64

（2）横拍正手远台削球。横拍正手远台削球如图3-2-65至图3-2-67所示。

图3-2-65　　　　　图3-2-66　　　　　图3-2-67

2. 反手远削

中台站位，右脚稍前，上体左转，重心落于左脚，持拍手自然弯曲放松置于胸前。顺来球路线向左上方引拍约与肩高，拍柄向下。当球弹起时持拍手从左上方向右前下方挥动，拍面后仰，用前臂和手腕加速用力切削，球拍在胸前偏左30厘米处击准下降期球的中下部，并顺势挥至右侧下。削球的重点是手臂、腰、腹和腿的协调用力。

（1）直拍反手远台削球。直拍反手远台削球如图 3-2-68 至图 3-2-70 所示。

图 3-2-68　　　　　图 3-2-69　　　　　图 3-2-70

（2）横拍反手远台削球。横拍反手远台削球如图 3-2-71 至图 3-2-73 所示。

图 3-2-71　　　　　图 3-2-72　　　　　图 3-2-73

二、乒乓球基本战术

（一）发球抢攻战术

发球抢攻是我国直板快攻打法的"杀手锏"，是力争主动、先发制人的主要战术。各种类型打法的运动员都普遍采用发球抢攻来抢占每个回合的上风。发球战术运用的效果主要取决于发球的质量和第三板进攻的能力。

发球抢攻战术因打法不同而有所差异，但常用的发球抢攻战术主要有以下几种。

（1）正手发转与不转球。

（2）侧身正手（高抛或低抛）发左侧上（下）旋球。

（3）反手发右侧上（下）旋球。

（4）反手发急球或急下旋球。

（5）下蹲式发球。

（二）接发球战术

接发球战术与发球抢攻战术同样重要，在某种意义上讲，接发球水平可以反映运动员的实战能力以及各项基本技术的应用程度。事实上，接发球者只是暂时处在被控制状态，如果破坏了发球者的抢攻意图或者为其制造了障碍，削弱了对方抢攻的质量，也就意味着已经脱离被控制状态，变被动为主动了。控制与反控制是辩证的统一。常用的接发球战术有以下几种。

(1) 稳健保守法。
(2) 接发球抢攻。
(3) 盯住对方的弱点处，寻找突破口。
(4) 控制接发球的落点。
(5) 正手侧身接发球。

（三）搓攻战术

搓攻战术是进攻型打法的辅助战术之一，主要利用搓球旋转和落点的变化为抢攻创造机会。这一战术在基层比赛中被普遍采用。搓攻战术也是削球型打法争取主动的主要战术之一。常用的搓球战术有以下几种。

(1) 慢搓与快搓结合。
(2) 转与不转结合。
(3) 搓球变线。
(4) 搓球控制落点。
(5) 搓中突击。
(6) 搓中变推或抢攻。

（四）对攻战术

对攻战术是进攻型打法在相持阶段常用的一项重要战术。快攻类打法主要依靠反手推挡（或反手攻球）和正手攻球（或正手拉弧圈球）的技术，充分发挥快速多变的特点来调动对方。常用的对攻战术有以下几种。

(1) 紧逼对方反手，伺机抢攻或侧身抢攻、抢拉。
(2) 压左突右。
(3) 调右压左。
(4) 攻两大角。
(5) 攻追身球。
(6) 变化击球节奏，加力推和减力挡结合，发力攻、拉与轻打轻拉结合，也可造成对手的被动局面。
(7) 改变球的旋转性质，如加力推后、推下旋；正手攻球后，退至中远台削一板，此时对方往往来不及反应，可创造机会球或直接得分。

（五）拉攻战术

拉攻战术是以攻为主的选手对付削球的主要战术。为了发挥拉攻的战术效果，首先要具备连续拉的能力,并有线路、落点、旋转、轻重等变化,其次要有拉中突击和连续扣杀的能力。常用的拉攻战术主要有以下几种。

(1) 拉反手后,侧身突击斜线或中路追身球。
(2) 拉中路杀两角或拉两角杀中路。
(3) 拉一角或杀另一角。
(4) 拉吊结合,伺机突击。
(5) 拉搓结合。
(6) 稳拉为主,伺机突击。

(六) 削中反攻战术

我国乒坛名将陈新华以及第 43 届世界乒乓球锦标赛男单冠军丁松成功地运用削中反攻的战术创造了辉煌,令欧洲选手手足失措,无以应对。这种战术主要靠稳健的削球,限制对方的进攻能力,为自己的反攻创造有利条件。它不仅增强了削球技术的生命力,也促进了攻防之间的积极转化。常用的削中反攻战术主要有以下几种。

(1) 削转与不转球,伺机反攻。
(2) 削长短球,伺机反攻。
(3) 逼两大角,伺机反攻。
(4) 交叉削两大角,突击对方弱点。
(5) 削、挡、攻结合,伺机强攻。

(七) 弧圈球战术

由于弧圈球战术把速度和旋转有效地结合起来,稳健性好,适应性强,许多著名选手已用它去替代攻球或扣杀,常用的战术如下。

(1) 发球抢攻。
(2) 接发球果断上手。
(3) 相持中的战术运用。

第四章

羽 毛 球

第一节 羽毛球运动概述

一、羽毛球运动简介

羽毛球运动是在一块长方形的平地上，画上单打和双打合用的场地线（长13.4米，单打场地宽5.18米，双打场地宽6.1米），中间悬挂球网（网两边在支柱顶端处高1.55米，场地中央网高1.524米），参加活动的双方共用一个羽毛球，各备一把羽毛球拍而进行的运动。

二、羽毛球运动起源、发展、演变概况

羽毛球运动是由古代的毽球游戏逐渐演变而来的，这在我国和其他亚洲、欧洲国家都有记载。现有的资料表明，现代羽毛球运动起源于印度，形成于英国。

19世纪60年代，一批退役的英国军官把印度的"普那"——一种近似于后来的羽毛球运动的游戏带回英国，并加以改进，逐渐成为现代的羽毛球运动。

1870年，英国出现了用羽毛、软木做的球和穿弦的球拍。

1873年，英国公爵鲍弗特在伯明顿庄园里进行了一次羽毛球游戏，这是世界上第一次羽毛球比赛。"伯明顿（Badminton）"就此作为羽毛球的英文名称。

1893年，英国创立了羽毛球协会。

1899年，举行了第1届全英羽毛球锦标赛。此后，羽毛球运动从欧洲传到美洲、大洋洲、亚洲和非洲。

1934年，加拿大、丹麦、英国、法国、爱尔兰、荷兰、新西兰等国发起了国际羽毛球联合会（今为羽毛球世界联合会），总部设在伦敦。从此，羽毛球国际比赛日渐增多。

1934—1947年，丹麦、美国、英国、加拿大等国的选手称雄于国际羽坛。

在 1948—1949 年举行的首届世界男子羽毛球团体锦标赛——汤姆斯杯羽毛球赛中,马来西亚队荣获冠军,从而开辟了亚洲选手称雄国际羽坛的时代。在 1948—1979 年间的 11 届汤姆斯杯羽毛球赛中,印度尼西亚队夺得 7 次冠军,马来西亚队夺得 4 次冠军。20 世纪 60 年代前期,中国队后来居上,1963 年、1964 年度打败世界冠军印尼队,1965 年又全胜北欧诸强,被誉为"无冕之王"(因当时我国未加入国际羽毛球联合会,不能参加世界性锦标赛)。

世界女子羽毛球团体锦标赛——尤伯杯羽毛球赛于 1956 年开始举行,前 3 届冠军均为美国人。从 20 世纪 60 年代后期起,优势转移到了亚洲,日本队和印尼队包揽了历届比赛的冠亚军。

70 年代以来,男子羽毛球技术处于领先地位的是印度尼西亚队和中国队。1982 年,中国队首次参加汤姆斯杯赛就荣获冠军。中国队的技术受到了世界羽坛的普遍赞扬。70 年代后期,日本、韩国、巴基斯坦、泰国、马来西亚等国的羽毛球技术也有了长足的进步,在国际比赛中取得了较好的成绩。欧洲的丹麦、英国、瑞典等国在发挥原有特点的基础上,广泛吸取了亚洲的技术和经验,技术水平稳步提高,至今仍不失为羽坛劲旅。女子羽毛球方面,可以说是中国、印度尼西亚、日本三足鼎立。1982 年,中国队首次参加全英羽毛球锦标赛,即获得了女子单打冠亚军和双打冠军。

到了 80 年代后期,马来西亚队、韩国队有了长足的进步,多次获得国际羽毛球大赛的男子团体冠军、双打冠军。女子方面,中国、印度尼西亚继续保持领先,韩国女队迎头赶上,是中国队、印度尼西亚队的主要对手。

1978 年 2 月,世界羽毛球联合会于中国香港成立。1981 年 5 月,国际羽毛球联合会和世界羽毛球联合会正式合并,合并后沿用国际羽毛球联合会的名称。

目前,国际羽毛球联合会已拥有一百多个会员。国际羽毛球联合会管辖的世界性比赛有:汤姆斯杯羽毛球赛(世界男子羽毛球团体锦标赛),从 1948 年开始每 3 年举办一次,1984 年起改为每两年举行一次;尤伯杯赛(世界女子羽毛球团体锦标赛),从 1956 年开始每 3 年举办一次,1984 年起改为每两年举行一次;世界羽毛球锦标赛(单项比赛),从 1977 年开始;全英羽毛球锦标赛(非正式传统单向比赛),早在 1899 年就开始每年举办一次。

第二节 羽毛球基本技术

一、握拍技术

(一) 正手握拍法

(1) 握拍之前,先用左手拿住拍杆,使拍面与地面垂直,再张开右手,使手掌下部(小鱼际)靠在球拍的握柄底托部位,虎口对着球拍柄窄的一面。

(2) 中指、无名指和小指握住拍柄,小鱼际与拍柄末端相齐。握拍位置不宜过前或过后。

(3) 拇指和食指略微前伸,贴在柏柄的两个宽面上。

(4) 掌心与拍柄面之间留有空隙,以便于灵活调节握拍的动作和发力。

正手握拍法如图 4-2-1 所示。

（二）正手搓球握拍法

在正手握拍的基础上，拇指、食指、中指和无名指稍松开，使拍柄离开掌心，拇指斜贴拍柄内侧的上小棱边，食指稍向前伸，使第二指斜贴在拍柄外侧的宽面上。正手搓球握拍法如图 4-2-2 所示。

（三）正手勾对角握拍法

正手握拍的基础上，拍柄稍向外转，拇指斜贴在拍柄内侧的宽面上，食指第二指关节和其他三指的指根贴在拍柄外侧的宽面上，拍柄不贴掌心。正手勾对角握拍法如图 4-2-3 所示。

图 4-2-1　　　　　　　　图 4-2-2　　　　　　　　图 4-2-3

（四）反手握拍法

反手握拍与正手握拍的主要区别在于拇指和食指将拍柄稍向外转，食指向中指收拢，拇指内侧顶贴在拍柄内侧的宽面上，中指、无名指和小指并拢握住拍柄，柄端靠近小指根部，掌心应留有空隙，拍面稍后仰。反手握拍法如图 4-2-4 所示。

（五）反手搓球握拍法

在正手握拍的基础上，拇指、食指、中指和无名指稍松开，拍柄离开掌心的同时使球拍向内转，拇指贴在拍柄内侧的上小棱边上，食指第三关节贴在拍柄外侧的下小棱边上。反手搓球握拍法如图 4-2-5 所示。

（六）反手勾对角握拍法

在正手握拍的基础上，拇指、食指、中指和无名指稍松开，拍柄离开掌心，同时将拍柄向内转动，拇指第二关节的内侧贴在拍柄的上小棱边上，食指第二指关节贴在拍柄的下中宽面上，其余三指自然抓在下中宽面和拍柄内侧的宽面上。反手勾对角握拍法如图 4-2-6 所示。

图 4-2-4　　　　　　　　图 4-2-5　　　　　　　　图 4-2-6

握拍手法并不是一定的，无论哪种握法，最终目的是使自己的手腕更加灵活，手指能最大限度地发挥力量。但是需要注意的是握法不能限制或影响手腕的活动，不能影响手指发力。否则，握法就是错误的，要尽快改正，一旦习惯了就不好改。

二、发球技术

发球不受对方干扰，只要在规则允许的范围内，发球者可以随心所欲地以任何方式发到对方接球区的任何一点。采用变化多端的发球战术，常常能起到先发制人、取得主动的效果。因此，发球在比赛中占有重要地位。

在采用发球技术时，眼睛不要只看自己的球和球拍，应用余光注视对方的情况，找出薄弱环节。发各种球的准备姿势和动作要注意一致性，给对方的判断带来困难，使其处于消极等待的状态。发球后应立即把球拍举至胸前，根据情况调整自己的位置，两脚开立，身体重心居中，但一定要注意重心不要站死。眼睛紧盯对方，观察对方的任何变化，积极准备还击。

（一）发后场高远球

1. 准备动作

站位靠中线，距前发球线约1米处，两脚自然分开，左脚在前，足尖指向球网，右脚在后，足尖指向右前方，两脚间距约与肩同宽，身体重心放在右脚上，用左手拇指、食指和中指夹持住羽毛球中部，自然举于胸前方，右手持拍，自然屈肘于身体右侧。准备动作如图4-2-7所示。

2. 引拍动作

在准备动作的基础上，持球手松开，使球自然下落，同时右上臂随转体外旋，并带动前臂自下而上沿半弧形做回环引拍动作，充分伸腕，身体重心随转体和引拍动作逐渐前移，左肩对网，准备击球。引拍动作如图4-2-8所示。

3. 击球动作

最佳击球点在身体右侧前下方。在拍面与球接触的瞬间，前臂由下向前上方挥动并急速内旋，带动手腕由伸展至微屈，闪动手腕，握紧球拍，以正拍面发力击球，身体重心随转体动作逐渐由右脚移至左脚。击球动作如图4-2-9所示。

4. 随前动作

击球后持拍臂随动作惯性自然向左上方挥动，身体重心完全移至左脚，然后将拍收回至体前并将握拍调整成放松的正手握拍形式。随前动作如图4-2-10至4-2-11所示。

图4-2-7　　　　图4-2-8　　　　图4-2-9　　　　图4-2-10　　　　图4-2-11

（二）发平高球

发平高球时，球的飞行弧线较低，但对方仍然必须退到后场才能还击。由于球的飞行速度快，对方没有充裕的时间考虑对策，回球质量会受到一定的影响。对于球飞行弧线的控制，应视对方的站位、人的高矮及弹跳能力而定，以不给对方半途拦截机会为宜。落点的选择基本与发高远球相同。发平高球如图 4-2-12 至图 4-2-15 所示。

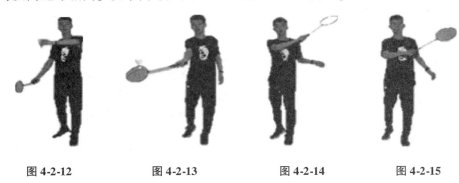

图 4-2-12　　　　图 4-2-13　　　　图 4-2-14　　　　图 4-2-15

（三）发平快球

发平快球（或者平高球）和网前球配合，争取创造第三拍的主动进攻机会，组成了发球抢攻的战术。发平快球属于进攻性发球，球速很快，作为突袭手段如运用得当，往往能取得主动。但当接球方有所准备时，也能半途拦截，以快制快，发球方反会处于被动。发平快球时球的落点一般应在对方反手区，或直接对准接发球者的身体，使对手措手不及。发平快球如图 4-2-16 至图 4-2-18 所示。

图 4-2-16　　　　图 4-2-17　　　　图 4-2-18

（四）发网前球

由于网前球的飞行弧度低，距离短，可以有效地限制对方直接接发球，或接发球后有目的地抢网或突击扣杀，是单打、双打中较常见的一种发球。正手发网前球技术动作要领如下。

1. 准备动作

同发后场高远球的准备动作一样。

2. 引拍动作

同发后场高远球的引拍动作一样。

3. 击球动作

击球时握拍要松,前臂只是前摆不做内旋动作,靠手指控制力量,手腕发力,击球时拍面从右向左斜切击球托后部,使球轻轻擦网而过,落入对方前发球区。

4. 随前动作

同发后场高远球的随前动作一样。

要求:击球时,要控制拍面与力量,避免球过网偏高。特别是在双打中,由于双方场上的移动范围较单打要小,对发网前球的质量要求更高,如球过网稍高,对方可通过扑、推而直接进行接发球抢攻。击球时,握拍要放松,大臂动作要小,主要靠小臂带动手腕向前切送,用力要轻,注意手腕不能有上挑动作。另外,落点要在前发球线后附近,发出的球要贴网而过,以免遭对方扑杀。

三、接发球技术

接发球虽然处于被动、等待的状态,但由于发球时受到诸多规则的限制,发球不能给接发球者带来太大的威胁。发球者只能发到对角线的接发球区内,而接发球者只需防守半个不到区域,却可还击到对方整个场区。所以,接发球者若能处理好这一拍,也可取得主动。

(一) 接发高远球、平高球

高远球、平高球一般可用平高球、吊球或杀球还击。但如对方发球后站位适中,进攻时要注意落点的准确性。若用杀球、吊球还击,自己的速度要跟上;如果对方发球质量很好就不要盲目重杀,可用高远球、平高球还击,伺机再攻,或者用点杀、劈杀、劈吊下压抑制对方。

(二) 接发网前球

网前球可用平推球、放网前或挑高球还击。当对方发球过网较高时,要抢先上网扑杀。接发网前球的击球点应尽量抢高。

(三) 接发平快球

接发平快球要揣摩对方的发球意图,随时做好准备。借用对方的发球力量快杀空当或追身都能奏效,也可借助反弹力拦吊对角网前。

四、击后场球

(一) 击高远球

1. 准备动作

用后场正手后退步法迅速向来球方向移动,调整好身体与来球间的位置。将击球点选择在右肩稍前的最上方。左脚在前，右脚在后，两脚与肩同宽，身体侧向球网，重心在后脚上。左手自然上举，眼睛注视来球。右手采用正手握拍法持球拍，屈臂举于右侧。拍面面向球网。

2. 引拍动作

当球下落到一定的高度时，上臂随身体向左转体，手肘上抬，手臂后倒引拍，以肩为轴做回环动作，同时身体向左转体，充分伸展。前臂充分向后下方摆动并外旋，手腕充分伸展，准备击球。同时，左手随转体动作自然屈臂协调摆在身体左侧。

3. 击球动作

击球时，上臂上举，前臂急速内旋带动手腕加速向前上方挥动，同时顺着原来的回环动作继续向前上方挥动，手腕屈，手指屈指发力，用正拍面将球击出，击球点选择在右肩的前上方，高度以持拍手臂自然伸直击球为宜。

4. 随前动作

身体惯性向左转体稍前侧，右脚随身体重心前移并向前跨步。右手随击球后的惯性向左前下方挥动，然后顺势收回至体前，还原成放松握拍形式，呈击球前的准备姿势。

（二）正手吊球

1. 准备动作

首先判断准来球的方向和落点，侧身后退。

2. 引拍动作

使球处在自己的右肩稍前上方位置，左脚在前，右脚在后，重心在右脚上。左臂屈肘，左手自然高举，右手持拍，将球拍举在右肩上方，两眼注视来球。

3. 击球动作

击球时，由准备动作开始，上臂后上提明显高于肩部，将球拍后引至头部，自然伸腕（拳心朝上）。然后在后脚的协调用力下，以肩为轴，由上臂带动前臂快速向前上方甩腕。

4. 随前动作

在手臂伸直的最后，持拍手臂顺惯性往前下方挥动并收拍至体前，与此同时，左脚后撤，右脚重心由后脚移到前脚上。

（三）正手杀直线球

1. 准备动作

与正手击高远球的准备动作基本相同。

2. 引拍动作

不同点在于身体向上伸展的同时后仰挺胸成反"弓"形。

3. 击球动作

与正手击高远球的动作基本相同，击球点在肩的前上方（比击高远球时的击球点稍前些），前臂内旋，腕前屈微收，闪腕发力击球的后部（球拍正面击球）。

4. 随前动作

杀球后,随击球惯性球拍向左下方挥动,然后回收到胸前。

五、击前场球

(一) 正手搓球

1. 准备动作

正手握拍,运用正手上网步法向来球方向移动。当右向前跨时,持拍手于胸前向来球方向伸出,争取高的击球点。左手于身后拉举至与右手对称的反方向,以保持身体的平衡,呈击球前的准备姿势。

2. 引拍动作

在伸拍的同时前臂外旋,做半弧形引拍动作。

3. 击球动作

争取高点击球,前臂稍外旋,手腕由后伸至稍内收闪动,握拍手的食指和拇指夹住拍,中指、无名指、小指松握拍柄,利用手腕和手指的力量搓切来球的右下底部,使球旋转翻滚过网。

4. 随前动作

击球后手腕伴有一定的制动动作。右脚掌着地后立即向中心位置回动,同时击球手臂收回到胸前,准备回击下一个来球。

(二) 反手搓球

1. 准备动作

反手拍,运用反手上网步法向来球方向移动。其余动作与正手搓球相同。

2. 引拍动作

在伸拍的同时前臂内旋,做半弧形引拍动作。

3. 击球动作

反手网前搓球有两种击球方式。一种是手腕由展腕至收腕发力,击球时由左至右切击球托的左后侧面部位。另一种是手腕由收腕至展腕发力,以斜拍面由右向左切击球托的右后侧部位。

4. 随前动作

与正手搓球相同,并注意从反手握拍还原成正手放松握拍姿势。

(三) 正手推直线

站在网前,当球飞过来时,球拍向右侧前上举。在肘关节微屈回收时,小臂稍外旋,手腕稍后伸,球拍也随着往右稍下后摆,拍面正对来球。小指和无名指稍松开,使拍柄稍离开手掌鱼际肌,拇指和食指向外捻动拍柄,拍面稍为后仰。

（四）反手推直线

在网前较高的击球点上，以反手握拍法、用推击的方法向对方底线击出弧度较平、速度较快的球。其击球动作是：用反手握拍法，前臂伸时稍外旋，手腕由外展至伸直闪腕，中指、无名指和小指突然握紧拍柄，拇指顶压球拍，往前挥拍，推击球托的左侧面。

（五）正手挑球

1. 准备动作

以正手握拍法，侧身对正手网前，右脚在前，膝微屈，前脚掌着地，右手握拍于体前。

2. 引拍动作

侧身向球的方向移动，上身稍前倾，右手握拍于体前，步法移动的最后一步是右脚向来球方向。跨大弓箭步，身体重心要提高，前臂伸向来球，拍子前伸，稍上仰，斜对网。

3. 击球动作

争取高点击球，握拍放松稍收腕，向球托斜侧提击或搓切。击球过程中左手要向后平举以协调动作。挥拍的力量、速度和拍面角度的大小，主要取决于来球离网的远近和速度的快慢。来球离网远，速度快些，则放球时的力量要大些，反之则力量要小些。

4. 随前动作

击球后前脚回动并收拍，持拍于体前还原成放松的正手握拍形式。

（六）反手挑球

1. 准备动作

侧身面对反手网前，反手握拍于左体侧，右脚在前，膝微屈，前脚掌着地，右手握拍于体前。

2. 引拍动作

以肩和肘为轴心，前臂内旋并向下做小回环，将球拍引向右侧下方。而肘关节向上抬起，同时展腕。

3. 击球动作

击球时前臂外旋，带动手腕发力，并充分利用拇指的顶力将球击出。

4. 随前动作

击球后，随击球惯性球拍向左下方挥动，然后回收到胸前。

第三节　羽毛球基本技术练习法

一、发球练习

羽毛球竞赛规则是只有发球方赢了球才能得分，因此发球实为组织进攻。发球可以一个人练，也可结合接发球对练。

（一）发高远球练习

所谓高远球，是把球发得又高又远，使球向对方后场上方飞去，球的飞行路线与地面形成的角度要大于45度，使球在对方场区底线附近垂直下落。

练习者在掌握正确的发球动作基础上，既要力求将球发得高、发得远（对方底线附近），同时还要注意左、右落点的变化，既要能发到对方场区的底线与边线交界附近，又要能发到底线与中线交界处附近。

（二）发平高球、平球练习

正手发平高球的姿势、动作和正手发高远球一样，只是发力方向和击球点不同。平高球运行的弧度不大，使球迅速越过对方场区而落到底线附近，球在空中的路线和地面形成的仰角是45度左右。

练习发平高球、平球时，练习者除了要注意球落点的变化，还应使发球的动作与发高远球的动作保持一致，仅在最后用力时变化。

（三）发网前球练习

练习发网前球时，练习者首先应根据比赛的需要（指单打、双打）选择好站位。如单打被动时的站位应同发高远球时的站位，双打比赛时的站位则应适当前移。练习发网前球时，一要注意使发出的球尽量贴网而过，二是球的落点应在对方前发球线或稍后，且要有变化。另外，在练习发网前球时还可安排对手进行扑球练习，以提高发球的质量。

二、击高球（高远球、平高球）练习

（一）空中悬球练习

用一细绳将球挂在适合击高球的位置上，反复练习击高球动作，检查击球点以及球拍的接触面是否正确。

（二）原地对打练习

两人面对面站在各自的场区底线附近对打高远球。一开始先练习直线对打，然后再练习对角线对打。在这一阶段，主要以打高远球为主。

（三）移动中对打高球练习

掌握原地击高球动作之后，即可过渡到移动中的对打高球练习，这种练习应与步法训练结合起来。

1. 一人固定、一人前后移动的练习

一人在底线固定位置击出高球，另一人则在回击高球后回到中心位置，再重新退到底线回击对方打来的高球。

2. 一点打一点、前后移动练习

对练双方在各自击完球后都回到中心位置,然后再各自退到底线回击对方打来的高球。如此循环练习。

3. 一点打两点、三角移动练习

一人先固定在底线某个角上,先后将高球击往对方底线两个点(直线加斜线高球);另一人通过三角移动,还击球至一个点(直线加斜线高球)。

两人对打高球的练习方法很多。初学者应按照循序渐进的原则,先熟练掌握原地对打,然后练习一人固定、一人移动对打,最后再练习两人移动对打。

三、吊球练习

(一)原地吊球练习

1. 定点吊斜线

练习者固定在右后场或左后场底线,用正手或头顶击球技术将球吊至对方的右(左)场区网前,对方将球挑回练习者的右、左后场底线。如此往复练习。

2. 定点吊直线

练习者固定在右(左)后场底线,将球吊至对方的右(左)场区网前,对方将球挑至练习者的右、左后场底线。如此往复练习。

(二)移动中吊球练习

在较熟练地掌握原地吊球技术之后,即可进行移动中吊球练习,以便与实战紧密结合。

1. 一点吊一点、前后移动练习

练习者在后场底线吊球后,移动到中心位置,然后重新退回底线进行吊球;挑球者挑球后,退回中心位置,然后重新上网挑球。

2. 两点吊一点、前后移动练习

吊球者先后在后场两个点将球吊至对方网前的一个点上,挑球者网前点一个点先后将球挑至对方后场两点上。双方均前后移动。

3. 两点吊两点、前后移动练习

在两点吊一点的基础上,吊球方增加一个吊球落点。

四、杀球练习

由于接杀球者一般不易把对方的杀球连续挑到后场,所以,练习杀球多采用多球练习,即一人将多球连续发至练习者的后场,练习者先原地进行扣杀球练习,然后再过渡到移动中点扣杀练习。初学者一般先练正手杀球，待熟练后再练头顶或反手杀球。在练习杀球时，也要注意落点和线路的变化。

五、网前球练习

不论是练习搓球，还是练习勾对角球、扑球、放网前球、平推球等等，均宜采用多球练习。练习者通过大密度点练习，可充分体会网前击球动作。练习时，两人隔网相立，一人将球一个接一个地抛至练习者一方网前，练习者用正手或反手技术练习各种网前击球。一开始原地练习，待熟练掌握各种网前击球技术后，可结合上网步法进行练习。

六、平抽球练习

两人站在场地中部，用平球相互抽击（直线或斜线均可）。练平抽球时，握拍可适当上移。

七、接杀球练习

可在进行多球杀球练习的同时练接杀球技术。可以固定杀球落点，让接杀球者连续进行防守；也可两人在半场进行一攻一守练习。

第四节　羽毛球基本战术

一、羽毛球战术的意义

羽毛球战术是指运动员在比赛中为表现出高超的竞技水平和战胜对手，而采取的计谋和行动。

在羽毛球比赛中，双方都想要控制对手，力争主动，以己之长，克彼之短；抑彼之长，避己之短。控制与反控制的竞争是十分激烈的。能够根据不同对手的特点，采取相应的技术手段战而胜之，便是战术的意义。

运用战术是为了达到以下目的。

（一）调动对方位置

对方一般站在场地中心位置，全面照顾各个角落，以便回击各种来球。如果把对方调离中心位置，他的场区就会出现空当，这个空当就是进攻的目标区域。

（二）追使对方击出中后场高球

以平高球、劈杀、劈吊或网前搓球等技术造成对方还击上的困难，迫使对方击来的高球不能到达自己场区的底线，来增加自己大力扣杀和网前扑杀的威力，给对方以致命的一击。

（三）使对方重心失去控制

利用重复球或假动作打乱对方的步法，使对方重心失去控制，来不及还击或延误击球时间而使回球质量差，以取得主动权。

（四）消耗对方体力

控制球的落点，最大限度地利用整个场地，把球击到场地的四个角上或离对手最远的地方，使对手在每一次回球时消耗大量体力。在争夺一球的得失时，也应以多拍调动对手，让对手多跑动，多做无效的杀球，当对手体力不支时，再行进攻。

二、我国羽毛球战术指导思想

"以我为主""以快为主""以攻为主"是我国羽毛球战术的指导思想。

（一）"以我为主"

"以我为主"即不要脱离自身的技术、身体条件、身体素质、心理素质和打法特点等去选择战术。

（二）"以快为主"

"以快为主"即在战术的变化和转换上，要体现"快"的特点。如发现对方技战术的优点、缺点后，改变战术要快、要及时；由攻转守、由守转攻、由过渡转为进攻或由进攻转为过渡的速度要快，要抓住有利时机迅速转换。

（三）"以攻为主"

"以攻为主"即在制定战术时，要强调进攻的主导思想。在防守时也要强调积极防守。

三、基本战术

（一）单打战术

1. 发球抢攻战术

发球不受对方干扰，发球者可以根据规则，随心所欲地以任何方式将球发到对方接球区的任意一点。善于利用多变的发球术，能先发制人，取得主动。发平快球和网前球配合，争取创造第三拍的主动进攻机会，组成了发球抢攻战术。

2. 攻后场战术

采用重复打高远球或平高球的技术，压对方后场两角，迫使对方处于被动状态。一旦其回球质量不高，便伺机杀、吊对方的空当。

3. 逼反手战术

一般说来，后场反手击球的进攻性不强，球路也较简单。因此，对于后场反手较差的对手要毫不放松地加以攻击。先拉开对方位置，使对方反手区露出空当。然后把球打到反手区，迫使对方使用反拍击球。例如，先吊对方正手网前，对方挑高球，自己便以平高球攻击对方反手区，在重复攻击对方反手区迫使其远离中心位置时，突然吊对角网前。

4. 打四点球突击战术

将快速的平高球、吊球准确地打到对方场区的四个角落，迫使对方前后左右奔跑，当对方来不及回中心位置或失去重心时，抓住空当和弱点进行突击。

5. 吊、杀上网战术

先在后场以轻杀配合吊球把球下压，落点要选择场地两边，使对方被动回球。若对方还击网前球，便迅速上网搓球或勾对角快速平推球；若对方在网前挑高球，可在其后退途中把球直接杀到他身上。

6. 先守后攻战术

这一战术用于应对盲目进攻而体力差的对手。比赛开始，先以高球诱使对方进攻，在对方只顾进攻疏于防守时，即可突击进攻；或者在对方体力下降、速度减慢时再发动进攻。这是以逸待劳、后发制人的战术。

（二）单打进攻战术的应变

1. 发球抢攻战术的应变

发球抢攻是比赛的重要得分手段。发球者可根据对手的站位、回击球的习惯球路、反击能力、打法特点、精神和心理状态等情况，运用不同的发球方法，取得前几拍的主动权。通过这一战术的运用，打乱对方的整个战略部署，使对方措手不及。特别是在关键时刻，运用发球抢攻战术能达到不同的效果。在相持时可以用它来打开僵持的局面，力争主动；领先时可以用它来乘胜追击，一鼓作气战胜对手；落后时可以用它来做最后的拼搏，争取力挽狂澜，反败为胜。

羽毛球场可分为 1~6 号区域，如图 4-4-1 所示。

（1）发前场区抢攻战术。发前场区球有发 1 号区球，1、2 号区之间的球，追身球。

发前场区球的目的有两个，一个是限制对方攻击，另一个是通过准确、有意识地判断对方的回击球路，组织和发动快速强有力的抢攻，直接得分或获得第二次攻击机会。发前场区球在一般情况下要以发 1 号区球，1、2 号区之间的球和追身球为主，这样比较稳妥，不至于造成失误。

（2）发平高球抢攻战术。发平高球有发 3 号区球，4 号区球，3、4 号区之间的球三种平高球。

发平高球抢攻战术和发前场区抢攻战术的不同点在于，发前场区抢攻可直接抓住战机进行抢攻，而发平高球抢攻则要通过守中反攻的手段才能获得抢攻的机会。

发平高球的目的：一是为了配合发前场区球抢攻；二是让对手进行盲目进攻或在我方判断的范围之中进攻，使发球方能从防守快速转入进攻；三是使对方由于失去控制而直接失误。

2. 接发球抢攻战术的应变

接发球抢攻战术是接发球战术中最易得分、最具威胁的一种战术。但是，前提是对方发球的质量欠佳，如发高球时落点不到位；发前场区球过网时过高；发平高球时速度不快，角度不佳；发平射球时节奏、落点、弧度不佳等。离开了这一前提条件而盲目地进行抢攻，效果就差，成功率就低。除此以外，还要有积极的、大胆的抢攻意识。是否采用抢攻战术，还得根据自己的技术特点和身体条件，同时结合对方的技术特点、身体条件和心理素质而定。例如，当对方从右场区发一平高球且落点欠佳时，就是我方发动抢攻的极好时机，要运用自己最擅长的技术，抓住对方的弱点，果断大胆地抢攻。

抢攻战术大都要有两三拍抢攻球路的组织才能奏效，所以一旦发动抢攻就要加快速度。

第五章

网　球

第一节　网球运动概述

一、网球运动简介

网球运动是一项手持器械，二人或四人参加，以得分为目的的隔网对抗性项目。

网球运动有着极高的运动价值，它既是一种艺术的追求和享受，又是一种扣人心弦的竞赛，它可被作为娱乐项目用来消遣，又可作为体育项目以增强体质。

由于每个来球都有不同的速度、力量、旋转、方向、落点，所以击球者要根据每个来球的具体情况及自身的意图做出应变处理，对培养参加者的判断力、速度、耐力、灵敏性及柔韧性有积极的作用。

网球运动是一项老少皆宜的体育运动，从六七岁的儿童到 70 多岁的老者，均可根据自己的身体情况合理安排。长期进行网球运动的锻炼，儿童能开发智力，增强体质；青少年能保持青春活力和健美体态；老年人能保持精力，延缓衰老。由于是隔网项目，没有身体接触，安全、文雅，所以通过打网球也可以增进友谊，加强团结，开展社交活动。

二、网球运动起源、发展、演变概况

网球运动的起源及演变可以用四句话来概括：起源在法国，诞生在英国，开始普及和形成高潮在美国，现盛行于全世界。

网球运动起源在法国。早在 12—13 世纪，法国的传教士常常在教堂的回廊里，用手掌击打一种类似小球的物体，以此来调剂刻板的教堂生活。渐渐地，这种活动传入法国宫廷，并很快成为当时贵族的一种娱乐游戏。开始，他们是在市内进行这种游戏，后来移向室外，在一块开阔的空地上，将一条绳子架在中间，两边各站一人，双方用手来回击打一种裹着头发的布球。

14 世纪中叶，这种游戏便传入英国。这种球的表面使用斜纹法兰绒制作，英国人称为

Tennis，并流传下来，直到现在，我们使用的网球还保留着一层柔软的绒面。

15 世纪，这种游戏由用手掌击球改为用拍板打球，并很快出现了一种用羊皮制作拍面的椭圆形球拍。同时，场地中央的绳子也改为了网。16—17 世纪是这种活动的兴旺时期，逐渐形成了比赛。在这之前，由于这种活动只是在法国和英国的宫廷中流行，所以网球运动又成为"宫廷网球"和"皇家网球"。

由于国际奥委会和国际网球联合会在"业余运动员"的定义上有分歧，连续七届奥运会都进行的网球比赛曾被取消，直到 1984 年的洛杉矶奥运会上，网球被列为表演项目；1988 年的汉城（今首尔）奥运会上，网球又重新被列为正式比赛项目。

网球运动是在 19 世纪随西方近代体育传播进入我国的。1924 年到 1946 年，中国选手共参加了 6 次戴维斯杯网球赛。1953 年，中国成立中国网球协会。在 1959 年举行的第一届全运会上，男子网球是正式比赛项目；从第三届开始又增加了女子网球项目。

第二节 网球基本技术和基本战术

一、网球基本技术

（一）握拍方法

1. 大陆式握拍法

这种握拍法还被称为榔头式握拍法，因为采用这种握拍法时，食指根部压在与拍面水平的平面上，拍面的角度几乎与地面垂直，仿佛在用拍框的侧面钉钉子一样。大陆式握拍法适合用来击打任何类型的球，但在发球、打截击球、过顶球、削球以及防守球时采用这种握拍法效果更好。大陆式握拍法如图 5-2-1 所示。

2. 东方式正手握拍法

东方式正手握拍法先以大陆式握拍法持拍，然后沿逆时针方向旋转球拍（左手握拍的选手须沿顺时针方向转动），直到食指的根部压到下一个接触的斜面为止。东方式正手握拍法如图 5-2-2 所示。

3. 半西方式正手握拍法

半西方式正手握拍法先以东方式正手握拍法持拍，然后沿逆时针方向（左手握拍则沿顺时针方向）旋转球拍，使食指根部压在下一条拍棱上。在职业网球巡回赛中，底线力量型选手多采用这种握拍法。半西方式正手握拍法如图 5-2-3 所示。

图 5-2-1　　　　　　　　图 5-2-2　　　　　　　　图 5-2-3

4. 西方式正手握拍法

在半西方式正手握拍法的基础上，逆时针（左手握拍时顺时针）转动拍面，使食指根部接触到下一个平面，这种握拍法就是完全的西方式握拍法。喜欢打强烈上旋的选手多采用这种握拍法。西方式正手握拍法如图5-2-4所示。

5. 东方式反手握拍法

以大陆式握拍法开始，顺时针（左手持拍时逆时针）旋转球拍，使食指根部压在上一个斜面，便形成东方式反手握拍法。东方式反手握拍法如图5-2-5所示。

6. 双手反手握拍法

使拍面处于大陆式正手握拍法和东方式反手握拍法的中间位置，然后用另一只手以东方式正手握拍法放在持拍手的前方，即为双手反手握拍法。双手反手握拍法如图5-2-6所示。

图 5-2-4　　　　　　　图 5-2-5　　　　　　　图 5-2-6

（二）正手击球

1. 握拍法

东方式正手握拍法或东西方混合握拍法。

2. 准备姿势

准备时，面对球网，两脚分开与肩同宽，身体前倾，双膝微屈，重心落在前脚掌上，右手握拍，左手轻托拍颈，拍面垂直地面并指向对方，集中注意力准备迎击来球。准备姿势如图5-2-7所示。

3. 引拍动作

后摆动作在发现对方击球朝正拍来时就开始。向后拉拍转身的同时转动双肩，带动拍子向后引，做后摆动作；或直接向后拉拍，肘关节弯曲并稍抬起（注意手臂不要伸直），与此同时，左手向前伸出，以保持身体平衡。引拍动作如图5-2-8所示。

4. 击球动作

击球动作从拍子后摆进入向前挥动时，一定要向前迎击球，借助转髋和腰快速而短促的扭转，利用离心力大力摆动身体并立即挥出球拍。此时应紧握球拍、固定手腕，肘关节微屈，击球点在轴心脚的侧前方。关闭式步法击球点在左脚尖的前方；开放式步法击球点在右脚侧前方。击球动作如图5-2-9所示。

5. 随挥动作

击球后随挥动作的去向意味着球的去向。击球后，球拍沿着球飞行的方向继续向上挥动，肘关节向前上方跟进前伸，转体动作也由后摆时的侧身对网转向正面对网，拍子随挥至左肩上方结束。动作放松，同时马上还原到准备回击下一次来球的状态。随挥动作如图5-2-10所示。

| 图 5-2-7 | 图 5-2-8 | 图 5-2-9 | 图 5-2-10 |

（三）反手击球

1. 准备姿势

面对球网，双脚向前自然分开与肩同宽，双膝微屈，腰部略向前，用非握拍手轻托拍颈，拍头与下巴齐平，双肘弯曲，将球拍伸在前面，身体前倾，重心落在两脚之间。当判断对方来球朝反拍方向飞来时，应变换为反拍握拍法。若使用东方式正手拍握法或西方式正手握拍法，在打反手时应变换为相应的反手握拍法，不然反拍是打不好的。双手握拍的人，大多也需要变换握法。准备姿势如图 5-2-11 所示。

2. 后摆引球

向左边转髋带动右手向左后方摆动，左脚向左转 90 度与底线平行，同时右脚向左前方上步，右肩对着球网，手腕绷紧、后伸，双肩夹紧，右手拇指靠近左腿的上部。后摆时，肘关节自然弯曲、下垂，重心移向后方的脚上。反拍的后摆动作应比正拍后摆更早地完成。单手反拍时，左手可轻托拍颈，伴随着向左转的协调动作；若是双手反拍挥臂，需要更充分的转体动作，右肩转向左侧的网柱。后摆引球如图 5-2-12 所示。

3. 前挥击球

从后摆进入向前挥动时应紧握球拍，手腕固定，右脚与网成 45 度角，转动双肩、躯干和臀部，挥拍向球，反拍的击球点应在身体的左侧前方，击球时球拍与右脚应在一条直线上。击球瞬间，拍头的挥动最快，对准来球把球打正，肘部应伸直，球拍与手齐平，双眼盯住球。身体重心从后脚移向前脚。反拍上旋球的击球动作，其拍头轨迹是自上而下的。前挥击球如图 5-2-13 所示。

4. 随挥动作

球击出后，拍面平行于网的时间尽量长些，挥拍沿着球飞行的方向前送，球拍随球向前的距离小于 60 厘米，重心前移，落在右脚，身体也随着转向球网，挥拍在右肩上方结束，拍头指向上方（削击球则不同）。完成好随挥动作有助于控制球的落点和方向。随挥动作要比后摆动作大而充分，以保正击球动作的完整和稳定。随挥动作结束，身体转向球网，迅速恢复原来的准备姿势，准备下一次击球。随挥动作如图 5-2-14 所示。

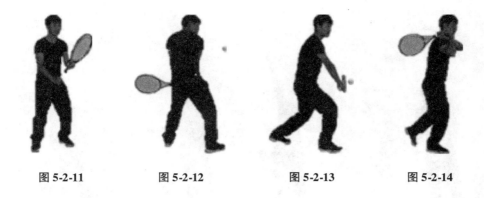

图 5-2-11　　　　图 5-2-12　　　　图 5-2-13　　　　图 5-2-14

（四）发球

1. 握拍法

一般来说，发球采用大陆式握拍法，以下教程也都以大陆式握拍法为基准。也有采用东方式反手握拍法来加强发球的旋转性的，同时，对于初学者，不排斥直接用正手握拍法，但以后应尽量转变为大陆式握拍法。

2. 抛球

（1）左手拇指、食指与中指轻托住球，如图 5-2-15 所示。

（2）直臂把球往上送，送至头顶高度脱手，让球继续垂直向上运行。

（3）好的抛球脱手后，手留在原处可以接到落下的球。

（4）好的抛球应该让球的转性降到最小，可以清晰地看见球上的商标。

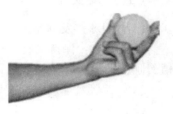

图 5-2-15

（5）抛球最起码的高度应是踮起单脚，手握球拍向上伸直可以达到的高度。

3. 发球步骤

（1）准备动作。侧身站在端线，双脚自然分开站立，与肩同宽。右侧区发球时，左肩对准左侧网柱，右脚几乎与底线平行，左脚脚尖对准右侧网柱；左侧区发球时，左肩对准球网，两脚同时平行于底线。左手持球，轻托球拍于腰的高度，拍头指向前方。全身放松，目视前方，集中精神。准备动作如图 5-2-16 所示。

（2）向后引拍和抛球。两手臂同时向下和向上运动，球从伸展的左手中向上垂直抛出，握拍手掌在向后引拍时朝下，身体重心平稳地向前脚移动，抛球的高度应能满足击球手臂的充分伸展，并使击球感到舒适。向后引拍和抛球如图 5-2-17 所示。

（3）击球和击球点。抛球后身体开始向前上转动，球拍在身后向后下摆动，并加速向前上方挥动击球，尽力伸展身体，在最高点击球。击球点应在身体右前上方，大致位于右肩充分伸直的位置。击球时，手臂和球拍充分伸展，身体重心向前转动，右脚跟向上提，鞋跟正对后挡网，理想的状态是球拍的顶部、左脚跟与身体成一条线。击球与击球点如图 5-2-18 所示。

（4）随挥动作。球拍成弧形下摆，并在身体左侧结束挥动，身体重心完全落在前脚上，右脚跟上提。随挥动作如图 5-2-19 所示。

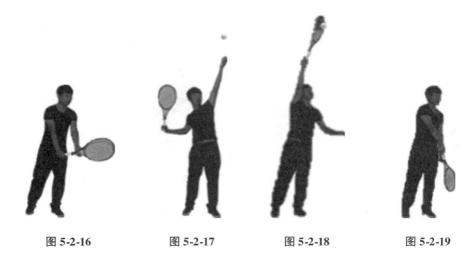

图 5-2-16　　　　图 5-2-17　　　　图 5-2-18　　　　图 5-2-19

注意：发球熟练后，右脚可在击球后跟进到场地里，但初学者在击球时右脚应在底线后，这样可以平衡身体，还可提高控球和抛球的稳定性。

（五）接发球

（1）网球接发球站位一般位于端线附近，力求在接发球时向前移动击球。

准备姿势：保持两脚平行站位，比肩略宽，右手持拍者一般右脚稍前，两膝微屈，上体稍前倾，脚跟提起，将球拍置于体前。

（2）在接发球的过程中眼睛始终注视来球，一直到完成还击动作。

（3）对方第一次发球时多采用大力发球，站位应偏后一些，如果是第二次发球可略向前移，以利于采取攻击性的还击。接大力发球时不要做大幅度的后摆动作，主要是控制好拍面角度并握紧球拍以免拍面被震转动。

（4）还击来球之前要观察对方行动，对自己的回球路线和落点要有所考虑。选择好接发球落点，对控制对手发球后抢攻有重要意义。

网球接发球选手得分的捷径是接发球抢攻直接得分，为了提高回球得分的概率，首先必须掌握一定的技巧。就像在打棒球时发现投手的破绽极为有利一样，接发球抢攻最重要的是发现发球人的破绽。

（六）截击球

1. 正手截击方法

（1）当对方球飞来时，迅速上前。

（2）在自己最能使上劲的位置击球。

（3）随球动作幅度要大，并迅速调整姿态迎接下次击球。

2. 反手截击方法

（1）反手击球时，大多数球员采用两手握拍法。

（2）将拍头与球平行。为了成功截球，在击球瞬间要用尽全身力量。

（3）为了不使手腕扭伤，用腕部动作随挥。

虽说球是以较高的高度飞过来,但也没必要特意在肩的高度击球。等球落至胸与腰之间的位置再打,比较容易用上劲。记住要用反弹球手的上旋球要领来打。

(七) 高压球

高压球可分为凌空高压球、落地高压球、前场高压球、后场高压球等,其动作与发球相似。

(1) 高压球与网前截击球都采用大陆式握拍法。

(2) 准备上网或在上网途中随时都要准备,并且是心理上的准备,动作外型与一般情况无异。

(3) 后摆球拍以准备姿势为基础,在脚步开始调整、身体位置相应变化的同时转体、侧身,并以最快捷的动作将球拍摆至肩上。

(4) 挥拍击球,判断准击球点并移动到位后,以双脚为支撑向击球点方向蹬地、转体、收腹(反弹背弓)继而挥拍击球。

(5) 高压球的随挥动作仍与发球类似,击球过后顺势将球拍收于持拍手异侧的腿侧。

(八) 挑高球

高压球与挑高球是互相矛盾的两样武器,但在网球场上,挑高球并非只与高压球成双配对。击球者无论处于什么状态都可以挑高球,因为挑高球本身就可攻可守。比如,球员在极度被动的情况下可以挑高球作为一种过渡和缓冲的手段,当对方上网时,己方可击出带强烈上旋的高球,利用此种球弧顶高、下坠急、落地后前冲猛的特点令球越过对方头顶,以逼迫对方反身回追。这往往就是破网得分的一击,或者至少可置对方于被动的境地。

二、网球基本战术

(一) 单打战术

1. 发球战术

(1) 右区发球。站在右区发球时,应站在靠近中点处发球,第一发球一般采用平击大力发球,发向对手右发球区中线附近,迫使对手用反手接发球。第一发球发向对手的反拍有这样的好处:对手用反拍回球较困难,也减少了自己封网的角度。绝大多数选手反拍接发球时打直线,如果自己用右手握拍,也应当做好反拍截击的准备。如果第一发球失误,则第二发球一般采用侧旋发球,发球速度相对慢一些,避免双误。发向对手右发球区边线附近,利用侧旋迫使对手离开场区接球,使对手只能打出轻软的球,发球上网的选手就很容易上网截击,如果发球不上网也可以占据场中有利位置等待对手回击。

发球不能向同一个目标发,如果老瞄准同一个目标,对手便会提前做好准备,因此,内外角都要发,使对手不清楚球发向内角还是外角。

(2) 左区发球。站在左区发球时,应站在离中点 1~1.5 米处发球,第一发球一般应发对手的左边线附近,即对手的反拍边,让对手用反手来接球。

2. 接发球战术

接发球的站位很重要,一般来说,在右区接发球时,右脚靠近单打边线;左区接发球时，可以离单打边线远些，因为右手握拍的选手在左区发球时不可能把球拉出很远。接第一发球时，集中精力使它过网，尽量做到少失误；接第二次发球时，可以不时地避开反拍而以正拍进攻，把球击向对方端线两角之一，随即上网截击或留在端线附近接对手的回球。

当对手发球上网时，最有效的方法是在对手上网跑动过程中把球击向他的脚部，即把球击向发球线附近。如果对手上网速度快，已占据了网前有利位置，则有三种破网方法：一是把球直线击向对手的发球区边线附近；二是斜线击向右发球区边线附近；三是挑高球，击向对手左底角附近。

3. 底线对抽战术

在网球比赛当中，双方许多时候都处于在底线对抽阶段，这时要不断变换击球方法，如采用上旋和下旋结合，斜直线结合，用大角度调动对手。即轮流改变球的方向，使对手左右跑动，不要让对手有规律地移动，有些球交替打两个角，有些则打追身球，要使对手总是在猜测判断，一旦对手打出一个浅球，就向前打随击球上网。

4. 改变不利打法战术

有些选手习惯在端线上一板一板地打过来，应对这样的选手时应改变打法，如处理浅球时，不要总是打随击球，应回打一个浅球或者放一个小球，迫使对手上网，如果对方的截击技术不是很好，就可以使其失误，放小球会使他措手不及，即使命中率很低，也不妨一试。放小球后，要像打随击球一样，继续向前上网，准备截击得分。

（二）双打战术

双打与单打最明显的区别是场地扩大了、人员增多了（在场上由原来的 2 人增加到 4 人），其次是击球的路线和落点不同，因此应具体注意以下几点。

1. 互相鼓励，协作配合

双打要求两个队员配合得像一个人，才能把两个人的长处结合起来，打出比任何一个人单打水平都高的比赛。双打战术机动灵活，变化比单打复杂得多，成功的关键是两个队员默契配合。默契配合建立在双方互相信任的基础上，并通过长期的合作锻炼出来。两个队员要紧密合作，互相鼓励，如同伴打一个好球就要祝贺他，战术不对时要多商量，切记不要相互埋怨。因此，双打的根本是两个人如同一个整体，无论如何都要并肩战斗，移动要一致，相互间的距离不能拉开 3.5 米以上。

2. 双打站位

双打比赛一般是能够控制网前的队容易得分，所以双打比赛中发球员应站在中点和单打线的中间，发球后直接上网；发球员同伴在发球线和球网之间，稍偏向单打线，做到只向两侧各移动一步就能封住单打与双打的狭道以及球场中区的斜线球。

接发球员在接右区发球时，应该站在端线靠近单打线处（以右手为例）；在接左区发球时，则应稍靠中间。接发球员首要任务是将球打过去，然后考虑上网。接发球员同伴应站在发球线前边，偏近中线，目的是警戒对手网前选手打来的中路球。当接发球员击球后向前时，接发球员的同伴应移动到自己那半场的中间更靠近球网的位置。

双打比赛更讲究默契配合，一般来说，正拍较好的选手应站在右区，反拍较好的选手宜站在左区；击球技术更凶狠和更有决断力的选手应站在左区，而较稳健和不易失误的选手则应站在右区。事先还要商量好由谁打中间的来球,通常情况下是正拍选手来打中路球,或者站在对手击球者斜对面的选手准备接中路球。虽然双打的关键是控制网前(特别是发球一方),但不要闷着头往前冲,眼睛要始终盯住球。

3. 发球策略

让发球好的人先发球,集中精力把球发好,不要企图以发球直接得分。在双打比赛中,第一发球命中非常重要。要做到这一点,发球时要加上旋转同时用 3/4 的速度,使球曲线进入发球区内。特别是第二发球,应该让球保持侧旋,尽量减少双误。发球要有目的,水平一般的选手反拍都比较差,所以发球应该以其反拍为攻击目标。在右区发球时发向对手的内角,在左区发球时发向对手的外角,但偶尔也要朝其正拍方向发,以干扰对手的预测。

4. 接发球的策略

双打比赛与单打比赛的接发球有所不同,双打接发球常常是以打斜线球为主,但如果站在网前的对手不时地截击接发球,可以打一些直线球。虽然直线球越过网的最高部位的成功率较低,而且击球命中的范围也很小,但较适合在此种情况下使用。如果接发球被拉开得很远,可以进行挑高球,让自己有充裕的时间回位,并迫使对手离开网前的控制位置。

5. 截击球策略

网前截击时,对球的控制是非常重要的。当发球后向网前冲时,如果对手回球较高,这将是最好的位置,在这里能直接向下击球到对手的脚下。但如果对手的回球又低又斜,只能被迫向上击球时,如果接发球员不上网,仍在端线,就对着他打深的截击球,迫使他继续留在后面;如果接发球员上网,则不必发力击球,让球落在他的脚下,使他难以回击。

6. 挑高球策略

挑高球是双打比赛中的主要击球方法之一。挑高球时,掌握好挑球的时机很重要。如果对手发球很好,接发球的队员又正好不能处理发球的速度和落点,那么接球方的两个人都可以待在后面,尽量用挑高球接发球,向后站得远一些,努力打几个挑高球。当对手面向太阳光时,利用挑高球使他打高压球变得困难,甚至造成其高压球下网或压出端线,挫伤对手竞技状态。

第六章

足　　球

第一节　足球运动概述

一、足球运动简介

足球运动是以脚支配球为主,两个队在同一场地内进行攻守的体育运动项目。它是世界上最受人们喜爱、开展最广泛、影响最大的体育运动项目,被誉为"世界第一运动"。有些国家将足球定为"国球"。一场精彩的足球比赛,吸引着成千上万的观众和数以亿计的电视观众,成为电视节目中的重要内容;有关足球消息的报道,占据了世界上各种报刊的篇幅。当今足球运动已成为人们生活中不可缺少的组成部分。据不完全统计,现在世界上经常参加比赛的球队约 80 万支,登记注册的运动员约 4 000 万人,其中职业运动员约 10 万人。

二、足球运动起源、发展与演变概况

据史料记载,在中世纪英国便有了类似今天的足球的活动,当时的足球比赛在城市的街道上进行,对参加的人数、犯规等无规则限制。由于参加的人数众多和无组织,比赛场面混乱不堪,声音嘈杂,而且往往使沿街的一些店铺和居民的财物受到损害,因此被视为"暴民足球"。为此,英国国王爱德华二世在 1314 年下令,凡踢足球的人都要被判刑。爱德华三世在 1331 年也颁布过相似的法令禁止踢足球。此后英国国王理查德二世、亨利四世、亨利五世、亨利八世也都曾颁布法令禁止踢足球。到中世纪末期,足球活动逐渐衰退。1580年,足球只作为学校内部的一种体育活动在大学校园内进行。1681 年,查理二世允许他的农奴和伯爵间进行足球比赛,但是,1685 年查理二世去世后,英国王室仍对足球活动予以压制。

进入 19 世纪,随着划船、板球和拳击运动在英国被公众广泛接受,足球也因其显著进步被引入公共学校,从而被接受、发展起来。由于没有统一的规则,各学校都根据自己的特点制定独特的规则,导致比赛中各自采取不同的动作或行为。1862 年,J. C. 思林出版了一本自称为"最简的比赛"规则,共 10 条,其中第 2 条规定可以用手抓球和用脚踢球。为了使新的足球规则有别于这一规则,1863 年 10 月 26 日,伦敦 11 个最主要的俱乐部和学校在伦敦的弗里森酒店举行会议创立了英格兰足球协会,同时编制了世界上第一个统一的足球规则,共有 14 条。这一日被世界公认为现代足球的诞生日,世界各国也公认现代足球起源于英国。

现代足球诞生时,英国为世界头号大国,国内的退伍军官、商人从英国向世界各地如新西兰、澳大利亚、印度、南美洲移居,并同当地人进行足球比赛。由于足球的开展不需要特别的装备和器材,很容易被这些地区的居民接受。如当时阿根廷所有的地方足球俱乐部都由英国人开办的铁路公司的英国雇员组成,而且阿根廷足球协会也是由一位叫亚历山大·赫顿(Alexander Hutton)的英国先生创建的。1892 年,英国人在意大利成立了吉诺板球和足球俱乐部(Genoa Cricket And Football Club),但是由于对手极少,因此比赛也很少。1896 年,该俱乐部采纳了詹姆斯·斯潘斯利(Jamse Spensley)的建议,吸收了 50 名当地居民加入俱乐部以增加比赛次数。1897 年,意大利都灵市民成立了自己的俱乐部,即当时名声并不显赫的尤文图斯俱乐部。之后,各地俱乐部相继成立,意大利足球协会也随之宣告成立。

1840 年后,现代足球运动由英国传入中国。

1872 年 11 月 30 日,在苏格兰的格拉斯哥城内的苏格兰西部板球俱乐部,英格兰和苏格兰之间进行了现代足球史上第一场国际比赛,比赛结果为 0∶0。由于当时苏格兰还没有成立足球协会,因此,他们是以苏格兰最早的俱乐部——王后公园俱乐部足球队代表参赛的。1884 年,英格兰、苏格兰、威尔士、爱尔兰四个队开始比赛以争夺"不列颠冠军"。

第二节 足球的基本技术

一、踢球

(一) 脚内侧踢球

踢球时应直线助跑,跨步支撑时眼睛要看球。脚落地时足尖应与出球方向保持一致,距球 10~15 厘米,膝关节微屈,两臂自然张开,维持好身体平衡。踢球腿以髋关节为轴由后向前摆动,在前摆过程中髋关节外展,脚翘起,脚内侧与出球方向约成 90 度,以大腿带动小腿快摆击球。击球时脚跟前顶,脚腕用力绷紧,以脚内侧部位击球的后中部。击球后,踢球腿应继续保持击球时的形状随球前摆,如图 6-2-1 所示。脚内侧踢球触球面积大,可控性强,出球平稳准确,是短距离传球和射门的常用脚法。

图 6-2-1

(二) 脚背内侧踢球

斜线助跑，助跑方向与出球方向约成 45 度，支撑脚以脚掌外沿积极着地，踏在球的侧后方 25~30 厘米处，膝关节微屈，足尖指向出球方向，身体稍向支撑脚一侧斜。在支持脚着地的同时，身体顺势向出球方向转动，踢球腿以髋关节为轴，大腿带动小腿呈弧形由后向前摆动。当膝盖提到接近球的内侧垂直上方的刹那，小腿加速前提，脚尖稍外转，脚面绷直，脚趾扣紧，脚尖指向斜下方，以脚背内侧部位击球的后下部。踢球后，踢球腿随球继续前提，如图 6-2-2 所示。脚背内侧踢球踢摆动作顺畅，幅度大，触球面积大，出球有力，且性能和线路富于变化，是中远距离射门和传球的重要方法。

图 6-2-2

(三) 脚背正面踢球

直线助跑，随着身体与球接近，两眼要紧紧地盯住球。跨步支撑时步幅要大，支持脚一般踏在球的后沿侧方 10~15 厘米处，足尖与出球方向一致，膝关节微屈。踢球腿在跨步支撑的同时大腿后引，小腿尽力后屈。在支持脚着地的同时，弓身送髋。在支撑腿由斜撑过渡到直撑的同时，以髋关节为轴，大腿带动小腿由后向前摆动。当膝盖提至接近球的后上方时，小腿加速前提。击球瞬间，脚背绷直，脚腕压紧，以脚背的正面击球的后中部。击球后，踢球腿应随球继续前摆，如图 6-2-3 所示。脚背正面踢球踢摆幅度大，动作顺畅，便于发力，但出球线路及性能缺乏变化，适用于远距离的传球和大力射门。

(四) 踢球的练习方法

(1) 各种踢球技术动作的模仿练习。
(2) 一人用脚底挡球，另一人上步做踢球练习。

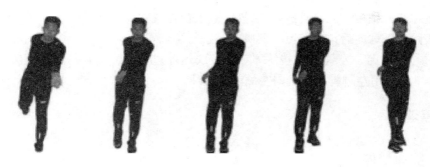

图 6-2-3

(3) 各种脚法的两人练习。二人相距 15 米左右，用脚的各个部位相互练习踢定位球，然后过渡到踢移动中的球或空中球。

(4) 利用足球墙和标杆做踢旋转球的练习。可将标杆插在踢球者与墙之间，标杆与人及墙的距离视需要而定，开始时可大些，技术掌握后再逐步缩小。

(5) 一人传球、一人射门练习。一人从侧前方、侧方、侧后方传地滚球或抛高球，另一人迎球踢地滚球、反弹球或凌空球射门。

(6) 两人一组进行有对抗的传射练习。

二、运球

(一) 脚背内侧运球

身体稍侧转并自然协调放松，步幅小，上体前倾，运球腿提起外展，膝微屈外转，提踵，脚尖外转，使脚背内侧正对运球方向，在运球脚落地前用脚背内侧推拨球，使球随身体前进。脚背内侧运球控球稳，运球速度较慢，适用于掩护性运球或运球变向。

(二) 脚背正面运球

运球时身体保持正常跑动姿势，上体稍前倾，步幅不宜过大，运球腿提起，膝关节稍屈，膝关节前送，提踵，脚尖下指，在着地前用脚背正面部位触球后中部将球推送前进。脚背正面运球直线推拨速度快，但路线单一，运球时前方需要有较大的纵深距离。

(三) 脚背外侧运球

运球时身体保持正常跑动姿势，上体稍前倾，步幅不宜过大，运球腿提起，膝关节稍屈前摆，脚趾稍内转斜下指，使脚背外侧正对运球方向，在运球脚落地前用脚背外侧推拨球的后中部。

(四) 运球练习方法

(1) 双脚拨球练习。两脚分开与肩同宽，用双脚内侧来回拨球，可在原地拨动，也可边拨边向前或向后移动。

(2) 走或慢跑中用单脚或双脚交替进行拨、拉、扣、推和各种技术的直线和折线运球。

（3）运球绕杆练习。队员排成一路纵队依次进行过杆练习。
（4）假踢后踩球向后拉球练习，两脚交替进行。
（5）右（左）跨、左（右）拨练习。在直线运球过程中，右腿从球的上方跨过，着地后变支撑脚，接着用左脚脚背外侧向左侧前方拨球。

三、停球

（一）脚内侧停球

支持脚正对来球，膝关节弯屈，停球腿屈膝外转并前迎。当脚与球接触前的刹那开始后撤，在后撤过程中用脚内侧接触球，把球控制在下一动作需要的位置上，如图6-2-4所示。

图 6-2-4

（二）脚底停球

支持脚站在球的侧后方，膝盖微屈，脚尖正对来球，同时将停球脚提起，膝关节自然弯屈，脚尖翘起高过脚跟，踝关节放松，用脚前掌触球的中上部。

（三）脚背正面停球

停球脚提起迎球，以脚背正面对准下落的球。在脚背与球接触前的刹那开始下撤，在下撤过程中用脚背正面接触球的底部，小腿和脚腕放松，使球落在体前适当的位置上。

（四）胸部停球

1. 挺胸停球

挺胸停球一般用于停高于胸部的下落球。身体面对来球，两脚前后或左右开立，重心在两脚间，两臂自然张开，上体稍后仰，收下额，当胸部与球接触前的刹那，脚跟提起，向上挺胸，胸触球中下部，使球弹起，落于体前，如图6-2-5所示。

2. 收胸停球

当胸部与球接触前的刹那迅速收胸、收腹，用胸部触压球的中上部，以缓冲来球力量把球停在身前，如图6-2-6所示。

图 6-2-5

图 6-2-6

（五）大腿停球

面对来球，停球腿大腿抬起，以大腿中部对准下落的球，肌肉适当放松。在大腿与球接触的刹那，大腿迅速撤引，使球落于下一个动作需要的位置上，如图 6-2-7 所示。

图 6-2-7

（六）停球练习方法

（1）停迎面地滚球。两人面对面站立，一人踢（抛）地滚球，另一人迎上停球。
（2）用各种停空中球的方法自抛自停凌空球。
（3）两人互抛互接空中球，逐渐改变球的弧度、落点，使停球者练习移动停球。
（4）队员互相传高球，练习停空中球。

四、头顶球

（一）原地头顶球

身体正对来球，两脚前后开立，膝关节微屈、上体后仰，重心放在后脚上，两臂自然张开，两眼注视来球。当球运行到身体垂直部位前的刹那，颈部保持紧张、快速甩头，用前额正面顶球的后中部，如图6-2-8所示。

图 6-2-8

（二）跳起头顶球

原地双脚起跳，两腿弯屈，重心下降，然后两脚用力蹬地跳起，同时两臂肘上摆，上体要挺胸展腹，两臂自然张开，两眼注视来球。当球运行到身体垂直部位前的刹那，收腹，上体快速前屈，甩头，用前额正面将球顶出，如图6-2-9所示。

图 6-2-9

（三）练习方法

（1）做各种顶球模仿练习。

（2）一人双手持球至适当高度，另一人用额正面、额侧面顶球，领会顶球时接触部位和击球点。

（3）自抛和互抛顶球，自己向空中抛球，待球下落时练习顶球。

（4）两人一组，一人抛球一人顶球。

（5）个人连续顶球，顶起的高度可不断调整；也可3~4人围成一个小圈连续顶球。

五、抢截球

（一）正面抢球

抢球者两脚前后开立，迎着运球者而站，两膝微屈，身体重心下降。当运球者与抢球者间的距离缩小到一定范围时，运球者脚触球后落地或刚刚落地时，抢球者后脚用力蹬地并跨步向前，以脚内侧去堵截球。当已堵住球时，另一只脚应迅速上步。若抢球者堵住球，两位对手也堵住球时，则抢球者应将另一只脚迅速前移做支撑脚，抢球脚在不脱离球的情况下迅速向上提拉，使球从对手脚面滚过，身体重心也迅速跟上并将球控制好。

（二）侧面合理冲撞抢球

当抢球者并肩与运球者跑动追球时，抢球者重心稍下降，靠近对手一侧的手臂紧贴身体，利用对方同侧脚离地的过程，用肘关节以上部位适当冲撞对手同样部位，使对手身体失去平衡，乘机将球控制住。

第三节　足球的基本战术

一、进攻战术

（一）个人进攻战术

个人进攻战术是指在比赛中为了战胜对手而采取的符合整体进攻目的的个人行动。个人进攻战术是构成局部和整体进攻战术的环节。个人进攻战术行动水平直接影响着局部和整体进攻战术的质量。个人进攻战术包括传球、射门、运球突破和摆脱跑位等。

（二）局部进攻战术

1. 传切配合二过一

传切配合二过一是两名进攻队员通过一传一切配合越过一名防守队员的配合方法。斜传直插二过一和直传斜插二过一，都能只通过一次传球和穿插就越过一名防守队员，配合十分简捷和实用。斜传直插二过一如图 6-3-1 所示，直传斜插二过一如图 6-3-2 所示。

图 6-3-1

图 6-3-2

2. 踢墙式二过一

踢墙式二过一是两名进攻队员通过两次传球越过一名防守队员的配合方法，如图 6-3-3 所示。

3. 回传反切二过二

回传反切二过二是当接应队员与控球队员有一定纵深距离，并且防守者身后有较大空隙时采用的二过一配合。它是通过三次传球组成的配合方法，如图 6-3-4 所示。

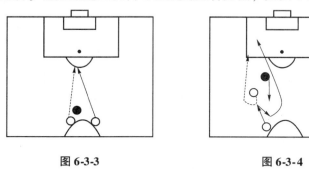

图 6-3-3　　　　　　　　　　图 6-3-4

（三）边路进攻

边路进攻指在对方半场两侧地区发展的进攻，包括边锋或其他到边锋位置上的队员运球突破下底或里切、边锋与边锋运用二过一突破、由边后卫边线插上配合、斜线传中等进攻方法。

（四）中路进攻

中路进攻指从比赛场地中间地带发展的进攻。它包括回传反切、前卫插上、短传配合等方式。

二、防守战术

（一）个人防守战术

1. 选位

防守队员选择的位置，原则上是在对方与本方球门中心所构成的一条直线上，与对方的距离要根据场区以及球所处的位置来决定。

2. 盯人

盯人是指防守者所处的位置能够限制、看守对方活动，达到及时封堵对方接球或传球路线的目的。盯人有紧逼盯人和松动盯人两种。紧逼盯人指贴近对手不给其从容活动的机会；松动盯人指与对手保持一定距离，以便随时上前抢截对手的球或对手得球后能立即逼近对手。

（二）局部的防守配合

1. 保护与补位

保护与补位是局部地区集体防守的基础。保护是补位的前提，没有保护也不可能有效地补位。补位有两种，一种是队员去补空缺，另一种是临近队员相互补位。

2. 围抢

围抢是指在特定场区，2~3名防守队员快速多方位夹击对方控球队员夺取球权或破坏球的战术配合。围抢是一种主动防守战术。

（三）全局防守战术

全局防守战术包括盯人防守、区域防守、混合防守。严密封堵球门前30米范围是全局防守的关键。

三、定位球战术

（一）角球战术

1. 角球进攻战术

角球进攻战术的主要进攻配合方式有两种：一是短传角球，这种角球的优点是快，缩短传中距离，提高传球的准确性和增大传球角度，丰富战术打法，增加防守难度，对球门威胁大；二是长传角球，用内弧线球直接射球门的前、后上角，运用者较少。

2. 角球防守战术

对方踢角球时，前锋、前卫队员要快速回防，迅速组织防守。所有队员的注意力应高度集中，分工明确，各司其职，人球兼顾，切忌盯人不看球或看球不盯人。

（二）任意球战术

1. 任意球进攻战术

（1）直接射门。罚直接任意球时，如果距球门比较近，守方未布好防线，"人墙"有漏洞或守门员站位不佳时可采用直接射门；如果守方已布好防线，可由善于踢弧线球的队员直接射门，同时其他进攻队员要采用穿插跑位等行动干扰守方主防队员和守门员。

（2）传球配合射门。传球配合射门方法很多，一般多采用长传门前由同伴头顶射门或先短传后中长传配合射门。

2. 任意球防守战术

无论是直接任意球还是间接任意球，守方的所有队员都应迅速退守，积极干扰对手罚球，争取时间迅速组织"人墙"，根据不同罚球区域来排"人墙"，射门角度大则"人墙"人数多，反之则少。排墙时，最高的队员在外侧，依次向内；最出色的防守队员不参加排墙，而是和其他队员一道去控制和封锁要害空间，防止进攻队员的穿插。在球罚出时，人墙应迅速向球移动，有效地封堵和缩小射门角度。

第七章

篮　　球

第一节　篮球运动概述

一、篮球运动简介

篮球运动的最大特点，在于它是围绕高空的球篮，以篮球为工具，以投篮准确为目的，以个体与整体运用专门的技术、战术为手段，以两队立体型凶悍攻守对抗为基本形式的一项非周期性运动，因而对活动者的身体形态、机能、素质、素养、技能等提出了特殊要求。而比赛规则的不断修订、补充，也都是围绕着如何激励活动者将篮球更快、更准、更多地投进高空篮筐和破坏对手投进高空篮筐中而发展的。

二、篮球运动起源、发展与演变概况

篮球运动是由美国马萨诸塞州斯普林菲尔德市基督教青年会干部训练学校的在加拿大出生的体育教师詹姆斯·奈史密斯（James Naismith）于1891年冬发明的。他受当地儿童摘桃扔入桃筐活动的启发，在地面的场地两端设置两个竹制桃筐，展开投篮游戏，篮球运动便由此演进。由于美国马萨诸塞州冬季较为寒冷，难以在室外开展受学生喜爱的体育活动，于是奈史密斯便将这一最初在室外试行的篮球游戏移至室内，并将摆置在地面上的类似于桃筐的筐子，悬挂在室内两侧离地面高约10英尺（约合3.05米，这便成为现用篮圈高度的来源）的墙壁上，将足球向篮筐中投入，并将悬挂在墙壁的篮筐装置在特殊的立柱架上。为了避免将球投掷到场外而影响观看者，曾在篮筐后部设有不同大小的挡网，有些还在场地四周以网形装置覆盖整个场地，类似于在大网笼中活动，因此，韩国等一些国家和一些书刊中至今仍将篮球运动称为笼球运动。由于这种活动具有较强的对抗性，奈史密斯便制定了某些限制性规定，并且不断地改进比赛方式，从而使篮球游戏逐步完善并向现代篮球运动过渡。

在早期的篮球运动中，最初规则非常简单，也没有人数限制，只要双方人数相等即可。随着时间的推移和篮球运动在各地的蓬勃发展，其规则也不断地完善，因这项球类运动既有趣又有较高的身体锻炼价值，很快被列为正式体育运动项目。1932年，国际业余篮球联合会在瑞士成立。1936年，男子篮球运动被列为奥运会正式比赛项目。1976年，女子篮球运动也被列为奥运会正式比赛项目。

篮球运动从诞生到现在已有百余年的历史过程，在世界范围内早已被各国人民所喜欢。篮球运动在我国高等学校中有着广泛的群众基础，是广大青年学生十分喜爱的体育运动项目之一。

篮球运动是由跑、跳、投掷等运动所组成的一项快速、激烈、综合性的球类运动项目。经常性地参加篮球运动，能促进人体速度、灵敏、力量、耐力、柔韧等身体素质的发展，提高中枢神经系统的灵活性，增强心脏、血管、呼吸系统和消化系统的机能，促进肌肉和骨骼的生长发育，使身体得到全面发展。篮球运动也是集体项目，并且有强烈的竞争性和对抗性，要在瞬息万变的情况下展开激烈的争夺。因此，它能培养人们团结协作、互相配合的集体主义精神和勇敢、顽强、机智、果断等优良品质。

第二节 篮球基本技术

一、基本步法、移动

在篮球运动中，所谓的移动，就是在打篮球时每个球员在篮球场上运用篮球运动中特有的方式进行跑、跳、停、摆脱、变换方向跑及在防守时所采用的步法等。

（一）基本站立姿势

篮球运动的基本站立姿势是，两脚依据场上需要，平等或前后开立，距离约与肩宽，两膝自然弯曲，身体重心的投影点在两脚之间，上体正直稍前倾，两眼平视，时刻保持起动状态。

（二）起动

起动时，身体重心向跑动方向移动，后脚或异侧脚的前脚掌突然用力蹬地，同时上体迅速前倾或侧转，手臂协调地摆动，充分利用蹬地的反作用力，迅速向跑动方向迈出。起动后的前两三步要短促而迅速地连续蹬地，并与快速摆臂相配合，使之能在最短的距离内把速度有效地发挥出来。

（三）急停

急停是指队员在跑动过程中与接球技术结合运用成面向对手的姿势，或在徒手跑动时用于摆脱对手的方法。急停的方法有跳步急停和跨步急停两种。跳步急停是指停步之前以一脚蹬地跳起并腾空，接着采用双脚同时落地的方法，如图7-2-1所示；跨步急停为双脚依次落地的方法。无论采用哪种方法，都要在停步前适当降低身体重心，两脚落地时两膝弯曲，重心保持在两脚之间，上体稍前倾，目视前方，成基本站立姿势。

图 7-2-1

（四）转身

转身是根据篮球运动规则的要求，以一只脚为轴，另一只脚蹬地，转体并改变身体朝向，从而改变与对手的关系的技术方法。转身时，两腿微屈，重心下降，一脚做轴并将脚跟稍提起，前脚掌碾地，另一脚蹬地，同时移动重心，以转头、转肩和转腰的力量带动身体进行弧形移动，使身体改变原来的朝向。转身技术包括前转身和后转身两种。移动脚蹬地在做轴脚前方进行弧形移动的叫作前转身，反之叫作后转身。转身时要保持身体平衡，如果持球则要注意保护球。

（五）跨步

跨步是在基本站立姿势的基础上，以一脚为轴，另一脚向侧或前方跨出的技术方法，包括同侧步和异侧步两种。同侧步是向移动脚的同侧跨出，而异侧步是向移动脚的异侧跨出。跨步时，两腿屈膝，重心降低，做轴脚的脚跟稍提起，用力碾地，另一脚向身体的侧方或前方跨出。跨出后要控制好身体重心，以便衔接下一个动作。

（六）滑步

滑步是个人防守时应用最广泛、最主要的脚步动作方法，是一切个人整体防守战术行动的基础。滑步分为侧滑步、前滑步、后滑步、后撤步等。侧滑步时（以向左侧滑步为例），右脚前脚掌内侧蹬地，左脚向左（移动方向）跨出，在落地的同时右脚紧随滑动，向左脚靠近，两脚保持一定距离，左脚继续跨出。向右侧滑步时脚步动作相反。前（后）滑步的动作方法与侧滑步相同，只是两脚前后站立，向前（后）方向移动。后撤步的方法为前脚蹬地，在转腰的带动下前脚变为后脚的防守脚步动作。在滑步时，要保持屈膝低重心的姿势，身体不要上下起伏，重心保持在两脚之间，眼要注视对手。

二、持球、接球、抢球、传球

传球和接球是篮球运动中队员之间相互配合，组织进攻，实现战术变化的一项基本技术。

（一）持球

持球有双手持球和单手持球两种形式，每一种形式又有高手和低手之分。双手高手持球的手法是：两手自然张开，两拇指相对成八字形，用指根以上部位握球的两侧后下方，手心空出。双手低手持球的手法是：持球的两侧，两小指相对成八字形，手心空出。单手高手持球的手法是：五指自然张开，球置于手上，以指根以上部位接触球，手心向前并空出。单手低手持球的手法与单手高手持球手法相同，只是掌心向上。

（二）接球

1. 接球手法

接球是篮球比赛中进攻时最基本、最重要的技能，接球手法主要包括双手接球和单手接球两种。双手接球的手法是：接球时，两眼注视来球，两臂伸出迎球，手指自然分开，两拇指成八字形，两手成半圆形，当手接触球的瞬间，双臂随即后引缓冲来球的力量，成双手持球姿势。单手接球的手法是：伸手迎向来球，当手接触球的同时迅速借来球惯性将球后引至胸前，成双手持球姿势。

2. 原地接球

原地接球是获得球的基本方法之一，是进攻队员之间为了调整进攻位置而采用的接球方法。其动作方法是面向或侧向同伴成基本站立姿势，上体转向来球，双手成基本接球手法，注视来球，可采用双手或单手接球，接球的同时身体重心降低，准备衔接下一个动作。

3. 跑动接球

跑动接球是篮球比赛中常用的接球方法之一，是进攻推进和快攻过程中主要获得球的方法。其动作方法是在跑动过程中，脚尖朝着前进方向，上体侧转面向来球，双臂伸出，主动迎接来球。跑动接球后可以运球、投篮或传球等。

4. 摆脱迎上接球

摆脱迎上接球是外线队员侧向或背向球移动摆脱后，向来球迎前接球的方法。接球后一般采用急停、面向对手成持球基本站立姿势，以衔接下面的持球突破过人或投、传等动作。

5. 摆脱反跑接球

摆脱反跑接球是外线队员侧向或面向球移动摆脱后侧向或背向反跑接球的方法。接球时可采用停步技术，以便衔接下面的进攻动作。摆脱反跑接球一般需要传球队员的配合，在拉开的同时同伴传出引导球，保证人到球到。

6. 摆脱插上接球

摆脱插上接球是内线队员利用转身或抢步等脚步移动摆脱防守，绕到防守队员的前面，背向球篮接球的方法，多用于中锋策应。接球时可采用停步技术，接球后可通过转身等动作来衔接下面的进攻技术。

（三）抢球

1. 抢篮板球

比赛双方队员争抢投篮未中而从篮板或篮圈反弹出的球的方法，统称为抢篮板球。抢篮板球的具体方法很多，但在技术动作上有共同特点，即都是由抢占位置、起跳动作、抢球动作和抢球后动作组成的。

（1）抢占位置。抢占位置是抢篮板球的关键，对能否抢到篮板球起到极其重要的作用。抢占位置时，应根据对手和投篮队员所处的位置正确判断篮板球的反弹方向、距离，运用快速的跨步动作，配合身体动作抢占有利位置。篮板球的反弹方向有一定规律，一般情况下遵循反射角等于入篮角的原理。抢到有利位置时，身体应保持正确的起跑姿势。

（2）起跳动作。起跳时，两脚迅速用力蹬地向上跳起，同时双臂上摆，腰腹协调用力，充分伸展身体以抢占空间位置。也可采用单脚起跳的方法，通常在摆脱对手冲抢时采用。

（3）抢球动作。在空中手接触球后，迅速屈指、屈腕、屈肘收臂将球拉下，可用双手也可用单手。也可以在空中将球直接点拨给同伴。

（4）抢球后动作。当进攻队员抢到篮板球后，首先补篮或继续投篮，如果没有投篮机会则应迅速将球传给同伴，重新组织进攻。防守队员抢到篮板球后，要及时将球传给接应同伴，为快攻创造有利条件。

2. 抢断球

抢断球是截获对方传接球的获得球技术。其方法是判断进攻队员意图和位置，当球刚由传球队员手中传出的一刹那突然起动，单脚或双脚用力蹬地跃出，身体伸展，双臂或单臂前伸将球截获。

（四）传球

传球的手法很多，最常见的有双手胸前传球和单手肩上传球两种。

1. 双手胸前传球

双手持球，拇指置于球后侧，四指分开置于球侧，掌心不要触球。传球时，向接球队员方向迅速伸臂，向传球方向移动身体。传球时借助蹬地使身体重心前移的力量，迅速伸臂，同时拇指用力下压，手腕前屈，食指、中指用力拨球将球向目标传出。注意伸臂抖腕，手指应指向传球的方向。双手胸前传球如图7-2-2所示。

图 7-2-2

2. 单手肩上传球

单手将球移至传球肩稍外部位，传球手手心向前，用手臂向前伸展和手腕向前扣的力量将球向前传出，亦可向斜前方传出。单手肩上传球如图 7-2-3 所示。

图 7-2-3

三、运球、突破

（一）运球

运球就是在原地或行进中用单手连续拍球。运球也是在篮球运动中必须掌握的一项基本技术。

运球的方式是多种多样的，比较常见的有原地运球、行进间运球、运球急停急起、体前变向运球、运球转身、背后运球、胯下运球等。

运球时，非运球手臂屈肘平抬，用以保护球；运球手五指自然张开，朝向身体的侧前方，主动迎接地面反弹起来的球，并随球的力量向上缓冲，然后用力向下拍按球，如此反复进行。拍按球的部位应与移动的方向、速度协调配合。前进时拍按球的后侧上方，变向时拍按球侧上方。球与地面的作用关系应是入射角和反射角相等。

（二）突破

突破就是进攻者将脚步的灵活动作与运球技术结合起来，快速超越对手的一种攻击技术。

突破的方式、方法很多，但实质相同，就是在结合假动作的基础上，使对手改变防守方式，从而运用快速的脚步和运球技术越过对手。突破主要包括交叉步突破和同侧步突破。交叉步突破如图 7-2-4 所示。

图 7-2-4

四、投篮

投篮的手法很多，最为常见的有原地和行进间的双手高手投篮、双手低手投篮、单手高手投篮、单手低手投篮等。

双手高手投篮的出球手法是：在双手高手持球手法的基础上，借助下肢蹬地力量，双臂向前上方伸直，前臂内旋，拇指下压，手腕前屈，食指、中指用力拨球，通过指端将球投出。

双手低手投篮的出球手法是：在双手低手持球手法的基础上，下肢蹬地用力，双臂向前上方伸出，同时两手手腕向上翻，用小指、无名指和中指的力量将球投出。

单手高手投篮的出球手法是：在单手高手持球手法的基础上，左手扶球的左侧，右臂屈肘，上臂与地面接近于平行。投篮时，借助下肢蹬地发力，同时右臂向前上方伸直，手腕前屈，食指、中指用力拨球，通过指端将球投出。

单手低手投篮的出球手法是：在单手低手持球手法的基础上，持球手臂向前伸出，手心向上并托住球，借助身体向上的力量，手腕向上屈，以手指向上挑、拨的动作，将球投出。

（一）双手胸前投篮

依照双手高手持球手法持球于胸前，肘关节自然下垂，两脚前后或左右开立，两膝微屈，重心落在两脚之间，眼睛注视瞄准点。投篮时，下肢蹬地发力，身体向前上方伸展，采用双手高手投篮的出球手法将球投出，球出手时身体随投篮出手方向自然伸展。

（二）单手肩上投篮（以右手为例）

右手依照单手高手持球手法持球于肩上，左手扶球的左侧，右臂屈肘，上臂与地面接近于平行。两脚前后或左右开立，两膝微屈，重心落在两脚之间。投篮时，下肢蹬地发力，身体向前上方伸展，采用单手高手投篮手法将球投出，球出手时身体随投篮出手方向自然伸展。单手肩上投篮如图 7-2-5 所示。

图 7-2-5

（三）接球急停跳起单手投篮（以右手为例）

在移动中跨步或跳步接球的同时，重心下降，两腿弯曲，脚尖指向球篮方向成基本站立姿势，接着快速起跳，双手同时持球上举。当身体腾空并接近最高点时，采用单手高手投篮手法将球投出。

（四）接运球急停跳起单手投篮（以右手为例）

在运球中，采用跳步急停或跨步急停的方法接球，成基本站立姿势，接着快速起跳，同时双手持球上举。当身体接近最高点时，采用单手高手投篮手法将球投出。接运球急停跳起单手投篮如图 7-2-6 所示。

图 7-2-6

（五）行进间投篮（以右手为例）

右脚向前跨出一大步，右脚迈出的同时接球。左脚跨出第二步时用力蹬地向前上起跳，右腕自然上提。腾空到最高点时，五指自然张开，掌心向上，托住球的下部，右臂向前充分伸展。接近球篮时，用手腕上挑和手指的拨动，使球向前旋转进入球篮。

第三节　篮球基本战术

篮球战术是比赛中队员之间相互协同行动的方法。其目的是充分发挥本队的特长，制约对方，以争取比赛的胜利。

篮球战术根据篮球运动对抗性特点和比赛的主要内容（以力争将球投入对方球篮为目的的进攻和极力干扰阻止对方将球投入本方球篮而进行争夺控球权的防守）分为进攻战术和防守战术两大部分。根据队员行动的组织原则（参与战术的人数），进攻和防守战术又分队员个人行动、队员配合行动和全队整体行动几类。各类战术是在比赛实践中总结出来的，被广泛地加以运用。

一、进攻战术基础配合方法

（一）传切配合

1. 传切配合的定义

传切配合是指进攻队员之间利用传球和切入技术组成的简单配合。

2. 传切配合的方法

传切配合的方法如图 7-3-1 所示。⑤传给④后，立刻摆脱对手，⑤向篮下切入，接同伴④的回传球投篮。

3. 实际运用提示

（1）切入队员首先要掌握好切入时机，根据对方的防守情况利

图 7-3-1

用假动作摆脱，及时快速切入篮下，并随时准备接球。

（2）传球队员要利用假动作吸引、牵制对手，并采用合理的传球方法及时准确地将球传出。

（二）掩护配合

1. 掩护配合的定义

掩护配合是掩护队员采用合理的行为，以自己的身体挡住同伴的防守者的移动路线，使同伴借以摆脱防守的一种配合方法。掩护配合有多种形式和方法，根据掩护者掩护时的站位，有前掩护、侧掩护和后掩护三种形式；根据掩护者的移动路线方法和变化，有反掩护、假掩护、运球掩护、定位掩护、行进间掩护和连续掩护等。从组成掩护配合的行为来看，一是掩护者主动去给同伴做掩护，用身体挡住被掩护者的移动路线，使同伴借以摆脱防守；二是摆脱者主动利用同伴的身体和位置把对手挡住，使自己摆脱防守。因此，掩护配合能否成功，关键是在一瞬间创造出的位置差和时间差，争取空间与地面的优势而达到攻击的目的。

2. 掩护配合的方法

掩护配合的方法如图7-3-2所示。⑤传球给④后跑到④的侧面做掩护，④接球后做投篮或突破的动作，吸引防守，当掩护到位时，④持球从防守的左侧突破投篮。⑤掩护后及时移动到有利的位置去接球或抢篮板。

图 7-3-2

3. 实际运用提示

（1）掩护要符合规则的规定，不能用推、拉、顶、撞等不符合规定的动作去阻挡对方的防守行为。

（2）如果掩护建立在静立对手的视野之外，掩护队员必须允许对手向他迈出一步，而不主动发生接触。

（3）掩护队员的动作要迅速，被掩护队员要用假动作吸引防守对员，不让对方发现同伴的掩护意图。

（4）掩护时同伴之间的配合时机非常重要，过早或过迟行动都会使掩护失败。掩护配合时队员配合要默契，注意动作果断，并根据临场变化，争取第二次机会。

（三）策应配合

1. 策应配合的定义

策应配合是指进攻队员背对或侧对篮球，以他为枢纽与同伴配合形成的一种里应外合的配合方法。

2. 策应配合的方法

策应配合的方法如图7-3-3所示。④摆脱防守插到罚球线做策应，⑤将球传给④，并立刻空切篮下，接④的策应传球投篮。

图 7-3-3

3. 实际应用提示

（1）策应队员要抢位要球，两手持球护于胸前，身材较高的策应者将球持于头上，接球结合转身、跨步等动作协助同伴摆脱防守或个人进行攻击。

（2）外围传球队员要根据策应的位置和时机，及时准确地传给策应队员，做到人到球到，传球后迅速摆脱对手切入篮下创造进攻机会。

二、快攻战术

快攻是从获得球权开始，以最快的速度，在最短的时间内超越对手，争取在人数上造成以多打少的优势或在人数相等、对方立足未稳、未形成严密的防守阵势之时，抓住战机，果断而合理地进行攻击的一种战术组织形式。

（一）快攻的作用

快攻是篮球进攻系统的一个重要战术，是最锐利的武器。快攻成功对对方是一次沉重的打击。连续快攻反击成功，往往会使对方陷入困难境地。快攻得分多也是一个球队综合实力强的体现。快攻的球权来自后场篮板球、抢断球、跳球和掷端线界外球四个方面。

（二）快攻发动的时机

（1）抢到后场篮板球时。
（2）抢断球后。
（3）跳球后获球时。
（4）掷后场界外球时。

（三）快攻战术的形式

快攻战术有长传快攻、短传快攻和短传结合运球推进的快攻三种形式。

1. 长传快攻

长传快攻是队员在后场获球后，用一次或二次传球，把球传给偷袭快下的同伴进行攻击的一种方法。长传快攻可以达到出其不意、攻其不备的效果。长传快攻一般有以下几种情况：一种是抢到篮板球的队员直接长传给偷袭快下的同伴投篮；另一种是抢到篮板球的队员迅速传给接一传队员，由接一传队员长传给偷袭快下的同伴投篮；还有一种情况是抢端线球后直接长传给快下队员；最后一种是在掷后场界外球（包括端线界外球）时直接传给偷袭快下的队员攻击。不管是何种情况的长传快攻，一般都采用单手肩上传球的方式。此种方式传球力量大，传得远。

2. 短传快攻

短传快攻是指获得球后，以短传球的方法推进球，然后投篮。短传快攻的特点是推进速度快，也能达到出其不意的攻击效果。短传快攻一般多是两人传球推进并上篮，有时也有三人从三线传球推进上篮的。

3. 短传结合运球推进的快攻

短传结合运球推进的快攻是队员在后场获球后，把快速的短传、运球相结合，迅速向对方篮下推进，创造有利的投篮机会。这种快攻的特点是比较灵活多变，较易创造快攻的战机。

（四）快攻与防快攻的练习方法

掷端线界外球的快攻练习需两人一组一球。练习时，两人站在限制区附近。一人将球传给在篮下担任固定投篮的教练或队员。当对方投中篮后，一队员快速拿球到端线掷界外球，另一队员沿边路线按同伴的长传球上篮或运上篮。

三、防守战术基础配合

（一）半场人盯人防守

1. 半场人盯人防守的特点

半场人盯人防守是由攻转守时放弃前场的防守，全队迅速退到中场，然后在中场找到自己应防守的对手后，运用领防的方法跟随对手移动到所打位置上进行防守，并根据全队防守策略和防守战术，组成集体协防的战术方法。

（1）防守队员在后场，一人盯防一名进攻队员。在防守自己对手的同时，帮助同伴防守。

（2）一人防守一个人，分工明确、容易理解、便于掌握。

（3）可按技术差异、身高差异、队员的个人特点，有针对性地选择防守对手，有效地制约对方。

（4）针对进攻队员的具体情况和特点，可机动灵活地改变防守区域。

2. 运用半场人盯人防守战术的基本要求

（1）贯彻"以球为主、人球区兼顾"的防守原则。防守时，对有球者紧逼、进球区紧防、远球区协防。

（2）重点防守主攻方向和攻击点。时刻观察对方的意图，控制对方的移动方向，尽快掌握对方进攻技术的打法和进攻特点。

（3）每名队员首先应盯住自己的对手，对持球队员做到防投篮、防传球、防运球、防突破，对无球队员做到"二抢一卡一协防"。要尽快了解并掌握对手进攻的特点和弱点，予以制约。

（4）当进攻队员运用各种配合时，防守队员要有良好的默契，互相呼应，互相补防。

（5）严密控制腹地和威胁较大的地区，绝不允许对方轻易进入或通过限制区。

（6）积极拼抢篮板球，首先要挡人，建立每头必挡、每头必抢的意识。

3. 半场人盯人防守的分类

（1）半场缩小人盯人防守。

（2）半场扩大人盯人防守。

（二）进攻半场人盯人

由于半场人盯人防守是篮球比赛中普遍运用的防守战术，所以进攻半场人盯人是每个篮球队必须掌握的基本战术。进攻半场人盯人战术是根据本队的打法特点、风格特点运用各种掩护、策应、传切和突分配合组成本队的战术方法。

1. 进攻半场人盯人战术方法

前边讲到,进攻战术是由掩护、传切、策应、突破分球这四种基础配合组成的。进攻半场人盯人战术方法是篮球战术中种类最多、变化最多的战术,而运用最多的则是通过中锋进攻法。

通过中锋进攻法是先把球传给中锋队员,然后通过中锋组织战术配合的方法。通过中锋进攻法分为单中锋进攻法和双中锋进攻法。

(1) 单中锋进攻法。单中锋落位有"2-3""2-2-1""2-1-2"的队形。单中锋落位可落在内中锋位置和外中锋位置。

单中锋进攻法的特点:单中锋进攻时,一般进攻队比较灵活,速度快,善于打空切和突破。

(2) 双中锋进攻法。双中锋进攻法有"1-3-1""1-2-2"和"1-4"落位队形。双中锋落位一般是一内一外,或落在两个内中锋位置上。

双中锋进攻法的特点是本队中锋力量较强。有一个中锋落于外中锋位置,说明该队员策应能力较强,本队善于打策应配合或两个中锋之间的配合。

第八章

排　球

第一节　排球运动概述

一、排球运动概念

排球运动是两队各六名队员在长 18 米、宽 9 米的场地上，从中间隔开的球网（男子网高 2.43 米，女子网高 2.24 米）上面，运用发球、垫球、传球、扣球、拦网等技术，进行攻防对抗，不使球在本方场内落地的一种球类运动。

二、排球运动起源与发展

排球运动是 1895 年美国麻省好利若（Holyke）城青年会干事威廉·摩根（William Morgan）发明的。开始是用篮球胆在室内的球网两边拍来拍去，使球不落地的一种游戏。由于这种游戏是让球在空中飞来飞去，故取名为 volleyball，意为"空中飞球"。1896 年，美国开始有了排球比赛，并制定了第一部排球规则。随着排球运动的不断发展，排球设备和比赛规则不断改进和完善，使得这项运动具有了独特的魅力，并吸引了广大群众积极参与。1947 年，国际排球联合会成立，并制定了统一的比赛规则。1964 年，排球被列为奥运会正式比赛项目。此后，排球运动在世界各地蓬勃发展起来。

排球运动传入亚洲和美洲的时间较早（约在 1900 年），1905 年传入中国，传入欧洲的时间较晚（约在第一次世界大战时）。1913 年，排球被列为第一届远东运动会比赛项目，此后先后经历了十六人制、十二人制、九人制、六人制的演变过程。中华人民共和国成立后，排球运动得到了前所未有的发展。1953 年，中国排球协会成立，并于次年成为国际排球联合会的会员。1979 年，中国男排、女排双双获得亚洲锦标赛冠军，取得了参加奥运会的资格。中国女排从 1981 年的世界杯到 1986 年的世界锦标赛，创造了世界女子排球"五连冠"

的骄人成绩。如今，排球运动已成为我国学校体育的主要内容，在高等学校有着广泛的群众基础。

三、排球运动的特点

（一）形式的多样性和广泛的群众性

排球运动的场地设备比较简单，木板地、沙地、草地、雪地等都可以作为球场，室内、室外均可开展；排球运动形式多样，既可以用正式排球，也可以用软式排球、气排球、小排球等；既可以隔网对抗，又可以围成圆圈托来托去；既可以是男子对抗，也可以是男女混合活动；排球比赛规则易掌握、好变通，运动量可大可小，不会出现强烈的身体接触对抗，具有广泛的群众性。

（二）激烈的对抗性

排球比赛虽隔网相争，但也具有激烈的对抗性。水平越高的比赛，对抗越激烈精彩。在排球比赛中，攻防不断转化，扣球与拦网、发球与接发球都体现出限制与反限制的关系。霹雳般的扣杀、城墙似的拦网、鱼跃般的救球、猛力踏跳等技术动作对于提高人的中枢系统和内脏各系统的功能，增强弹跳、力量、速度、灵敏等身体素质，培养勇猛果断、机智灵活、顽强拼搏的好品质和竞争意识，都有很大的作用。

（三）技术的全面性和高度的技巧性

正式排球比赛规则规定，队员从对方手中获得发球权必须轮转，这就要求场上队员应尽可能做到攻防兼备，技术全面；比赛中，每项技术既能得分，又能失分，这就要求队员必须全面、熟练地掌握技术；在快速的攻防转换中，要求三次击球过网，球不得在手中停留。双方都不希望球在本方场内落地，因此，排球运动具有技术的全面性和技巧性。

（四）集体性

排球比赛体现出集体性和协作性。团队精神是现代生活中极其重要的心理素质之一，排球运动对于培养人们团结协作的精神有着特殊的价值。

第二节 排球运动基本技术

排球技术是在规则允许的条件下所采用的各种合理的击球动作。
排球技术有两种：一种是有球技术，包括发球、传球、垫球、扣球和拦网；另一种是无球技术，包括准备姿势、移动、起动及移动步法等。

一、无球技术

1. 准备姿势

按身体重心的高、中、低可分为稍蹲、半蹲和低蹲三种准备姿势。保护扣球和防吊球的准备姿势，往往都用防守准备姿势来代替。其实保护扣球和防吊球是一样的，与防守的准备姿势从身体重心来看都属于低蹲准备姿势。

2. 移动

移动的目的主要是及时接近球，保持好人与球的位置关系以便击球，同时，也为了迅速占据场上的合理位置。在一传、防守、拦网等被动技术中，能否及时移动到位，往往是完成技术动作的关键。因此，移动能力直接影响着技战术的质量，移动的步幅大小和方法不是固定的。影响移动速度快慢的因素很多，如准备姿势是否合理，判断能力的强弱，从接受信息到做出动作的反应快慢，蹬地爆发力的大小，起动后的步频快慢等。

3. 起动

排球比赛中的移动多数是短距离的，两三步的移动运用最多。从动作结构来分析，主要是起动和制动两个环节，距离稍长时，还包括途中的步法。爆发力即运动员在短时间内能发挥出更大的力量，使身体在短时间内获得更大的加速度的能力。掌握好重心倾斜角度，爆发力才具备有效的水平全力，如图8-2-1所示。

图 8-2-1

4. 移动步法

移动步法如图8-2-2、图8-2-3所示。起动后采用的移动步法要根据临场战术的需要灵活运用。常用的步法有以下几种。

图 8-2-2　　　　　　　　图 8-2-3

（1）并步。当来球距身体一步左右时可采用并步移动。采用并步移动时，可向两侧移动。往左侧移动，左脚微抬起，右脚迅速并上一步，左脚顺势再向左迈出一步，这种移动方法，有利于对准来球和保持击球时身体重心的平稳。当来球在体侧稍远，并步不能接近球时，可快速连续并步，连续并步称为滑步。

（2）交叉步。当来球在体侧3米左右时，可采用交叉步移动。采用右侧交叉步时，上体稍向右转,左脚从右脚前面向右交叉迈出一步,然后右脚再向右侧跨出一步,同时身体对准来球方向,保持击球前的姿势。交叉步如图 8-2-4 所示。

图 8-2-4

（3）跨步。其他步法来得及时就不必用跨步,只有在来不及移动接低球时才用跨步。跨步必然是最后一步,跨步之后就不能再移动,因此它是一个制动动作。跨步不仅要步幅大,有益于制动和降低重心,还要求身体重心稳,有利于做击球动作,可以向各方向跨出。

（4）跑步。跑步是各种移动步法中最快的,哪只脚都可以随时制动和改变方向,长短距离都可以运用。但后退跑则是移动中最慢的,当来球距离短时,可以运用后退跑,因为不需要转体,这样便于观察前方的情况和看球;当来球距离远或来不及时就要用转身跑步的方法,应边转身边跑,不能转身后再跑。

（5）混合步。混合步要有上述四种移动步法的基础,并要求合理运用。也就是要根据场上的情况和变化,恰到好处地发挥各种步法的优点。比如球在侧面较远时,可以用跑步迅速接近球,当发现完全来得及接球时,就改为面对击球方向的侧并步,更有利于观察来球和制动,更及时地进行调整和做出有效的击球动作。所以必须熟练地掌握各种移动步法,并学会合理地混合运用。

二、有球技术

1. 发球

发球是排球比赛中一项重要的进攻技术。发球是比赛的开始,准确而有攻击性的发球可以直接得分或破坏对方的战术组成,减轻本方的防守压力,为反击创造有利的条件,同时能振奋精神、鼓舞士气,在心理上给对方造成压力。发球失误,将直接失分和失去发球权。常用的发球技术有正面下手发球、正面上手发球、正面上手飘球、侧面下手发球、勾手发球和跳发球等。下面简单讲正面下手发球和正面上手发球。

（1）正面下手发球。面对球网,左脚在前,右脚在后,两膝微屈,上体前倾,左手持球于腹前,右臂自然下垂,两眼注视球。左手将球在体前右侧抛起,高于手 20～30 厘米,在抛球的同时,右臂后摆。右脚蹬地,身体重心前移,右臂伸直,以肩为轴,向前摆到腹前,用虎口、掌根或手掌击球的后下部,身体重心随着击球动作前移,顺势进场。正面下手发球如图 8-2-5 所示。

图 8-2-5

（2）正面上手发球。面对球网，左脚在前，左手于体前将球平稳地抛于右肩的前上方，同时右臂抬起，屈肘后引，肘与肩平，上体稍向右侧转动，抬头、挺胸、展腹，手掌自然张开。利用蹬地，使上体向左转动，同时收腹，带动手臂向前上方快速挥动。在右肩前上方伸直手臂的最高点，用全掌击球的后中下部。击球时，手张开与球吻合，手腕迅速做推压动作，使击出的球呈上旋飞行。击球后，重心随着前移，顺势入场。正面上手发球如图8-2-6所示。

图 8-2-6

2. 垫球

垫球主要用于接发球、接扣球和接拦回球，是组织进攻的基础。垫球是比赛中多得分、少失分、由被动转主动的重要技术，是稳定队员情绪、鼓舞队员士气的重要手段。垫球还可在无法运用传球技术进行二传时用来组织进攻或处理球等。常用的垫球技术有正面双手垫球、体侧垫球、背垫、跨步垫球、单手垫球、鱼跃垫球等。

正面双手垫球是各种垫球技术的基础，是最基本的垫球方法。两脚开立，稍比肩宽。在左半场及中场位置接球时左脚在前，在右半场位置则右脚在前，中场可采用内八字站位。两脚适当提起脚跟，双膝弯曲，上体自然前倾，全身放松，随时准备移动。两手掌根紧靠，两手手指重叠合掌互握，两拇指平行，手腕稍下压，两臂外翻形成一个平面。对准来球，两臂夹紧前伸，插到球下，用前臂腕关节上方两臂桡骨内侧约10厘米处形成的一个近似的平面，击球的下部。向前上方蹬地抬臂，迎击来球。正面双手垫球有抱拳式、叠掌式、互掌式，如图8-2-7所示。

抱拳式

叠掌式

互掌式

图 8-2-7

3. 传球

传球是排球基本技术之一。传球技术主要用于二传，为进攻创造条件，在比赛中起着组织进攻的作用。传球技术也可用来接发球，接对方的处理球、吊球和被拦回的高球。常用的传球技术可分为正面传球、背传球、侧传球以及跳传等。

正面传球是最基本的传球方法，是其他一切传球技术的基础。稍蹲姿势，上体稍挺起，仰头看球，两手自然抬起，屈肘，放松置于脸前。当来球接近额前时，开始蹬地、伸膝、伸臂，手指微张，从脸前向前上方迎出。手和球即将接触时，手腕和手指要有前屈迎球的动作，在脸额前上方约一球距离处手与球接触，十指自然张开使两手成半球状，手腕稍后仰，以拇指内侧、食指全部和中指的二、三指节触球的后下部，无名指和小指在球两侧辅助控制球的方向。两拇指相对近"一"字形。触球后各关节继续伸展，用手指、手腕的弹力将球击出。全身各部位动作应协调一致。正面传球如图8-2-8所示。

图 8-2-8

4. 扣球

扣球是排球基本技术之一。扣球在比赛中占有重要的地位，是得分的主要手段，是进攻中最积极有效的武器，是一个队伍摆脱被动、争取主动的途径，是攻击力强弱的表现。强有力的扣球可以鼓舞士气、振奋精神，挫伤对方的锐气，给对方造成强大的心理压力。常用的扣球技术有正面扣球、单脚起跳扣球和勾手扣球等。

正面扣球采取稍蹲的姿势，距离球网约 3 米处，面对来球方向，观察来球。助跑时，左脚先向前迈出一步，紧接着右脚再快速跨出一大步，左脚及时并上，踏在右脚之前，两脚尖稍向右转。同时，两臂自后积极向前摆动，随着双腿蹬地向上起跳，两臂配合起跳有力地向上摆动。正面扣球如图8-2-9所示。

图 8-2-9

起跳后，挺胸展腹，上体稍向右转，右臂向后上方抬起，身体成反弓形。挥臂时，迅速转体、收腹发力，依次带动肩、肘、腕各部位关节向前上方成鞭甩动作挥动。击球时，五指微张，以掌心为主，全掌包满球，在手臂伸直的最高点的前上方击球的后中部，同时主动用力屈腕屈指向前推压，使扣出的球上旋。落地时，以两脚前脚掌先着地再迅速过渡到全脚掌着地，同时顺势屈膝、收腹，随即做好下一个动作的准备。起跳后的动作如图8-2-10所示。

图 8-2-10

5. 拦网

拦网是排球的基本技术之一。拦网是防守的第一道防线，是反攻的重要环节。拦网具有强烈的攻击性，可以直接拦死、拦回对方的扣球，削弱对方的锐气，动摇对方的信心，给对方造成心理压力。拦网也可以将对方有力的扣球拦起，减轻后排防守的压力。常用拦网技术有单人拦网、双人拦网和三人拦网。

（1）单人拦网。面对球网，两脚左右开立，约与肩同宽，距网30～40厘米。两膝微屈，两臂屈肘置于胸前。注视来球，迅速移动。起跳时，两腿屈膝，重心降低，随即用力蹬地，两臂以肩发力，在体侧近身处，做划弧前后摆动，帮助身体迅速跳起。两手从额前沿球网向上方伸出，两臂伸直并保持平行，两肩上提。两臂应尽力伸过网去接近球。两手自然张开，屈指屈腕或半球状。当手触球时，两手要突然紧张，手腕下压盖在球的前上方。拦球后，要做含胸动作，以保持身体平衡，手臂要先后摆或上提，从网上收回至本方上空，再屈肘向下收臂，以免触网。与此同时，屈膝缓冲，双脚落地，随即转身面向后场，准备下一个动作，如图8-2-11所示。

图 8-2-11

（2）双人拦网。双人拦网是排球比赛中最常见的一种拦网方式，主要在对方大力扣球时采用。双人拦网时，应以一人为主拦队员，另一人为配合队员。但主拦队员不是固定的，一般情况下，距对方扣球点近的队员应为主拦队员。主拦队员必须抢先移动到正对扣球点的位置，并做好准备，配合队员则迅速移动靠近主拦队员准备同时起跳。两队员之间的距离一定要合适。双人拦网起跳时，两人的手臂在体前划小弧向上摆伸，且都要尽量垂直向上起跳，防止互相碰撞或干扰。手臂在空中既不能重叠，造成拦击面缩小，又不能间隔太宽，造成中间漏球。扣球靠近边线时，靠边线近的拦网队员外侧的手应适当内转，以防打手出界。

第三节　排球运动基本战术

一、排球战术概念

排球战术是队员在比赛中根据排球规则、排球运动的规律、双方的具体情况和临场的发展变化，有意识地运用技术配合，所采取的有目的、有预见性的行动。

二、阵容配备

在排球比赛中，双方为了战胜对方，在比赛中争取主动，往往都运用自己所掌握的各种战术。正确地使用战术才能充分发挥本队的长处与特点，弥补自己的短处；才能分析对方的特点与场上的变化，克服对方的长处，攻击对方的短处。在运用战术时，要根据本队的技术水平特点来选择战术，在比赛中要讲究实效，不要华而不实。只有这样，才能在错综复杂、变幻莫测的比赛中使本队战术得到正常发挥，争取主动，从而出其不意，攻其不备。阵容配备是参赛队根据比赛的任务、本队战术组织的特点及队员的身体情况，有针对性地、合理地安排出场队员及位置分工，充分地调配力量，科学地组合人员的筹划过程。以下简单介绍三种阵容配备。

（一）"三三"配备

"三三"配备是指一个进攻队员间隔一个传球队员。这种阵容配备便于组织"插上"和"二次球"战术，也便于组织"中一二、边一二"进攻战术。初学者一般采用这种配备。

（二）"四二"配备

这种阵容配备保证前后排都有一个二传队员和两个进攻队员，适用于水平一般的队。如果二传有攻击力，各轮可采用"插上"战术，以增强进攻威力。这种阵容配备战术配合有一定的稳定性；缺点是前排进攻点相对少，隐蔽性差，但如果二传能力较强，每一轮由后排二传"插上"并组织前排三点2号位、3号位、4号位进攻，则可以使进攻实力增强。

（三）"五一"配备

"五一"配备由五名进攻队员和一名二传队员组成。队员位置站位与"四二"配备基本相同，只是一名二传队员作为接应二传，主要承担进攻任务，这样可以加强拦网和进攻力量。接应二传也可弥补主要二传队员有时来不及传球所出现的被动局面，但是主要还是承担进攻任务。这种阵容适合队员技术较全面的队采用。

三、位置交换

为了最大限度地发挥队员的特长，调动一切积极因素，加强攻防力量，以弥补由于队员身体、技术发展不平衡所带来的阵容配备上的缺陷，在规则允许的条件下，比赛中可以采取交换位置的方法，即在发球队员击球后，双方队员可以在本场区内任意交换位置。位置交换的目的是充分发挥每个队员的专长，以取得扬长避短的效果。前排队员换位，主要是为了便于进攻战术的实施和拦网的调整；前、后排队员换位，主要是为了保持前排三点进攻；后排队员换位，是为了加强后排重点部位的防守。

四、进攻战术阵型

接发球进攻也称"一攻"。接起对方发球，将球垫起，传到二传位置，二传将球传给攻手，组织进攻。

（一）"中二三（中一二）"进攻战术阵型

"中二三（中一二）"进攻战术阵型是进攻战术中最简单、最基本的战术形式，是指3号位作为二传，将球传给4号位或2号位队员扣球的战术阵型。其特点是容易组织，变化少，容易被对方识破。其战术变化有两种，即集中与拉开战术和跑动掩护战术。

（二）"边二三（边一二）"进攻战术阵型

"边二三（边一二）"进攻战术阵型是2号位作为二传，将球传给4号位或3号位队员扣球的战术阵型。其特点是两个进攻队员可以相互配合，有一定的掩护作用，可以有较多的战术变化，如快球掩护、前交叉。

（三）"插三二（插上）"进攻战术阵型

"插三二（插上）"进攻战术阵型是站在后排的二传队员由后排插到前排作为二传，把球传给4号位、3号位、2号位扣球或传给后排扣球的战术阵型。这种阵型多被高水平球队所采用。

五、自由防守队员的应用

自由防守队员是指不经裁判允许、不受换人次数的限制，可以替换后排任何一名队员完成防守任务，并在规则允许的范围内自由进出比赛场地参加比赛的队员。设立自由防守队员的主要目的是加强后排防守和一传，促进攻守平衡，使比赛更加激烈、精彩。

六、进攻打法

进攻打法是指排球比赛中，一传、二传和扣球队员之间实施各种进攻战术配合的方法。其目的是避开对方的拦网，突破对方的防线，争取主动，扩大战果。

（一）强攻

强攻就是在没有快球掩护的情况下，凭借队员个人的身高和弹跳力，利用扣球的力量和个人扣球技术，强行突破对方的防御。

（二）快攻

快攻是在一传到位的基础上，通过扣球人的快速跑动、互相配合组成各种进攻战术。快攻战术隐蔽性强、变化多，能分散对方，但需要全队协调统一以及高水平的二传。

七、防守战术

（一）接发球防守战术

常用的接发球阵型是"5人接发球阵型"，即除一名二传队员外（前排或后排），其余5名队员均参加接发球。这是一种最基本的接发球阵型，常在"中一二"和"边一二"进攻战术中运用，初级水平的球队多采用此阵型。"5人接发球阵型"包括"W"站位阵型、"M"站位阵型和"一"字站位阵型。

（二）接扣球防守战术

接扣球防守战术可分为前排拦网和保护球以及后排防守等环节。常用的接扣球防守战术主要是双人拦网跟进保护防守。双人拦网防守阵型有如下两种类型。

1. "边跟进"防守阵型

"边跟进"防守阵型也称"马蹄形"或"1号位、5号位跟进"防守阵型。目前国内外强队广泛采用这种防守阵型。以对方4号位扣球为例，由2号位和3号位队员拦网，1号位队员跟进到拦网队员身后防吊球及前区球，6号位队员向右移位补防扣向1号区的直线球，5号位队员防后场6号区，4号位队员后撤防斜线球。这种阵型主要在对方进攻力量比较强、战术变化较多、吊球较少时采用。这种防守阵型对于防御对方重扣球较为有利，同时也便于组织反攻。但球场中间空隙较大，容易形成"心空"。

2. "心跟进"防守阵型

"心跟进"防守阵型也称"6号位跟进"防守阵型，多在对方扣球能力较强、对方采取打吊结合时使用。以对方4号位扣球为例，由2号位和3号位队员拦网，封住中区，4号位队员后撤4米左右防守，6号位队员跟至拦网队员身后3米附近，1号位和5号位队员防守后场，每人负责1个防区。

第九章

健 美 操

第一节 健美操运动概述

一、健美操运动起源与发展

（一）健美操运动的起源

健美操的起源应追溯到两千多年前。古希腊人对人体美的崇尚举世闻名，提出了"体操锻炼身体，音乐陶冶精神"的主张。

1569年，意大利医生墨库里奥斯（1530—1606）出版的六卷《体操艺术》等著作中，详细论述了各种形式的体操动作。18世纪，德国著名体育活动家艾泽伦开设了培训体育师资的课程，创造了哑铃、吊环等运动。这些形式的锻炼，既是现代体操的雏形，也是现代健美操的起源。

瑞士教育家雅克·克尔克罗兹（1865—1950）设计了一种将肌肉活动和音乐伴奏相结合的音乐体操。他所设计的成套练习是为了通过自然的身体活动来发展学生的音乐和节奏感。

欣里希·梅道也是克尔克罗兹体系的一位学者，他创编了一套适用于少女和成年女子的体操体系，认为该体系可以促进身体健康、姿态优美和举止高雅。他还认为音乐对于提高动作的节奏性和表现力是一个极为重要的因素，因此在训练和正式演出中都采用了音乐。

上述教育思想、教育方法和动作技术，都与现代健美操有着密不可分的联系，它们都注重人体健康和优美，注重自然的全身动作，注重动作节奏流畅性。这正是现代健美操发展的初级阶段。

现代健美操实际上是从20世纪60年代初开始萌芽的，最初是美国太空总署医生库帕博士为太空人设计的体能训练阿洛别克（Aerobic）项目。1969年，杰姬·索伦森综合了体操和现代舞创编了健美操。这种操带有娱乐性，简单易学，深受人们的欢迎，70年代在美国迅速兴起，掀起热潮。

美国健美操代表人物——简·方达，为健美操在世界的推广做出了杰出的贡献。她根据自己从事健美操锻炼获得的健美形体的成功体验，撰写了《简·方达健身术》一书，以自己的名声和现身说法提倡健美运动。该书自1981年首次在美国出版以来，一直长销不衰，并被译为20多种文字，在世界30多个国家发行。在简·方达的感召和影响下，健美操在世界各地迅速兴起，健身俱乐部、健美操中心如雨后春笋般蓬勃发展。

（二）健美操运动在我国的兴起与发展

现代健美操在我国兴起于20世纪70年代末80年代初。1981年1月4日，《中国青年报》（周刊）发表了路保钟、牛乾元的特约稿《人体美的追求》。1982年2月，中国青年出版社出版了《美·怎样才算美》一书，选登了陈德星编制的"女青年健美操"和牛乾元编制的"男青年哑铃操"。从此，"健美操"一词迅速被广大体育工作者采用。在各种新闻媒体的大力宣传下，世界性的健美操在我国拉开了序幕。1982年年底，上海电视台录制了娄琢玉的形体健美操、持环健美操等专题节目。1983年，人民体育出版社出版了体育报增刊《健与美》。从1984年开始，中央电视台相继播放了孙玉昆创编的"女子健美操"、马华的"健美5分钟""美国健身术""动感组合"等，为健美操在我国的宣传与普及起到了积极的引导作用。

在我国健身健美操蓬勃发展的同时，以竞技为主要目的的竞技健美操也在迅速发展。1986年4月6日，在广州举办了首届"全国女子健美操邀请赛"。

1987年5月，康华健美康复研究所、原北京体育学院、中央电视台第5联道联合举办了我国首届正式的竞技健美操比赛——长城杯健美操邀请赛。

1989年1月，在贵州举行了第3届长城杯健美操邀请赛，正式使用了国家体委审定的具有中国特色的健美操竞赛规则，使我国竞技健美操的发展朝着国际化方向又前进了一步。

二、健美操运动的分类及特点

（一）健美操的分类

1. 健身健美操

健身健美操也称大众健美操，是集健身、娱乐等为一体的群众性和普及性健身运动，不同年龄的人都可以参加学习和锻炼。健身健美操的主要目的在于健身。通过锻炼身体，可增强体质，促进身体全面发展，提高工作能力。在掌握健身练习基本方法的过程中，在欢快娱乐的操舞中调节身心，陶冶情操。从成套编排和动作设计来看，健身健美操的动作简单、活泼、流畅，讲究针对性和实效性，节奏感强，节奏速度适中，每10秒在20拍左右。健身健美操是在有氧供能条件下进行的练习，练习时间较长，运动强度中等，并按照一定的顺序来锻炼身体的各个部位，对强身健体、减少脂肪有明显作用。健身健美操的分类，如表9-1-1所示。

表9-1-1　健身健美操的分类

分类			内容
健身性健美操	徒手健美操	一般健美操	传统有氧健美操
		不同风格健美操	搏击操、拉丁操、街舞健身操
	轻器械健美操		踏板操、哑铃操、橡皮筋操、健身球操、动感自行车健美操
	特殊场地健美操		水中健美操、固定器械健美操

2. 竞技健美操

竞技健美操是根据竞赛规则与规程组编的一套具有较高艺术性、以比赛取得优异成绩为主要目的的健美操。竞技健美操只进行自编动作的比赛，自编动作必须符合规则。每套动作有规定的时间要求，成套动作根据基本规定动作、特色难度动作、完成情况、现场表现、体型、成套动作时间等因素进行评分。目前，我国大型竞技性健美操比赛有全国健美操锦标赛、全国大学生健美操锦标赛、全国健美操冠军赛等。竞技健美操的分类如表9-1-2所示。

表9-1-2　竞技健美操的分类

分类		内容
竞技健美操	自编竞技健美操	男子、女子单人操 混合双人操 三人、六人操
	规定竞技等级健美操	一级规定健美操 二级规定健美操 三级规定健美操

3. 表演健美操

表演健美操的主要目的是，在表演中展示自己的价值和魅力，在观赏中陶冶情操、净化心灵，促进健美操活动的广泛开展，满足人们表现自我的需要。将健身健美操或竞技健美操作为表演操，在预定的某种活动、场合、节日庆典中进行表演，使之成为观赏性、娱乐性的体育节目。健身健美操用于表演极其普遍，竞技健美操用于表演时可不受规则的限制，用于表演的健美操人数规模、形式比较自由，成套动作的设计和选择上侧重于艺术性、观赏性，体现健美操的健、力、美，是人民群众喜爱的一种运动和娱乐形式。

（二）健美操的特点

1. 本能性健美是运动的核心

健美操不同于其他项目的一个显著特点是"以自然人为对象"，运用自己的力量把自身作为对象，实现自我塑造。健美操的自我塑造遵循人体的可塑性，如肌肉的强弱、发达程度，脂肪的沉积程度以及脊椎和胸廓的形状，关节的灵活性等都是决定身体姿态、体形改变的可变因素。

健美操是建立在美学和科学理论指导下的人体运动方式,讲究造型美,要求动作美观大方,准确到位;讲求有效地训练身体各个部位的正确姿势,使人体匀称和谐地发展,培养健美的体形和风度,塑造健美的自我。健美操是表现美的人体运动,美是健美操给人的特有感受。健美操既注意外在美的锻炼,又强调内在美的培养,较为明显地反映了健身、健心、健美的自然性整体效应。人体运动是受主观意识指挥的一种精神作用的外在表现,所以人体又能在运动中体现出思想、意志、道德、情操、情感、作风、气质等内在美。现在,科学已证明,人体是身心辩证的统一体,人体动态所表现出的力与美既是外在美,又是内在美,二者共同构成健美操的自然美。

2. 力度性

生命的特性是动,动是人生命的最基本表现形式。人体动的基本规律建立在人体动力学上,按照人体运动规律和人体运动时的自然法则而进行。健美操动作的基本规律是身体与空间、身体与时间的学问。身体与各部位之间的运动关系都是建立在不同方位、不同时空所组成的立体圆范围内的。运动方式所表现出的力与众不同,是健美操的一个显著特点。

健美操将以力量性为主的徒手动作作为基础,它所表现的力是力量、力度、弹力、活力的综合。健美操动作要求的力度和力量性很强,不论是短促的肌肉力量、延续力量,还是瞬间的控制力量,都展现出较高的力度感。健美操的力量性与体操相比,少些呆板、机械,趋于自由、自然;健美操的力量性与舞蹈相比,少些抒情、柔软,而趋于欢快、有力。由于身体动作的快速变化及脚下富于弹性、连续不断的跑跳,使全身充满生命活力。健美操所形成的动作力量性风格,可充分表现人体健的风采、美的神韵、力的坚韧。表现形式为狂热奔放,并伴有情感上的力度。健美操的力量性最能发挥人的个性,具有强烈的表现力、感染力和吸引力,这是它的生命力所在。它以自身独有的力量性运动风格活跃于体坛。

3. 节奏性

节奏是宇宙自然现象的一个基本原则,人类和自然界的一切都是运动着的,无不受节奏的制约。健美操运动同样充满节奏。健美操节奏性的特征表现在以下几个方面:①生理节奏(呼吸节奏、心率节奏,反映出一定负荷运动量);②运动节奏(动作技术节奏中的速度快慢、力度强弱、幅度大小、强度的增强等);③时空节奏(时间节奏);④色彩节奏(服装、灯光的色彩、明暗节奏);⑤音乐节奏(也是最重要的节奏)。

健美操是在节奏鲜明、欢快奔放的现代乐曲伴奏下进行的身体练习。音乐是人所创造的特有的表达手段,它可以用短暂的时间,在激发人的情绪上发挥出巨大的力量。练习者会因受音乐节奏的感染而情不自禁地被卷入一种运动状态之中,随着振奋人心的节律,将上百个动作一气呵成,并且始终保持精神饱满、情绪激昂。这一特殊锻炼身体的方式,是其他体育项目不能比的。

健美操所有的动作均在一定的节奏下进行。它将人体运动经过有节奏的组织和规范,使之摆脱自然状态,使人体的动作节奏化。健美操锻炼时的节奏感是通过身体运动表达的,节奏性运动使健美操充分表现出人体运动的艺术美。

4. 创造性

人体结构复杂、动作多变,人的情绪丰富、性格迥异,决定了健美操动作的丰富性。健美操不仅保留了徒手体操中各种类型的基本动作，而且从相关的运动项目和艺术门类中吸收了诸多动作，经过加工、提炼，使之成为具有健美操风格的动作。健美操每节操很少是单关节的局部运动，大多为多关节的同步运动。它不仅可使身体各关节的活动次数变化，而且可以变换运动组合形式，形成丰富多彩的动作。总之，人体运动是创编健美操取之不尽的源泉。

随着健美操运动的发展和变化，不断创编出独特新颖的、具有显著特征的健美操动作，是健美操长盛不衰的原因。

第二节　健美操的基本技术

一、健美操基本手型与上肢基本动作

（一）基本手型

健美操的基本手型如图 9-2-1 所示。

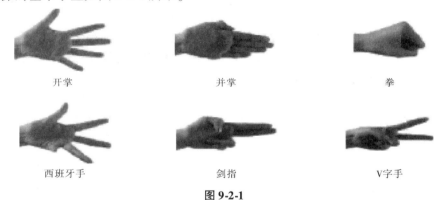

图 9-2-1

（二）上肢基本动作

（1）摆臂：屈肘，前后自然摆动。
（2）臂屈伸：上臂固定，肘关节屈伸。
（3）侧平举：双臂两侧平举。
（4）前平举：双臂向前平举。
（5）直臂上摆：手臂伸直由下摆至前平举或侧平举。
（6）胸前平屈：肘关节紧屈，双臂置于体前平举。
（7）肩侧屈：上臂侧平举，前臂与上臂呈 90 度向上。
（8）屈臂提拉：手臂由下举至胸前平屈。

二、健美操基本步法

基本步法是健美操动作中的最小单位，是组成组合动作、成套动作的基础。通过基本步

法的练习，可以提高练习者的协调性、节奏感和韵律感。

健美操基本步法分为无冲击、低冲击和高冲击三类。

（一）无冲击类

无冲击类是指双脚始终接触地面的步法。

（1）弹动：双脚原地不动，膝关节屈伸。

（2）半蹲：双脚开立，膝关节屈伸。

（3）弓步：双脚前后开立，前腿膝关节屈，后腿伸直。

（4）提踵：双脚原地不动，踝关节上、下提动。

（二）低冲击类

低冲击类是指有一只脚始终接触地面的步法。

（1）踏步类动作：踏步、走步、一字步、V字步、漫步。

（2）点地类动作：脚尖前点地、脚跟前点地、脚尖侧点地、脚尖后点地。

（3）迈步类动作：并步、迈步点地、迈步屈腿、迈步吸腿、迈步弹踢、侧交叉步。

（4）抬腿类动作：吸腿、后屈腿、踢腿、弹踢腿。

（三）高冲击类

高冲击类是指双脚同时离地的步法。

（1）迈步跳动作：并步跳、迈步吸腿跳、迈步后屈腿跳。

（2）双脚起跳动作：并腿跳、开合跳、并腿半蹲跳、开腿半蹲跳、弓步跳。

（3）单脚起跳动作：吸腿跳、后屈腿跳、弹踢腿跳、摆腿跳。

（4）后踢腿跑动作：后踢腿跳、并步跳。

三、手位操

预备姿势：分腿开立，两臂自然下垂。

1. 第一节

（1）第一个八拍。

1~2拍：两臂前举，基本手型，掌心相对，同时屈膝半蹲。

3~4拍：两臂上举，直立。

5~6拍：两臂侧举，屈膝半蹲。

7~8拍：手臂下举，直立。

（2）第二个八拍。

1~2拍：两臂经体前交叉绕至侧上举，掌心相对，同时屈膝半蹲。

3~4拍：两臂体侧下垂，成分腿直立。

5~6拍：重复1~2拍动作。

7~8拍：重复3~4拍动作。

（3）第三个八拍。

重复第一、二个八拍的动作，动作速度加快一倍。

（4）第四个八拍。

同第三个八拍动作。

2. 第二节

（1）第一个八拍。

1~2拍：两臂胸前屈交叉，拳心向后，左臂在外，同时屈膝半蹲。

3~4拍：两臂侧举，成分腿直立。

5~6拍：两臂摆至上举击掌互握手，同时屈膝半蹲。

7~8拍：两臂保持上举互握，两腿伸直成开立。

（2）第二个八拍。

1~2拍：两肘后拉至腰侧屈，拳心向上，同时屈膝半蹲。

3~4拍：两臂前举交叉，左臂在上，拳心向下，同时两腿伸直成开立。

5~6拍：两臂侧下举，拳心向内，同时屈膝半蹲。

7~8拍：两臂保持5~6拍动作，两腿伸直成开立。

（3）第三个八拍。

重复第一、二个八拍的动作，动作速度加快一倍。

（4）第四个八拍。

同第三个八拍动作。

3. 第三节

（1）第一个八拍。

1~2拍：两臂经胸前平屈至右臂侧上举，左臂侧下举，掌心向下，基本手型，屈膝半蹲。

3~4拍：两臂摆至胸前平屈，掌心向下，直立。

5~6拍：同1~2拍动作，方向相反。

7~8拍：手臂保持动作，直立。

（2）第二个八拍。

1~2拍：同第一个八拍1~2拍的动作。

3~4拍：两臂摆至右臂侧下举，左臂侧上举，掌心向下，直立。

5~6拍：两臂胸前屈，击掌互握，屈膝半蹲。

7~8拍：两臂体侧下垂，直立。

（3）第三个八拍。

重复第一、二个八拍的动作，动作速度加快一倍。

（4）第四个八拍。

同第三个八拍动作。

4. 第四节

（1）第一个八拍。

1~2拍：右臂肩侧上屈，握拳，屈膝半蹲。

3~4拍：右臂保持，左臂同1~2拍右臂动作，直立。

5~6拍：两臂由上至下向内交叉绕环一周，屈膝半蹲。

7~8拍：手臂同3~4拍动作，直立。

（2）第二个八拍。

1~2拍：左臂不动，右臂肩侧下屈，拳心向内，屈膝半蹲。

3~4拍：左臂、右臂动作互换，直立。

5~6拍：右臂微屈肘，拳至髋侧，左臂向右上方冲拳，拳心向后，屈膝半蹲。

7~8拍：还原成预备姿势。

（3）第三个八拍。

重复第一、二个八拍的动作，动作速度加快一倍。

（4）第四个八拍。

同第三个八拍动作。

5. 第五节

（1）第一个八拍。

1~2拍：右臂胸前平屈，左臂侧举，基本手型，掌心向下，屈膝半蹲。

3~4拍：两臂动作同1~2拍动作，方向相反，直立。

5~6拍：两臂胸前交叉，掌心向下，屈膝半蹲。

7~8拍：手臂同1~2拍动作，直立。

（2）第二个八拍。

1~2拍：右臂体侧下垂，左臂成军礼姿势，基本手型，屈膝半蹲。

3~4拍：右臂不动，左臂伸至斜前上举，直立。

5~6拍：右臂不动，右臂屈肘，前臂屈肘、胸前侧举，屈膝半蹲。

7~8拍：右臂侧后下举，左臂屈肘，前臂胸前呈侧下举，直立。

（3）第三个八拍。

重复第一、二个八拍的动作，动作速度加快一倍。

（4）第四个八拍。

同第三个八拍动作。

6. 第六节

（1）第一个八拍。

1~2拍：两臂侧下举，撑掌，掌心向前，屈膝半蹲。

3~4拍：两臂摆至头上直臂交叉，掌心向前，直立。

5~6拍：两臂侧举，撑掌，掌心向前，屈膝半蹲。

7~8拍：左臂上举，掌心向前，右臂胸前平屈，掌心向后，直立。

（2）第二个八拍。

1~2拍：右臂上举，左臂胸前平屈，撑掌，屈膝半蹲。

3~4拍：两臂前举，撑掌，掌心向下，直立。

5~6拍：前臂向内绕至两臂前举，掌心向上，屈膝半蹲。

7~8拍：两臂肩侧上屈，两手撑掌置于头前，掌心向前，直立。

（3）第三个八拍。

重复第一、二个八拍的动作，动作速度加快一倍。

（4）第四个八拍。

同第三个八拍动作。

四、音乐的辨识

（一）音乐与健美操

音乐是健美操不可或缺的重要因素，音乐的选择决定着健美操的风格和创编的思路。健美操的音乐最好选用都是4×8拍的。

（二）音乐的识别和乐感的培养

着重练习学生的音乐感觉，使学生能够分辨出音乐的节拍。

第三节　健美操等级套路组合

一、大众健美操等级套路组合一级

（一）组合一

预备姿势：站立。

1. 第一个八拍

下肢动作：1~8拍右脚一字步两次。

上肢动作：1~2拍双臂胸前屈，3~4拍后摆，5拍胸前屈，6拍上举，7拍胸前屈，8拍放于体侧。

第一个八拍如图9-3-1所示。

图 9-3-1

2. 第二个八拍

下肢动作：1~8拍右脚一字步两次。

上肢动作：1~4拍吸腿时击掌，5~8拍同1~4拍。

第二个八拍如图9-3-2所示。

图 9-3-2

3. 第三个八拍

下肢动作：1~8拍并步四次。

上肢动作：1拍右臂肩侧屈，2拍还原，3拍左臂肩侧屈，4拍还原，5拍双臂胸前平屈，6拍还原，7、8拍同5、6拍。

第三个八拍如图9-3-3所示。

图 9-3-3

4. 第四个八拍

下肢动作：1~4拍左脚十字步，5~8拍踏步四次。

上肢动作：1~4拍双臂前后摆动，5拍击掌，6拍还原，7、8拍同5、6拍。

第四个八拍如图9-3-4所示。

图 9-3-4

（二）组合二

同组合一，方向相反。

（三）组合三

1. 第一个八拍

下肢动作：1~8 拍右脚点地四次。

上肢动作：1 拍双臂曲臂右摆，2 拍还原，3 拍双臂曲臂左摆，4 拍还原，5 拍双臂右摆成右臂斜上举、左臂胸前平屈，6 拍还原，7 拍双臂左摆成左臂斜上举、右臂胸前平屈，8 拍还原。

第一个八拍如图 9-3-5 所示。

图 9-3-5

2. 第二个八拍

下肢动作：1~4 拍向右弧形走 270 度，5~8 拍并腿半蹲两次。

上肢动作：1~4 拍双臂前后摆动，5 拍双臂前举，6 拍右臂胸前平屈、左臂侧平举，7 拍双臂前举，8 拍双臂放于体侧。

第二个八拍如图 9-3-6 所示。

图 9-3-6

3. 第三个八拍

下肢动作：1~8 拍左脚开始两次上步吸腿，并转体 90 度。

上肢动作：1 拍双臂前举，2 拍屈臂后拉，3 拍前举，4 拍还原，5~8 拍同 1~4 拍。

第三个八拍如图 9-3-7 所示。

4. 第四个八拍

下肢动作：1~8 拍上步后屈腿四次。

上肢动作：1~8 拍手臂前后摆动，向前时胸前交叉。

图 9-3-7

(四) 组合四

同组合三，但方向相反。

(五) 组合五

1. 第一个八拍

下肢动作：1~4 拍右交叉步，5~8 拍半蹲。

上肢动作：1~3 拍双臂经体侧至上举，4 拍胸前平屈，5~6 拍双臂前举，7~8 拍双臂放于体侧。

第一个八拍如图 9-3-8 所示。

图 9-3-8

2. 第二个八拍

下肢动作：1~8 拍侧点地四次。

上肢动作：1 拍右臂左前举、左臂屈肘、左手置于腰间，2 拍双臂屈肘、双手置于腰间，3~4 拍同 1~2 拍但方向相反，5~8 拍同 1~4 拍。

第二个八拍如图 9-3-9 所示。

图 9-3-9

3. 第三个八拍

下肢动作：1~3拍左腿开始向前走三步，4~8拍吸腿。

上肢动作：1拍双臂肩侧屈，2拍双臂胸前交叉，3拍双臂肩侧屈，4拍击掌，5拍双臂肩侧屈，6拍双臂腿下击掌，7、8拍同3、4拍。

第三个八拍如图9-3-10所示。

图 9-3-10

4. 第四个八拍

同第三个八拍。

（六）组合六

同组合五，但方向相反。

（七）组合七

1. 第一个八拍

下肢动作：1~4拍右腿开始V字步，右腿开始A字步。

上肢动作：1拍右臂斜侧上举，2拍双臂斜侧上举，3~4拍双手击掌两次，5拍右臂斜侧下举，6拍双臂斜侧下举，7~8拍同3~4拍。

第一个八拍如图9-3-11所示。

图 9-3-11

2. 第二个八拍

下肢动作：弹踢腿跳四次。

上肢动作：1拍双臂前举，2拍双臂下摆，3~4拍同1~2拍，5拍双臂前举，6拍双臂胸前平屈，7~8拍同1~2拍。

第二个八拍如图9-3-12所示。

图 9-3-12

3. 第三个八拍

下肢动作：1~8 拍左腿开始漫步两次。

上肢动作：双臂前后摆动。

4. 第四个八拍

下肢动作：1~8 拍迈步后点地四次。

上肢动作：1 拍右臂胸前平屈，2 拍右臂左下举，3 拍左臂胸前平屈，4 拍左臂右下举，5 拍右臂斜侧上举，6 拍右臂左下举，7 拍左臂斜侧上举，8 拍左臂右下举。

第四个八拍如图 9-3-13 所示。

图 9-3-13

（八）组合八

同组合七，但方向相反。

二、大众健美操等级套路组合二级

（一）组合一

1. 第一个八拍

下肢动作：1~4 拍右脚十字步，5~8 拍向后走四步。

上肢动作：1 拍右臂侧平举，2 拍双臂侧平举，3 拍双臂上举，4 拍双臂下举，5~6 拍双臂前后摆动，7~8 拍同 5~6 拍。

第一个八拍如图 9-3-14 所示。

图 9-3-14

2. 第二个八拍

同第一个八拍,但5~8拍向前走四步。

3. 第三个八拍

下肢动作：1~6拍漫步,7~8拍1/2后漫步。

上肢动作：1~2拍右手前举,3拍双手置于腰部,4~5拍左手前举,6拍双手胸前交叉,7~8拍双臂侧后下举。

第三个八拍如图9-3-15所示。

1~2拍　　　3拍　　　4~5拍　　　6拍　　　7~8拍

图 9-3-15

4. 第四个八拍

下肢动作：1~2拍右脚向右并步跳,3~8拍左脚向右前方做6拍前侧后漫步。

上肢动作：1~2拍屈左臂自然摆动,3~4拍前平举弹动两次,5~6拍侧平举,7~8拍后斜下举。

第四个八拍如图9-3-16所示。

图 9-3-16

（二）组合二

同组合一，但方向相反。

（三）组合三

1. 第一个八拍

下肢动作：1~2拍右脚向前侧滑步，3~4拍1/2后漫步，5~8拍左脚开始向左前方做侧并步两次。

上肢动作：1~2拍右臂侧上举、左臂侧平举，3~4拍双臂屈臂后摆，5~6拍击掌三次，7~8拍双手叉腰。

第一个八拍如图9-3-17所示。

图 9-3-17

2. 第二个八拍

下肢动作：1~4拍左脚开始向左后方做侧并步两次，5~6拍左脚向左侧滑步，7~8拍1/2后漫步。

上肢动作：1~2拍击掌三次，3~4拍双手叉腰，5~6拍左臂侧上举、右臂侧平举，7~8拍双臂屈臂后摆。

第二个八拍如图9-3-18所示。

图 9-3-18

3. 第三个八拍

下肢动作：1～4拍右转90度、上步吸腿两次，5～8拍V字步左转90度。

上肢动作：1～4拍双臂向前冲拳、向下冲拳两次，5～8拍双臂由右向左水平摆动。

第三个八拍如图9-3-19所示。

图 9-3-19

4. 第四个八拍

下肢动作：1～4拍左腿吸腿（侧点地）两次，5～8拍右腿吸腿（侧点地）两次。

上肢动作：1拍双臂胸前平屈，2拍左臂上举，3拍同1拍，4拍还原，5～8拍同1～4拍但方向相反。

第四个八拍如图9-3-20所示。

图 9-3-20

（四）组合四

同组合三，但方向相反。

（五）组合五

1. 第一个八拍

下肢动作：1～4拍右脚侧并步跳，5～8拍右转90度侧交叉步。

上肢动作：1～4拍双臂上举，5～7拍双臂屈臂自然摆动，8拍双臂侧下举、上体左转90度、朝向正前方。

第一个八拍如图9-3-21所示。

2. 第二个八拍

下肢动作：1～4拍右脚侧并步跳，5～8拍左转90度侧并步跳两次。

上肢动作：1～4拍双臂上举，5～6拍右臂前下举，7～8拍左臂前下举。

图 9-3-21

3. 第三个八拍

下肢动作：1~4拍左脚向前一字步，5~8拍依次分并腿。

上肢动作：1拍双臂肩侧屈，2拍双臂下举，3~4拍双臂胸前屈，5~6拍双臂上举掌心朝前，7~8拍双手放膝关节上。

第三个八拍如图 9-3-22 所示。

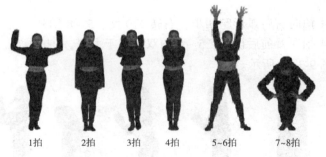

1拍　　2拍　　3拍　　4拍　　5~6拍　　7~8拍

图 9-3-22

4. 第四个八拍

下肢动作：1~4拍向后一字步，5~8拍依次分并腿两次。

上肢动作：1~2拍双手侧下举，3~4拍双臂胸前交叉，5~8拍双臂经胸前交叉一次侧上举、一次侧下举。

第四个八拍如图 9-3-23 所示。

图 9-3-23

（六）组合六

同组合五，但方向相反。

（七）组合七

1. 第一个八拍

下肢动作：1~8拍小马跳四次，向侧向前呈梯形。

上肢动作：1~8拍单臂体侧向内绕环两次。

第一个八拍如图9-3-24所示。

图 9-3-24

2. 第二个八拍

下肢动作：1~4拍向右后弧形跑四步，右转270度，5~8拍开合跳一次。

上肢动作：1~4拍屈臂前后摆动，5~6拍双手置于大腿，7拍击掌，8拍还原。

第二个八拍如图9-3-25所示。

图 9-3-25

3. 第三个八拍

下肢动作：1~4拍右脚向前上步后屈腿，5~8拍右转90度、左脚向前上步后屈腿。

上肢动作：1拍双臂胸前交叉，2拍右臂侧举、左臂上举，3拍同1拍，4拍双手叉腰，5~8拍同1~4拍但方向相反。

第三个八拍如图9-3-26所示。

4. 第四个八拍

下肢动作：1~4拍左、右侧点地各一次，5~8拍右脚上步转髋后还原。

上肢动作：1拍右手左前下举，2拍双手叉腰，3拍左手右前下举，4拍双手叉腰，5拍双臂胸前平屈，6拍双臂前推，7拍同5拍，8拍还原。

第四个八拍如图9-3-27所示。

图 9-3-26

图 9-3-27

(八) 组合八

同组合七，但方向相反。

第十章

啦 啦 操

啦啦操是一项在音乐的伴奏下，以操化身体练习为基本手段，以有氧运动为基础，以追求身心健康、塑造形体和娱乐为目的，通过运动员集体完成复杂、高难度的项目特有难度、过渡配合、基本手位与舞蹈动作，充分展示团队高超的运动技能技巧，体现活力青春、积极向上的团队精神，并努力追求团队荣誉的一项体育运动。

第一节 啦啦操运动概述

一、啦啦操简介

啦啦操是一项深受广大群众喜爱、普及性极强，集体操、舞蹈、音乐、健身、娱乐于一体的体育项目。啦啦操英文为 cheer leading，其中 cheer 的含义是"口号、振奋精神"。啦啦操最早来源于早期部落社会的仪式，是为了激励外出打仗或打猎的战士们而举行的一种仪式。仪式中有族人用欢呼、手舞足蹈的表演来鼓励战士，希望这些远征的战士能胜利归来。啦啦操是体育运动中的一个新兴项目，起源于美国，遍布美国的篮球职业联赛（NBA）、橄榄球、棒球、游泳、田径、摔跤等比赛现场，至今已经有一百多年的历史。啦啦操最初是为美式足球呐喊助威的活动，发展到现今已成为世界范围内的一项体育运动，受到全世界人民的喜爱。

啦啦操与健美操具有异曲同工之妙，但是相对于健美操而言更具有观赏性。它一直以来是作为球赛或其他一些比赛中场休息时啦啦操队的表演，之后逐渐形成了一项独特的体育竞技项目。随着人们生活水平的不断提高，啦啦操所特有的保健、医疗、健身、健美、娱乐、观赏等诸多特点，受到越来越多人的重视，吸引了不同年龄的爱好者参与并形成了一定规模的群体。各级电视台纷纷制作以竞赛、宣传推广为内容的专题节目，收视率远远超过其他节目。由于啦啦操比赛可在体育馆和舞台上举行，加上啦啦操场地运用集中等特点，给企业比赛的广告宣传创造了机会，受到越来越多企业的青睐。

二、啦啦操的分类

（一）按啦啦操的表演形式分类

按照表演形式，啦啦操可分为场地啦啦操和看台啦啦操。

1. 场地啦啦操

场地啦啦操是指表演者在音乐的伴奏下，结合各种舞蹈动作，完成高超的啦啦操特殊运动技巧，以体现青春活力、健康向上的团队精神，追求最高团队荣誉的一项体育运动。场地啦啦操的比赛场地为不小于14米×14米的平坦空间，场地标志线是场地的一部分。场地地面应该使用啦啦操专用比赛板或地毯。场地后方是有特定标志的背景板。场地啦啦操的特点主要是团队协作性、动感活力性、风格突出性及目的性，按照技术动作分为舞蹈啦啦操和技巧啦啦操两大类。

（1）舞蹈啦啦操。舞蹈啦啦操是指以舞蹈动作为主，以各种舞蹈技巧和元素并可结合道具为基本内容的团队比赛项目，包括彩球、高踢腿、爵士、现代舞、街舞等多个组别。舞蹈啦啦操要求参与者具备较强的身体素质、较好的协调性与表现力，除此之外，还需要参与者具有集体配合意识。

（2）技巧啦啦操。技巧啦啦操是指以跳跃、翻腾、金字塔、托举、抛接等技巧性难度为主要内容，配合舞蹈动作、过渡连接及口号和队形变化的团队竞赛项目，包括男女混合组、全女子组和五人技巧组三种类型。技巧啦啦操包括三类参与者，即尖子运动员、底座运动员和保护人员，其在成套的完成中扮演的角色不同，因此，对他们的身体素质也有不同的要求。技巧啦啦操的难度较高，且多为高空难度，因此，对技巧啦啦操参与者的体能与技术水平的要求非常严格。同时，对参与者集体配合意识的要求较舞蹈啦啦操的参与者要高。

2. 看台啦啦操

看台啦啦操是指观众席上的啦啦操队员在指挥员的统一指挥下，同喊口令、变换道具，形成不同的图形以及完成击掌、人浪等助威动作，集中展示啦啦操队员助威技巧与风貌的项目。看台啦啦操由队员、服装、道具、口号、指挥等元素组成，具有简易性、广泛性、感召性、灵活性、文明性等特点。依据啦啦操队员是否手持器械，看台啦啦操可分为轻器械看台啦啦操和徒手看台啦啦操。

看台啦啦操是在观众席上完成的，由于场地的限制，其运动幅度小，动作简单，因此，看台啦啦操对参与者的身体素质要求较低，普通群众均可参与。服装、道具以及口号在看台啦啦操中起重大的作用，是影响看台啦啦操比赛结果的客观条件，因此，看台啦啦操要注重服装、道具及口号的选择。

（二）按啦啦操的表演性质分类

按照表演性质，啦啦操可分为竞技啦啦操和表演啦啦操。

1. 竞技啦啦操

竞技啦啦操的主要目的就是竞赛取胜，因此，竞技啦啦操在动作设计上要求更多样化，技巧动作上要求难度更高，过渡连接动作上要求更新颖，所有动作选择与设计上更强调安全性。竞技啦啦操有严格的竞赛规则，比赛的规模、项目、参赛者年龄等不同，竞赛规则也不同。

2. 表演啦啦操

表演啦啦操是根据所参加表演的目的预先设计、编排和排练的成套动作，人数、时间不限。表演啦啦操注重表演的效果，对音乐效果、动作设计、队形变化、表演者的动作质量及表现力等要求较高。通常，表演啦啦操的动作更强调动作风格及表现与音乐风格的协调统一。

表演啦啦操为保证一定的表演效果，其成套动作中会加入更多的队形变化和集体配合的动作。表演者可以利用轻器械，如花环、旗子、花球、彩带；还可采用一些风格化的舞蹈动作，如爵士、街舞、拉丁舞。表演啦啦操更强调表演者的表现力。表现力是表演者将创编者思想、音乐风格与刚柔并济的肢体语言完美结合，以及与同伴默契配合的一种综合能力。这种综合的表现可以达到烘托气氛、感染观众、增强表演效果的目的。

三、高校开展啦啦操运动的意义

（一）营造健康向上的校园氛围，丰富校园文化生活

经常参加啦啦操运动，能使人心情愉快并且精神饱满。这是因为啦啦操是一项活力四射、振奋人心、激情洋溢，同时又具有团结进取等精神的运动项目。在高校内开展啦啦操运动，既能够让学生提高自身修养，展现自我，树立自身朝气蓬勃的良好形象，又能使学生感受到团队协作的成就感与喜悦感，对提升学生的集体荣誉感有莫大的帮助。

（二）增强学生的身心健康

啦啦操作为一项体育运动，它自身的健康价值自然不可忽视。实践证明，啦啦操运动在心肺功能、身体协调性、柔韧性以及形体等方面都有着不小的锻炼价值。长期参加啦啦操锻炼，能有效提高心肺功能，促进血液循环，充分消耗身体内的多余脂肪，有利于改善不良的身体姿态，塑造良好的形体；还可以提高肌肉及关节的灵活性及柔韧性，为大学生在日常的学习和生活中奠定良好的身体基础。

（三）弘扬团结进取的集体主义精神

啦啦操是一项集体运动项目，和众多团体项目一样，是需要所有运动员团结协作才能完成的，完成个别难度技术动作时需要队员之间拥有绝对的信任。任何一个运动员的小失误都有可能影响到整套动作的质量，甚至造成重大安全事故。另外，啦啦操需要通过一些口号、手势和标语来体现团结拼搏、勇攀高峰的坚定信念，这种信念来源于平时点滴的积累和长期的刻苦练习，培养了运动员们吃苦耐劳、团结进取、挑战自我的精神。

第二节　啦啦操运动的基本组成要素

一、动作要素

有效的技巧啦啦操成套动作是由若干个动作或动作串建构而成的。动作是指全身或身体的一部分的活动，动作编排直接关系到表演效果和竞赛成绩。啦啦操动作包括舞蹈类动作、技巧类动作、过渡与连接类动作，各类动作的编排是否合理，直接关系到成套动作编排质量的好坏。好的过渡与连接动作是以最快的速度完成不同动作之间的连接，消除动作间的跳跃性，自然、巧妙、灵活、流畅地进行空中、地面的相互转换，显示动作的多变性和编排的艺术性，使整套动作更加流畅、和谐，让人产生层出不穷、应接不暇的感觉。

二、音乐要素

音乐是通过旋律来表达人们思想感情的一种听觉艺术，也是最美的语言。作为啦啦操的一个重要组成部分，它的主要作用是烘托现场气氛，使啦啦操音乐的"声"与啦啦操动作的"形"同步传播、同时作用，共同向人们传达啦啦操的主题思想。啦啦操音乐的选编要注意选择主题思想明确、旋律优美、鼓点清晰、旋律感强、速度适宜、具有时代感的乐曲，音乐的风格特色应与动作风格保持一致。啦啦操音乐可以是某首乐曲或者某乐曲中的一段，也可以一首或多首乐曲为蓝本，根据动作与啦啦操的主题思想进行合理剪接、编辑，还可加入一些特殊效果，使制作好的音乐与动作在节奏、情绪、力度以及速度上协调一致。需要注意的是，经过剪接、编辑后的音乐，除规定的时间和情绪的起伏适合编辑要求外，音乐本身要有相对的完整性，有主旋律贯穿，转调连接自然，有明确的主题思想。

三、时间要素

时间是物质运动过程的持续性、间隔性和顺序性，是一种客观存在形式，具有方向性和不可逆性。技巧啦啦操竞赛是从开始走向高潮再到结束的一个时间过程，在这个时间过程中充满了动作、音乐、队形、服装、道具、口号等内容，因此也可以说啦啦操的编排就是将以上内容进行合理组合，形成一个个精彩瞬间的过程。技巧时间要素包括成套动作总体时间和各个部分时间分配两个方面。国际技巧啦啦操比赛成套动作时间为 2 分 30 秒 ± 10 秒。关于各个部分的时间分配，一般来说，成套动作的开始部分与结束部分占用时间比较短，控制在二至四个八拍以内；中间部分是整套操的主体部分，占用整套动作时间的 85% 左右。

四、空间要素

啦啦操空间要素包括地面空间和垂直空间的使用两个方面，其中，地面空间的运用通过队员的移动和队形的变换来实现。啦啦操成套动作路线设计要注意使队员移动（移动的方向有向前、向后、向左、向右、对角、弧线）布满整个场地，充分利用场地的四个角、边线和中间。成套动作队形常采用直线形、弧形、圆形、梯形、三角形、"十字"形、字母形（如T、V等），一个成套动作的队形变换保证在5次以上（含5次），队形的设计注意考虑动作、造型的展示面和队员的个人特征，充分展现队员技术优势。队形变换宜采取"就近"原则，也就是说队员移动（即常说的"跑位"）的路线宜短，避免出现"乱"和"不到位"的现象。垂直空间的运用体现在地面、低空、中空和高空四个不同层次空间的使用上。

五、服装要素

服装也是啦啦操的一个重要因素，设计新颖的比赛服装很容易吸引裁判、观众的眼球，给人耳目一新的视觉感受，形成良好的第一印象，从而为赢得更高的得分打下好的铺垫。技巧啦啦操服装多选择透气透汗性能较好、具有良好的伸缩性和弹性的涤纶、棉纶、氨纶、腈纶、莱卡等材料制作，服装款式有分体装和连体装之分。

六、口号要素

口号作为伴随啦啦操兴起、发展的项目特征之一，充分体现了这项运动健康活力、积极向上的团队凝聚力，显示了啦啦队队员的团结和协作、互相信任的精神。技巧啦啦操口号一般由一段具有特殊意义的字、词、短句组成，用来表达目标和理念。口号内容应是健康的、向上的，组成口号的句子或词语多来自本队或本单位的名字、颜色、标志物等，这些具有特殊意义的句子或词语组成了振奋人心、鼓舞士气的啦啦操口号。

七、道具要素

道具要素是啦啦操的可选内容，即啦啦操可以使用道具，也可以不使用道具。技巧啦啦操道具的选编必须遵守安全性和有用性原则。这要求道具在队员捡起和使用后放下时都是安全的，在做托举、金字塔或翻腾动作时不允许使用道具，任何有可能导致队员伤害事故发生的道具均不提倡使用。道具的使用是为了丰富啦啦操的内容，更好地体现表演主题，生搬硬套和机械模仿他人使用道具的做法是不可取的。使用不合理的道具不但没有帮助，反而有可能起到反效果。技巧啦啦操道具有标志牌、麦克风、旗、横幅、花球、吉祥物等。

第三节 花球啦啦操

一、组合一

1. 第一拍

上肢：手臂呈"高V"手位。

下肢：双腿开立，略比肩宽。

第一拍的动作如图 10-3-1 所示。

2. 第二拍

上肢：弯腰，低头，同时握拳，右臂伸直，左大臂与地面垂直，左小臂与地面平行。

下肢：双腿并拢，屈膝半蹲。

第二拍的动作如图 10-3-2 所示。

3. 第三拍

上肢：左臂伸直，握拳贴于体侧，右臂握拳上举。

下肢：双腿站立并靠拢，右腿后踢。

第三拍的动作如图 10-3-3 所示。

4. 第四拍

上肢：手臂呈"下 H"手位。

下肢：双腿并拢直立。

第四拍的动作如图 10-3-4 所示。

图 10-3-1　　　　图 10-3-2　　　　图 10-3-3　　　　图 10-3-4

5. 第五拍

上肢：双臂呈"加油"手位，击掌。

下肢：右腿向前迈步。

第五拍的动作如图 10-3-5 所示。

6. 第六拍

上肢：双臂呈"加油"手位，击掌。

下肢：左腿向前迈步。

第六拍的动作如图 10-3-6 所示。

7. 第七拍

上肢：上臂呈"高 V"手位。

下肢：双腿同时跳开。

第七拍的动作如图 10-3-7 所示。

8. 第八拍

上肢：身体向右侧转体，双手握拳相对，放于膝上。

下肢：双腿保持开立，屈膝半蹲。

第八拍的动作如图 10-3-8 所示。

图 10-3-5　　　　图 10-3-6　　　　图 10-3-7　　　　图 10-3-8

二、组合二

1. 第一拍

上肢：右臂弯曲，握拳放于膝上，左臂伸直划向体后。

下肢：双腿保持不动。

第一拍的动作如图 10-3-9 所示。

2. 第二拍

上肢：身体下压转向左侧，手臂握拳伸直，放于身体两侧。

下肢：双腿马步开立，重心放于左脚。

第二拍的动作如图 10-3-10 所示。

3. 第三拍

上肢：上半身直立，手臂握拳直立，放于身体两侧。

下肢：双腿马步开立，重心放于左脚。

第三拍的动作如图 10-3-11 所示。

4. 第四拍

上肢：身体重心左侧下压，手臂握拳伸直，放于身体两侧。

下肢：双腿马步开立，重心放于左脚。

第四拍的动作如图 10-3-12 所示。

5. 第五拍

上肢：手臂呈"前 X"手位。

下肢：双腿同时跳起，右脚在前，左脚在后。

第五拍的动作如图 10-3-13 所示。

图 10-3-9　　　　图 10-3-10　　　　图 10-3-11　　　　图 10-3-12

6. 第六拍

上肢：手臂呈"高 V"手位。

下肢：下腿同时开立，略比肩宽。

第六拍的动作如图 10-3-14 所示。

7. 第七拍

上肢：右臂握拳伸直，左小臂斜线握拳，放于耳旁。

下肢：双腿保持开立。

第七拍的动作如图 10-3-15 所示。

8. 第八拍

上肢：左臂握拳伸直，右小臂斜线握拳，放于耳旁。

下肢：双腿保持开立。

第八拍的动作如图 10-3-16 所示。

图 10-3-13　　　　图 10-3-14　　　　图 10-3-15　　　　图 10-3-16

三、组合三

1. 第一拍

上肢：双臂呈"加油"手位。

下肢：双腿并拢直立。

第一拍的动作如图 10-3-17 所示。

2. 第二拍

上肢：右手握拳，伸直举过头顶；左小臂握拳，与地面垂直。

下肢：双腿并拢直立。

第二拍的动作如图 10-3-18 所示。

3. 第三拍

上肢：右手握拳，由体侧直臂滑于胸前；左手握拳，与地面垂直。

下肢：迈左脚，双腿开立。

第三拍的动作如图 10-3-19 所示。

4. 第四拍

上肢：双臂架起，与地面平行，握拳相对放于胸前。

下肢：双腿保持开立。

第四拍的动作如图 10-3-20 所示。

图 10-3-17　　　　图 10-3-18　　　　图 10-3-19　　　　图 10-3-20

5. 第五拍

上肢：身体重心向后，双臂呈"前 X"手位。

下肢：双腿保持开立。

第五拍的动作如图 10-3-21 所示。

6. 第六拍

上肢：握拳收于胸前，双臂架起，与地面平行。

下肢：双腿保持开立。

第六拍的动作如图 10-3-22 所示。

7. 第七拍

上肢：双手握拳放于膝上，大臂架起，与地面平行，小臂与地面垂直。

下肢：双腿呈马步。

第七拍的动作如图 10-3-23 所示。

8. 第八拍

上肢：双臂呈"倒 V"手位。

下肢：双腿并拢直立。

第八拍的动作如图 10-3-24 所示。

图 10-3-21　　　　图 10-3-22　　　　图 10-3-23　　　　图 10-3-24

四、组合四

1. 第一拍

上肢：双臂伸直握拳，举过头顶，身体转向左侧。

下肢：左腿向左侧迈步，右腿脚尖点地。

第一拍的动作如图 10-3-25 所示。

2. 第二拍

上肢：双臂经过头顶滑至体侧呈"倒 V"手位。

下肢：双腿屈膝半蹲，左脚尖点地，重心在右腿。

第二拍的动作如图 10-3-26 所示。

3. 第三、四拍

上肢：前后抖肩两下。

下肢：双腿屈膝半蹲，左脚尖点地，重心在右脚。

第三、四拍的动作如图 10-3-27 所示。

4. 第五拍

上肢：双臂握拳放于体侧。

下肢：向后转，左脚前迈步，右脚在后。

第五拍的动作如图 10-3-28 所示。

5. 第六拍

身体向后转。

上肢：双手握拳置于体侧。

下肢：右脚向前一步，左脚在后。

第六拍的动作如图 10-3-29 所示。

6. 第七拍

身体转向前。

上肢：双手握拳放于体侧。

下肢：左脚前迈步，右脚在后。

第七拍的动作如图 10-3-30 所示。

7. 第八拍

上肢：呈"倒 V"手位。

下肢：双腿并拢直立。

第八拍的动作如图 10-3-31 所示。

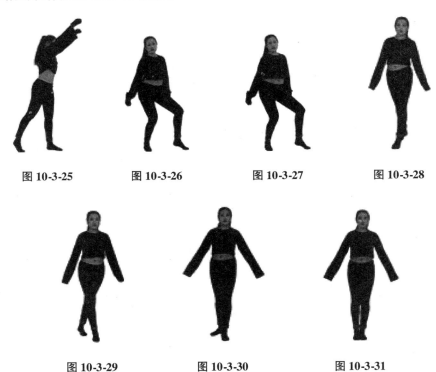

图 10-3-25　　　图 10-3-26　　　图 10-3-27　　　图 10-3-28

图 10-3-29　　　图 10-3-30　　　图 10-3-31

五、组合五

1. 第一拍

上肢：右手握拳伸直，与地面平行，左臂放于体侧。

下肢：左脚向前迈步。

第一拍的动作如图 10-3-32 所示。

2. 第二拍

上肢：双臂呈"前 T"手位。

下肢：右脚向前迈步。

第二拍的动作如图 10-3-33 所示。

3. 第三拍

上肢：左臂屈臂握拳放于右胯，双臂画半圆，右臂屈臂握拳放于头顶。

下肢：左腿左侧迈步。

第三拍的动作如图 10-3-34 所示。

4. 第四拍

身体转向左侧。

上肢：右臂在前，左臂在后，屈臂握拳，放于胯上与后背。

下肢：双腿保持开立。

第四拍的动作如图 10-3-35 所示。

图 10-3-32　　　　图 10-3-33　　　　图 10-3-34　　　　图 10-3-35

5. 第五拍

身体下压，同时右臂下滑。

上肢：右臂伸直握拳，垂直于地面，左臂握拳屈臂放于腰间。

下肢：双腿打开。

第五拍的动作如图 10-3-36 所示。

6. 第六拍

起身，身体保持左侧位。

上肢：右臂由体下拉于胯间，屈臂握拳，左臂在后，放于后背。

下肢：双腿保持开立。

第六拍的动作如图 10-3-37 所示。

7. 第七拍

上肢：右大臂握拳不动，小臂向外砸一下，左手放于腰间。

下肢：双腿屈膝半蹲，重心放于右腿，左脚尖点地。

第七拍的动作如图 10-3-38 所示。

8. 第七拍半

上肢：右小臂收于体前，左手放于腰间。

下肢：双腿重心上移。

第七拍半的动作如图 10-3-39 所示。

9. 第八拍

上肢：右大臂握拳不动，小臂向外砸一下，左手放于腰间。

下肢：双腿屈膝半蹲，重心放于右腿，左脚尖点地。

第八拍的动作如图 10-3-40 所示。

图 10-3-36　　　　图 10-3-37　　　　图 10-3-38　　　　图 10-3-39　　　　图 10-3-40

六、组合六

1. 第一拍

身体转向左侧。

上肢：双臂呈"K"手位。

下肢：双腿左侧弓步。

第一拍的动作如图 10-3-41 所示。

2. 第二拍

上肢：双臂呈"弓箭"手位。

下肢：双腿直立。

第二拍的动作如图 10-3-42 所示。

3. 第三拍

身体转向右侧，下压。

上肢：左臂直臂握拳，顺时针环绕，右臂屈臂握拳，小臂与地面平行。

下肢：双腿打开，屈膝。

第三拍的动作如图 10-3-43 所示。

4. 第三拍半

身体转向右侧，下压，顺时针环绕。

上肢：左臂直臂握拳，右臂屈臂握拳，小臂与地面垂直。

下肢：双腿打开，屈膝。

第三拍半的动作如图 10-3-44 所示。

5. 第四拍

上肢：双臂呈"加油"手位。

下肢：双腿并拢直立。

第四拍的动作如图 10-3-45 所示。

图 10-3-41　　　　图 10-3-42　　　　图 10-3-43　　　　图 10-3-44　　　　图 10-3-45

6. 第五拍

上肢：手臂呈"前 X"手位。

下肢：双腿开立。

第五拍的动作如图 10-3-46 所示。

7. 第六拍

上肢：双臂呈"短 T"手位，由内向外画两圈。

下肢：保持双腿开立。

第六拍的动作如图 10-3-47 所示。

8. 第六拍半

上肢：双臂由内向外环绕，呈"W"手位。

下肢：双腿保持开立。

第六拍半的动作如图 10-3-48 所示。

9. 第七拍

上肢：双臂由内向外环绕，呈"T"手位。

下肢：双腿保持开立，略比肩宽。

第七拍的动作如图 10-3-49 所示。

10. 第七拍半

上肢：小臂向内环绕 360 度。

下肢：双腿保持开立。

第七拍半的动作如图 10-3-50 所示。

11. 第八拍

上肢：双臂呈"倒 V"手位。

下肢：双腿并拢站立。

第八拍的动作如图 10-3-51 所示。

图 10-3-46　　　图 10-3-47　　　图 10-3-48　　　图 10-3-49　　　图 10-3-50　　　图 10-3-51

七、组合七

1. 第一拍

上肢：身体向右转，左手握拳，放于右腿前，右臂放于体后。

下肢：双腿呈跪姿，脚跟相对。

第一拍的动作如图 10-3-52 所示。

2. 第二拍

与第一拍反方向。

第二拍的动作如图 10-3-53 所示。

3. 第三、四拍

上肢：身体向左转，双臂呈"W"手位，震胸两下。

下肢：双腿呈跪姿，脚跟相对。

第三、四拍的动作如图 10-3-54 所示。

图 10-3-52　　　　　　图 10-3-53　　　　　　图 10-3-54

4. 第五、六拍

上肢：双手撑地。

下肢：向左后转，双腿屈膝并拢，绷脚尖。

第五、六拍的动作如图 10-3-55 所示。

5. 第七拍

上肢：向左转，右手放于膝上，左手直臂垂直于地面。

下肢：右腿蹬地。

第七拍的动作如图 10-3-56 所示。

6. 第八拍

上肢：起身，双臂呈"倒V"手位。

下肢：双腿并拢站立。
第八拍的动作如图 10-3-57 所示。

图 10-3-55　　　　　图 10-3-56　　　　　图 10-3-57

八、组合八

1. 第一拍

上肢：双臂呈"屈臂 X"手位。
下肢：右腿向前迈步，双腿屈膝交叉，左腿在后，脚尖点地，重心在右脚。
第一拍的动作如图 10-3-58 所示。

2. 第二拍

上肢：双臂打开呈"T"手位。
下肢：左侧踢腿，绷脚尖。
第二拍的动作如图 10-3-59 所示。

3. 第三、四拍

立转姿势准备。
第三、四拍的动作如图 10-3-60 所示。

4. 第五、六拍

立转 360 度一圈。
第五、六拍的动作如图 10-3-61 所示。

5. 第七、八拍

上肢：双手呈"倒 V"手位。
下肢：双腿开立，略比肩宽。
第七、八拍的动作如图 10-3-62 所示。

图 10-3-58　　　图 10-3-59　　　图 10-3-60　　　图 10-3-61　　　图 10-3-62

第四节 街舞啦啦操

一、预备部分

1. 第一个八拍

(1) 1~4拍。

上肢：左手叉腰，右臂伸直，五指打开，掌心向前，向前压腕四下。

下肢：双脚打开，略比肩宽，保持开立，原地不动。

第1~4拍的动作如图10-4-1所示。

(2) 5拍。

上肢：双手五指打开，放于胯间。

下肢：左脚左侧点地，呈马步。

第5拍的动作如图10-4-2所示。

(3) 6拍。

上肢：双手保持原动作。

下肢：右脚跟半步，屈膝半蹲。

第6拍的动作如图10-4-3所示。

(4) 7拍。

上肢：双手保持原动作。

下肢：右脚右侧点地，呈马步。

第7拍的动作如图10-4-4所示。

(5) 8拍。

上肢：双手保持原动作。

下肢：左脚跟半步，屈膝半蹲。

第8拍的动作如图10-4-5所示。

图10-4-1　　图10-4-2　　图10-4-3　　图10-4-4　　图10-4-5

2. 第二个八拍

(1) 1~2拍。

上肢：小臂收于胸前，双手握拳。

下肢：双脚同时跳起，开立，同时双臂打开。

第1~2拍的动作如图10-4-6所示。

(2) 3拍。

上肢：右手握拳，右臂弯曲画半圈放于头顶正上方，左臂握拳，放于腰间。

下肢：双腿保持开立。

第3拍的动作如图10-4-7所示。

(3) 4拍。

上肢：右臂伸直双手握拳，左手握拳放于腰间。

下肢：双腿保持开立。

第4拍的动作如图10-4-8所示。

(4) 5~8拍。

动作同1~4拍。

图10-4-6　　　　图10-4-7　　　　图10-4-8

二、组合一

1. 第一拍

上肢：手臂上举，手腕交叉，五指打开。

下肢：双腿开立。

第一拍的动作如图10-4-9所示。

2. 第二拍

上肢：上半身前倾，重心向下，双臂打开握拳呈45度放于身体两侧。

下肢：双腿打开成马步。

第二拍的动作如图10-4-10所示。

3. 第三拍

上肢：双臂保持原动作，身体直立。

下肢：右脚站立，左腿屈膝，大腿面与地面平行，勾脚尖。

第三拍的动作如图10-4-11所示。

4. 第三拍半

上肢：双臂保持原动作，身体直立，双肩向后展，挺胸。

下肢：双腿微弯曲。

第三拍半的动作如图10-4-12所示。

5. 第四拍

上肢：上半身前倾震胸，双臂保持原动作。

下肢：双腿微弯曲。

第四拍的动作如图10-4-13所示。

图10-4-9　　　　　图10-4-10　　　　　图10-4-11　　　　　图10-4-12　　　　　图10-4-13

6. 第五拍

上肢：右臂放于体后，左臂上举，双手握拳，小臂与大臂垂直。

下肢：右腿向右弯曲，脚尖点地，左腿伸直，重心放于右脚尖。

第五拍的动作如图10-4-14所示。

7. 第六拍

上肢：左手握拳于胸前滑下。

下肢：双腿并拢直立。

第六拍的动作如图10-4-15所示。

8. 第七拍

上肢：右手握拳伸直放于胯中，左臂抬起放于胸前与地面平行。

下肢：右腿抬起伸直，与地面平行，勾脚尖；左腿直立。

第七拍的动作如图10-4-16所示。

9. 第八拍

上肢：右手握拳，手臂微弯曲贴于右膝盖内侧，左臂抬起，大臂与小臂垂直。

下肢：右腿抬起，大腿面与地面平行，小腿垂直于地面，勾脚尖，左腿伸直。

第八拍的动作如图10-4-17所示。

图10-4-14　　　　　图10-4-15　　　　　图10-4-16　　　　　图10-4-17

三、组合二

1. 第一拍

身体向右转 45 度。

上肢：右臂上举，五指打开，左臂放于身后，贴于大腿面。

下肢：右脚落地，双腿呈马步。

第一拍的动作如图 10-4-18 所示。

2. 第一拍半

保持身体面向右转 45 度。

上肢：右臂五指打开向下滑落，大臂贴于胸侧，左臂放于体后。

下肢：双腿呈马步。

第一拍半的动作如图 10-4-19 所示。

3. 第二拍

保持身体面向右转 45 度。

上肢：左臂微曲握拳高于头顶，右臂放于体后。

下肢：双腿直立。

第二拍的动作如图 10-4-20 所示。

4. 第三拍

保持身体面向右转 45 度。

上肢：含胸，右臂弯曲放于胸前，小臂与胸部平行，五指打开，掌心朝内，左臂伸直贴于左侧。

下肢：双腿呈马步。

第三拍的动作如图 10-4-21 所示。

5. 第三拍半

保持身体面向右转 45 度。

上肢：挺胸，右臂弯曲放于体后，五指打开，掌心向前，左臂伸直贴于体侧。

下肢：双腿保持马步。

第三拍半的动作如图 10-4-22 所示。

图 10-4-18　　　图 10-4-19　　　图 10-4-20　　　图 10-4-21　　　图 10-4-22

6. 第四拍

保持身体面向右转45度。

上肢：含胸，右臂弯曲放于胸前，小臂与胸部平行，左臂伸直贴于左侧。

下肢：双腿保持马步。

第四拍的动作如图10-4-23所示。

7. 第五拍

上肢：身体前倾，双手握拳抬起，大臂与地面平行，小臂与地面垂直。

下肢：右腿向前迈步，左右腿屈膝交叉，左腿在后。

第五拍的动作如图10-4-24所示。

8. 第六拍

上肢：身体前倾，双臂握拳抬起，大臂与地面平行，小臂与地面垂直。

下肢：左脚跟半步，双腿屈膝并拢。

第六拍的动作如图10-4-25所示。

9. 第七拍

上肢：低头，身体微微前倾，双臂抬起，双手握拳，左小臂在上，右小臂在下，两小臂与地面平行。

下肢：右腿抬起，大腿面与地面平行，小腿垂直地面，左腿伸直。

第七拍的动作如图10-4-26所示。

10. 第八拍

上肢：身体直立，双臂保持原动作。

下肢：右腿抬起，大腿面与地面平行，小腿垂直地面，左腿伸直。

第八拍的动作如图10-4-27所示。

图10-4-23　　　图10-4-24　　　图10-4-25　　　图10-4-26　　　图10-4-27

四、组合三

1. 第一拍

上肢：双臂自然下垂。

下肢：右脚落地，双腿开立，略比肩宽。

第一拍的动作如图10-4-28所示。

2. 第一拍半

上肢：双臂自然下垂。

下肢：双腿向右侧移动，左脚跟两步。

第一拍半的动作如图 10-4-29 所示。

3. 第二拍

上肢：身体重心向右，右臂抬起，握拳，大臂与地面平行，小臂与地面垂直；左臂伸直放于体后。

下肢：右腿直立，左腿抬起，大腿面与地面平行，小腿垂直于地面，勾脚尖。

第二拍的动作如图 10-4-30 所示。

4. 第三拍

上肢：双臂放于体侧。

下肢：左脚落地。

第三拍的动作如图 10-4-31 所示。

5. 第四拍

上肢：身体重心向左，左臂抬起，握拳，大臂与地面平行，小臂与地面垂直；左臂伸直放于体后。

下肢：左腿直立，右腿抬起，大腿面与地面平行，小腿垂直于地面，勾脚尖。

第四拍的动作如图 10-4-32 所示。

图 10-4-28　　　　图 10-4-29　　　　图 10-4-30　　　　图 10-4-31　　　　图 10-4-32

6. 第五拍

上肢：双臂抬起，手腕交叉于头部，五指张开，右臂在前，左臂在后。

下肢：左腿抬起，大腿面与地面平行，小腿与地面垂直。

第五拍的动作如图 10-4-33 所示。

7. 第六拍

上肢：双臂抬起向上，与身体呈 45 度，五指张开，掌心向外。

下肢：双腿并拢站直。

第六拍的动作如图 10-4-34 所示。

8. 第七拍

上肢：双臂直臂落下，与地面平行，掌心向下。

下肢：左腿抬起，大腿与地面平行，小腿与地面垂直。

第七拍的动作如图 10-4-35 所示。

9. 第八拍

上肢：双臂向下滑落，与身体呈 45 度，五指并拢，掌心向下。

下肢：双腿并拢站直。

第八拍的动作如图 10-4-36 所示。

图 10-4-33　　　　图 10-4-34　　　　图 10-4-35　　　　图 10-4-36

五、过渡部分

1. 第一拍

上肢：小臂交叉，双手握拳，右手在前，左手在后，架于胸前。

下肢：迈右腿，双腿开立，略比肩宽。

第一拍的动作如图 10-4-37 所示。

2. 第二拍

上肢：大臂抬起，与地面平行，小臂收于胸前，双手握拳。

下肢：双腿保持开立。

第二拍的动作如图 10-4-38 所示。

3. 第三拍

上肢：右臂弯曲，握拳绕圆，高于头顶，左手握拳，放于腰间。

下肢：双腿保持开立。

第三拍的动作如图 10-4-39 所示。

4. 第四拍

上肢：右手握拳伸直，举过头顶，左臂弯曲，放于腰间。

下肢：双腿保持开立。

第四拍的动作如图 10-4-40 所示。

六、组合四

1. 第一拍

上肢：大臂架起与地面平行，小臂握拳，收于胸前。

图 10-4-37　　　　图 10-4-38　　　　图 10-4-39　　　　图 10-4-40

下肢：右脚点地，双腿马步开立。
第一拍的动作如图 10-4-41 所示。

2. 第二拍

上肢：大臂架起与地面平行，小臂握拳，收于胸前。
下肢：右腿弓步，侧点地，左腿弯曲，脚尖着地。
第二拍的动作如图 10-4-42 所示。

3. 第二拍半

上肢：大臂架起与地面平行，右小臂握拳斜下，左小臂伸直，收于胸前。
下肢：双腿屈膝半蹲。
第二拍半的动作如图 10-4-43 所示。

4. 第三拍

上肢：大臂伸直与地面平行，向内侧收两圈，右臂握拳伸直，左小臂伸直，收于胸前。
下肢：双腿屈膝半蹲。
第三拍的动作如图 10-4-44 所示。

图 10-4-41　　　　图 10-4-42　　　　图 10-4-43　　　　图 10-4-44

5. 第三拍半

上肢：右小臂握拳与地面垂直，向内侧绕两圈，左小臂伸直，收于胸前。
下肢：双腿屈膝半蹲。
第三拍半的动作如图 10-4-45 所示。

6. 第四拍

上肢：身体重心向右，双臂微弯曲，高于头顶，右手握拳，左手立掌相对。

下肢：右腿直立；左腿向左侧抬起，大腿面与地面平行，小腿垂直于地面。

第四拍的动作如图10-4-46所示。

7. 第四拍半

上肢：双臂伸直，握拳放于身体两侧，斜下45度。

下肢：左脚落地，双腿呈马步。

第四拍半的动作如图10-4-47所示。

8. 第五拍

上肢：身体左转45度，右臂伸直，五指打开，掌心向下放于左髋前；左臂伸直，握拳放于体侧。

下肢：双腿呈马步。

第五拍的动作如图10-4-48所示。

9. 第五拍半

上肢：身体转向正前方，双臂手腕交叉，左臂在前，右臂在后，五指打开，掌心向下。

下肢：双腿保持马步。

第五拍半的动作如图10-4-49所示。

图10-4-45　　　　图10-4-46　　　　图10-4-47　　　　图10-4-48　　　　图10-4-49

10. 第六拍

上肢：大臂平举，小臂握拳垂直于地面。

下肢：双腿并拢直立。

第六拍的动作如图10-4-50所示。

11. 第七拍

上肢：左臂保持原动作，右臂收于体前，立掌放于胸侧。

下肢：双腿保持直立。

第七拍的动作如图10-4-51所示。

12. 第七拍半

上肢：左臂收于体前，立掌放于胸侧；右臂保持原动作。

下肢：双腿并拢直立。

第七拍半的动作如图10-4-52所示。

13. 第八拍

上肢：五指并拢，大臂放于身体两侧，小臂与地面平行，含胸。

下肢：双腿并拢屈膝。

第八拍的动作如图 10-4-53 所示。

图 10-4-50　　　图 10-4-51　　　图 10-4-52　　　图 10-4-53

七、组合五

1. 第一拍

上肢：右臂握拳屈臂，小拳眼向下放于体前，左臂放于体后。

下肢：跨左腿，双腿开立。

第一拍的动作如图 10-4-54 所示。

2. 第二拍

上肢：右臂保持原动作，左臂握拳向前冲拳。

下肢：双腿保持开立。

第二拍的动作如图 10-4-55 所示。

3. 第二拍半

上肢：右臂保持原动作，左臂架于体前。

下肢：双腿保持开立。

第二拍半的动作如图 10-4-56 所示。

4. 第三拍

上肢：右臂保持原动作，左臂从右向左划半圈。

下肢：双腿保持开立。

第三拍的动作如图 10-4-57 所示。

图 10-4-54　　　图 10-4-55　　　图 10-4-56　　　图 10-4-57

5. 第三拍半

上肢：双臂由左侧划至右侧。

下肢：双腿保持开立。

第三拍半的动作如图 10-4-58 所示。

6. 第四拍

上肢：身体重心向左，双手握拳，小臂交叉。

下肢：左腿直立，右腿提膝面向右侧，大腿与地面平行。

第四拍的动作如图 10-4-59 所示。

7. 第五、六拍

上肢：双臂直臂从右侧滑至左侧，身体转向左侧。

下肢：右腿迈步，屈膝半蹲，重心后移，左腿伸直。

第五、六拍的动作如图 10-4-60 所示。

8. 第七拍

上肢：重心前移，双臂伸直，举过头顶，五指打开，掌心向下。

下肢：双腿直立，右脚脚尖点地。

第七拍的动作如图 10-4-61 所示。

9. 第八拍

上肢：双臂伸直，滑至体侧分别放于体侧呈 45 度，五指并拢，折腕，掌心向下。

下肢：左腿后撤交叉于右腿后，双腿屈膝。

第八拍的动作如图 10-4-62 所示。

图 10-4-58　　　　图 10-4-59　　　　图 10-4-60　　　　图 10-4-61　　　　图 10-4-62

八、组合六

1. 第一拍

上肢：双手叉腰，顶左髋关节。

下肢：跨左脚，左脚脚尖点地，重心放于右脚。

第一拍的动作如图 10-4-63 所示。

2. 第二拍

上肢：双手叉腰。

下肢：双腿屈膝半蹲，重心放在两腿之间。

第二拍的动作如图 10-4-64 所示。

3. 第三拍

上肢：双臂伸直，双手握拳放于身体右侧呈斜上 45 度。

下肢：双腿屈膝，左脚向前迈，脚尖点地，右脚重心在后。

第三拍的动作如图 10-4-65 所示。

4. 第三拍半

上肢：双臂微弯曲握拳，经右侧划，与左侧呈 45 度。

下肢：双腿屈膝，左腿在前，脚尖点地，右脚重心在后。

第三拍半的动作如图 10-4-66 所示。

图 10-4-63　　　　图 10-4-64　　　　图 10-4-65　　　　图 10-4-66

5. 第四拍

上肢：双臂伸直握拳。

下肢：双腿屈膝，右脚在前，脚尖点地，左脚重心在后。

第四拍的动作如图 10-4-67 所示。

6. 第五、六拍

上肢：双手叉腰，绕胸一圈，左肩重心前倾，右肩后移。

下肢：双腿并拢，屈膝半蹲。

第五、六拍的动作如图 10-4-68 所示。

7. 第七拍

上肢：双手叉腰，右肩重心前倾，左肩后移。

下肢：双腿并拢，屈膝半蹲。

第七拍的动作如图 10-4-69 所示。

8. 第八拍

上肢：左手叉腰，右臂屈臂握拳放于头顶斜上方。

下肢：双腿并拢站直。

第八拍的动作如图 10-4-70 所示。

图 10-4-67　　　图 10-4-68　　　图 10-4-69　　　图 10-4-70

九、组合七

1. 第一拍

上肢：上半身向左转 45 度，同时右臂伸直，掌心向下，左臂放于体后。
下肢：左脚点地。
第一拍的动作如图 10-4-71 所示。

2. 第二拍

上肢：右臂放于体前，大臂抬起，左臂放于体后，双手握拳。
下肢：双腿屈膝半蹲。
第二拍的动作如图 10-4-72 所示。

3. 第三拍

上肢：身体转向右侧 45 度，右臂保持；左臂伸直，五指打开向下。
下肢：双腿直立。
第三拍的动作如图 10-4-73 所示。

4. 第四拍

上肢：双臂胸前平屈，握拳相对。
下肢：双腿屈膝半蹲。
第四拍的动作如图 10-4-74 所示。

图 10-4-71　　　图 10-4-72　　　图 10-4-73　　　图 10-4-74

5. 第五拍、第五拍半

上肢：胸部震胸两次，双臂胸前平屈，握拳相对。

下肢：双腿屈膝半蹲。

第五拍、第五拍半的动作如图 10-4-75 所示。

6. 第六拍、第六拍半

与第五拍动作相同，方向相反。

第六拍、第六拍半的动作如图 10-4-76 所示。

7. 第七拍、第七拍半

上肢：胸部震胸两次，双臂胸前平屈，握拳相对。

下肢：双腿屈膝半蹲。

第七拍、第七拍半的动作如图 10-4-77 所示。

8. 第八拍

与第七拍动作相同，方向相反。

第八拍的动作如图 10-4-78 所示。

图 10-4-75　　　　图 10-4-76　　　　图 10-4-77　　　　图 10-4-78

十、结束部分

结束部分有两拍。

跳起。

上肢：双手握拳，双臂呈倒"V"手位。

下肢：双腿落下，右腿在前，左腿在后，站好。

第五节　爵士啦啦操

一、组合一

1. 第一拍

上肢：右臂伸直，五指打开，举过头顶，左臂自然下垂，头微低。

下肢：右脚向前迈步，左脚脚尖点地，右侧弓步，重心放于右脚。

第一拍的动作如图 10-5-1 所示。

2. 第二拍

上肢：双臂伸直，举过头顶，五指打开。

下肢：向前迈左脚，右腿在后。

第二拍的动作如图 10-5-2 所示。

3. 第三拍

上肢：双臂向下压，掌心向下，抬头。

下肢：右腿抬起，小腿与地面垂直，绷脚尖，左脚脚尖蹬地。

第三拍的动作如图 10-5-3 所示。

4. 第四拍

原地不动。

上肢：身体向下压，双臂伸直与地面垂直，头向下看。

下肢：双腿屈膝，半蹲，左脚尖点地。

第四拍的动作如图 10-5-4 所示。

图 10-5-1　　　图 10-5-2　　　图 10-5-3　　　图 10-5-4

5. 第五拍

上肢：上半身立起，右手伸直放体前，左手放于体后。

下肢：左脚打开。

第五拍的动作如图 10-5-5 所示。

6. 第六拍

上肢：左手伸直，放于体前，右手在上，左手在下。

下肢：保持双腿开立。

第六拍的动作如图 10-5-6 所示。

7. 第七拍

上肢：双手握拳，双臂拉回肩上，大臂与地面平行，小臂与地面垂直。

下肢：脚尖点地，重心上移。

第七拍的动作如图 10-5-7 所示。

8. 第八拍

上肢：双手握拳，小臂向下砸，大臂与地面平行。

下肢：脚尖点地，重心上移。

第八拍的动作如图 10-5-8 所示。

图 10-5-5　　　　　图 10-5-6　　　　　图 10-5-7　　　　　图 10-5-8

二、组合二

1. 第一拍

上肢：双臂伸直向下，放于体侧与身体呈 45 度，掌心向下。

下肢：双腿交叉，右腿在前，屈膝半蹲。

第一拍的动作如图 10-5-9 所示。

2. 第二拍

上肢：重心上移，双臂与地面平行，五指打开，掌心向内。

下肢：双腿打开，脚尖点地。

第二拍的动作如图 10-5-10 所示。

3. 第三拍

上肢：五指打开，与地面平行，左臂大臂架起，小臂收于胸前，右臂伸直。

下肢：左腿伸直，脚尖点地，右腿向右迈步，重心放在右腿，屈膝半蹲。

第三拍的动作如图 10-5-11 所示。

4. 第四拍

上肢：身体转向左侧，身体下压，双臂呈看书姿势，五指打开。

下肢：收右腿，屈膝半蹲。

第四拍的动作如图 10-5-12 所示。

图 10-5-9　　　　　图 10-5-10　　　　　图 10-5-11　　　　　图 10-5-12

5. 第五、六拍

上肢：双臂向体侧打开，与地面平行。

下肢：左腿向体后画半圈伸直，右腿屈膝半蹲。

第五拍、六拍的动作如图 10-5-13 所示。

6. 第七拍

上肢：右臂上举，左臂自然下垂。

下肢：左脚向左侧迈步，右腿伸直。

第七拍的动作如图 10-5-14 所示。

7. 第七拍半

上肢：左臂伸直，举过头顶。

下肢：双脚脚尖点地。

第七拍半的动作如图 10-5-15 所示。

8. 第八拍

上肢：左臂在前，右臂在体侧，呈"芭蕾"手位。

下肢：双腿交叉，右脚在前，半蹲，左脚尖点地。

第八拍的动作如图 10-5-16 所示。

图 10-5-13　　　图 10-5-14　　　图 10-5-15　　　图 10-5-16

三、组合三

1. 第一拍

上肢：双臂伸直，与地面平行。

下肢：左脚左侧迈步，脚尖点地。

第一拍的动作如图 10-5-17 所示。

2. 第二拍

向左侧平转一周。

第二拍的动作如图 10-5-18 所示。

3. 第三、四拍

落地，跳起。

上肢：双臂手背相对，掌心向外。

下肢：右腿保持在空中，左腿蹬地。

第三、四拍的动作如图 10-5-19 所示。

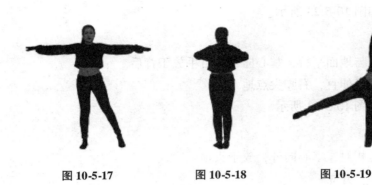

图 10-5-17　　　　图 10-5-18　　　　图 10-5-19

4. 第五、六拍

上肢：双臂缓慢伸直，从头顶划下架于体前后，与地面平行。

下肢：左腿屈膝半蹲，右腿伸直，脚内侧脚尖点地。

第五、六拍的动作如图 10-5-20 所示。

5. 第七拍

上肢：左侧转身，手腕相对，掌心向外架于头顶。

下肢：左脚原地不动，右脚画半圆，双腿开立。

第七拍的动作如图 10-5-21 所示。

6. 第八拍

上肢：双臂伸直滑于体侧，掌心向下，头抬起。

下肢：双腿保持开立。

第八拍的动作如图 10-5-22 所示。

图 10-5-20　　　　图 10-5-21　　　　图 10-5-22

四、组合四

1. 第一拍

上肢：右臂伸直与地面平行，掌心向下，左手放于背后。

下肢：右腿屈膝半蹲，左腿伸直脚尖点地。

第一拍的动作如图 10-5-23 所示。

2. 第二拍

上肢：左臂伸直与地面平行，掌心向下，右手放于背后。

下肢：左腿屈膝半伸直，右脚尖点地。

第二拍的动作如图 10-5-24 所示。

3. 第三拍

上肢：双臂手腕相对，掌心向外，放于头顶。

下肢：双腿伸直，开立。

第三拍的动作如图 10-5-25 所示。

4. 第四拍

上肢：双臂下按，放于身体两侧，掌心向下。

下肢：双腿保持开立。

第四拍的动作如图 10-5-26 所示。

图 10-5-23　　　　图 10-5-24　　　　图 10-5-25　　　　图 10-5-26

5. 第五、六拍

上肢：右臂从左到右绕半圈，大臂与地面平行，小臂与地面垂直；左臂伸直，从体前划过至身体前方，与地面平行。

下肢：左脚绷脚尖，由左侧滑向右侧。

第五、六拍的动作如图 10-5-27 所示。

6. 第六、七拍

上肢：右臂握拳向内划两圈，放与耳朵平行，左臂伸直，握拳。

下肢：以右腿为轴，左腿划半圈放于体侧，脚尖点地。

第六、七拍的动作如图 10-5-28 所示。

7. 第八拍

上肢：身体向左转，双臂自然下落，与地面垂直。

下肢：双腿并拢，屈膝半蹲。

第八拍的动作如图 10-5-29 所示。

图 10-5-27　　　　图 10-5-28　　　　图 10-5-29

五、组合五

1. 第一、二拍

身体向右转。

上肢：左臂伸直与地面平行，食指伸出，右臂贴于体侧。

下肢：右腿弓步，左腿伸直，脚尖点地。

第一、二拍的动作如图 10-5-30 所示。

2. 第三、四拍

身体转向右侧。

上肢：右臂伸直，食指伸出，左臂贴于身体。

下肢：左腿跟半步，双腿屈膝半蹲。

第三、四拍的动作如图 10-5-31 所示。

3. 第五拍

上肢：双臂交叉，屈臂握拳。

下肢：左脚向体前迈步，双腿屈膝半蹲。

第五拍的动作如图 10-5-32 所示。

4. 第六拍

上肢：双臂交叉，屈臂握拳。

下肢：右脚跟步，双腿屈膝，并拢半蹲。

第六拍的动作如图 10-5-33 所示。

5. 第七拍

上肢：左手自然下垂，右臂肘关节抬起，大臂与小臂平行于地面。

下肢：左脚向左侧迈步，屈膝半蹲，右腿屈膝脚尖点地。
第七拍的动作如图 10-5-34 所示。

6. 第八拍

上肢：右臂贴于身体滑下，双臂自然下垂。
下肢：左腿屈膝半蹲，右腿屈膝脚尖点地。
第八拍的动作如图 10-5-35 所示。

图 10-5-30　　　图 10-5-31　　　图 10-5-32　　　图 10-5-33　　　图 10-5-34　　　图 10-5-35

六、组合六

1. 第一拍

上肢：右臂抬起，大臂与地面平行，小臂与地面垂直，花掌，左臂贴于身体。
下肢：右脚向前迈步，双腿交叉。
第一拍的动作如图 10-5-36 所示。

2. 第二拍

上肢：左臂抬起与地面平行，花掌，右大臂与地面平行，小臂垂直。
下肢：右腿保持屈膝半蹲，左腿伸直，左脚尖点地。
第二拍的动作如图 10-5-37 所示。

3. 第三拍

身体向右转。
上肢：双臂屈臂贴于腰背部。
下肢：右腿屈膝半蹲，左腿伸直，脚尖点地。
第三拍的动作如图 10-5-38 所示。

图 10-5-36　　　　　图 10-5-37　　　　　图 10-5-38

4. 第四拍

身体转向左侧。

上肢：双手放于膝上。

下肢：蹲下，右膝在下，左膝在上。

第四拍的动作如图 10-5-39 所示。

5. 第五、六拍

身体转向右侧。

上肢：双手放于膝上。

下肢：蹲下，右膝在上，左膝在下。

第五、六拍的动作如图 10-5-40 所示。

6. 第七拍

站立。

上肢：双臂贴于体侧。

下肢：双腿伸直，左脚脚尖点地；重心在右脚。

第七拍的动作如图 10-5-41 所示。

7. 第八拍

上肢：右手打响指，左臂贴于体侧。

下肢：右腿伸直，左腿屈膝，脚尖点地。

第八拍的动作如图 10-5-42 所示。

图 10-5-39　　　　图 10-5-40　　　　图 10-5-41　　　　图 10-5-42

七、组合七

1. 第一拍

上肢：双臂小臂与地面平行，大臂与地面垂直，打响指。

下肢：双腿打开，左腿屈膝，脚尖点地，右腿直立，重心放于右腿。

第一拍的动作如图 10-5-43 所示。

2. 第二拍

上肢：左臂叉腰，右臂屈臂抬起，掌心按于头顶，向左侧倒头。

下肢：右腿脚尖点地，重心放于左腿。

第二拍的动作如图 10-5-44 所示。

3. 第三、四拍

身体向右转。

上肢：右臂在上半身做绕胸动作，左臂自然下垂。

下肢：双腿屈膝半蹲。

第三、四拍的动作如图 10-5-45 所示。

4. 第五拍

上肢：左臂伸直，与地面平行，右小臂与地面垂直，大臂与地面平行，握拳。

下肢：左脚向左侧迈步，双腿打开。

第五拍的动作如图 10-5-46 所示。

5. 第六拍

上肢：前后震胸两下，右手向后砸两下。

下肢：左脚同上，右脚跟半步。

6. 第七、八拍

上肢：双臂微弯曲，握拳由右侧滑至左侧，放于头上。

下肢：左脚向前迈步，脚尖点地，双腿屈膝半蹲，重心放于右脚。

第七、八拍的动作如图 10-5-47 所示。

图 10-5-43　　　图 10-5-44　　　图 10-5-45　　　图 10-5-46　　　图 10-5-47

八、组合八

1. 第一拍

上肢：双臂伸直，五指打开，右臂与地面平行，左臂上举与地面垂直。

下肢：左脚向左侧迈步，双腿伸直，重心放于右脚，左脚尖点地。

第一拍的动作如图 10-5-48 所示。

2. 第二拍

上肢：右臂伸直高于头顶，左臂自然下垂。

下肢：双腿伸直，重心放于左腿，右脚脚尖点地。
第二拍的动作如图 10-5-49 所示。

3. 第三拍

上肢：双臂伸直，五指打开，高于头部。
下肢：右脚向前迈步，双腿交叉，脚尖点地。
第三拍的动作如图 10-5-50 所示。

4. 第三拍半

上肢：双手五指并拢，肘关节抬起，指尖按于肩膀。
下肢：左腿向左迈步，双脚脚尖点地。
第三拍半的动作如图 10-5-51 所示。

5. 第四拍

上肢：双臂滑下，放于身体两侧，掌心向下。
下肢：右脚向前迈步，双腿交叉，屈膝半蹲。
第四拍的动作如图 10-5-52 所示。

图 10-5-48　　　　图 10-5-49　　　　图 10-5-50　　　　图 10-5-51　　　　图 10-5-52

6. 第五拍

上肢：右臂伸直，掌心向下，左臂自然下垂，放于体后。
下肢：左脚向左侧迈步，双腿开立，身体向前微倾。
第五拍的动作如图 10-5-53 所示。

7. 第五拍半

上肢：双臂向前伸直，五指打开，掌心向下。
下肢：双腿保持开立。
第五拍半的动作如图 10-5-54 所示。

8. 第六拍

上肢：双臂握拳，收于胸前。
下肢：双腿保持开立。
第六拍的动作如图 10-5-55 所示。

9. 第七拍

上肢：双臂抬肘，指尖相对，掌心向上。

下肢：右腿屈膝，膝盖内扣，脚尖点地，左腿伸直，重心放于左腿。

第七拍的动作如图 10-5-56 所示。

10. 第八拍

身体转向右侧。

上肢：双臂交叉，放于胸前，低头。

下肢：收左腿，屈膝，脚尖点地，右腿直立。

第八拍的动作如图 10-5-57 所示。

图 10-5-53　　　图 10-5-54　　　图 10-5-55　　　图 10-5-56　　　图 10-5-57

九、结束部分

结束部分有两拍，如图 10-5-58 所示。

上肢：双臂伸直，放于体后，掌心向下。

下肢：左腿屈膝，脚尖点地，右腿直立。

图 10-5-58

第十一章

武 术

第一节 武术运动概述

一、武术运动简介

(一) 武术的概念

武术是以踢、打、摔、拿、击、刺等技术动作为素材，遵照攻守进退、动静疾徐、刚柔虚实等规律，组成套路，或在一定条件下遵照一定的规则，两人斗志较力，形成格斗，以此来增强体质、培养意志、训练格斗技能的体育运动。武术是中华民族在长期的生活与实践中积累和丰富起来的一项宝贵的文化遗产，是全世界人民喜爱的一项体育运动。

(二) 武术的分类

武术一般按其技术特点分为拳术、器械、对练、集体演练和格斗运动等五大类。

(三) 武术的特点

1. 动作具有攻防技击性

动作的攻防技击性是武术的本质特性。无论是何拳种，都是以踢、打、摔、拿、击、刺等为共同特点，并构成套路运动的主要内容。

2. 具有内外合一、形神兼备的运动特色

内外合一的整体运动观，是中国武术的一大特色。在技术上特别要求把内在的精气神与外部的形体动作紧密结合，做到手到眼到，形断意连，使意识、呼吸、动作协调一致。

3. 内容丰富多彩，具有广泛的适应性

武术的内容和练习形式丰富多样，不同类别的武术项目的练功方法、动作结构、技术要求、运动风格和运动负荷不尽相同。

（四）武术的作用

1. 壮内强外的健身作用

套路运动及搏斗运动的练习，有利于发展人体的速度、力量、灵敏、协调和耐力等素质，以及勇猛、顽强、坚韧不拔的意志。

2. 提高防身的能力

武术以技击动作为主要内容，通过练拳习武，可以提高人体的灵活性和对意外情况的应变自卫能力。

3. 培养道德情操

习武德为先，中华武术的传承发扬了中华民族重礼仪、讲道德的优秀传统。

4. 具有娱乐观赏性

武术运动具有很高的观赏价值，套路运动动迅静定的节奏美，踢、打、摔、拿、击结合的方法美，内外合一、形神兼备的和谐美，引人入胜。

二、武术运动的产生和发展

中华武术源远流长。在远古时代，人们为了生存，在狩猎、抵抗猛兽袭击及战争中逐渐形成了格斗与搏杀技能。随着社会的发展，部落间的战争频繁发生，人们不断总结格斗经验，代代传习，逐渐形成了独具民族特色的体育运动形式。

中华人民共和国成立后，党和国家领导人非常重视武术的发展。1956年，将武术列为全国性的竞赛项目；1979年发布了《关于挖掘整理武术遗产的通知》，组成专家挖掘整理出了许多传统内容，使武术的发展进入了一个崭新的阶段；1990年，北京亚运会将武术列为比赛项目，并成立了国际武术联合会。1994年，国际武术联合会正式成为国际单项体育联合会会员，这是武术发展史上的一个新的里程碑，它预示着独具民族特色的武术运动，正受到越来越多的国家和人民的青睐。

第二节 武术基本手型与步型练习

一、五步拳的动作

动作：预备姿势—拗弓步冲拳—弹踢冲拳—马步架打—歇步盖打—提膝仆步穿掌—虚步挑掌—收势。五步拳的动作如图 11-2-1 至图 11-2-10 所示。

图 11-2-1　　　　图 11-2-2　　　　图 11-2-3　　　　图 11-2-4　　　　图 11-2-5

图 11-2-6　　　　图 11-2-7　　　　图 11-2-8　　　　图 11-2-9　　　　图 11-2-10

（1）预备姿势。并步抱拳。

（2）拗弓步冲拳。左脚向左迈出一步，成弓步；同时，左手向左平搂并收回腰间抱拳，右拳向腰间冲拳成平拳，目视前方。

（3）弹踢冲拳、马步架打。重心前移，右腿向前弹踢；同时，左拳由腰间向前冲拳成平拳，右拳收回腰间，目视前方。右脚落地向左转体 90 度，两腿下蹲成马步；同时，左拳变掌，屈臂上架，右拳由腰间向右冲拳成平拳。头部右转，目视右前方。

（4）歇步盖打。左脚向右脚后插一步，同时，右拳变掌经头上向左下盖，掌外沿向前，身体左转 90 度，左掌收回腰间抱拳。目视右手。上体不动，两腿屈膝下蹲成歇步；同时，左拳向前冲出成平拳，右掌变拳收回腰间，目视左拳。

（5）提膝仆步穿掌。两腿起立，身体左转。随即左拳变掌，手心向下，右拳变掌，手心向上，由左手背上穿出。同时，左腿提膝，左手顺势收至右腋下。目视右手。左脚落地成仆步；左手掌指朝前沿左腿内侧穿出，目视左掌。

（6）虚步挑掌。左腿屈膝前弓，右脚蹬地向前上步，成右虚步；同时，左手向上、向后划弧成正勾手，略高于肩，右手由后向下、向前顺右腿外侧向上挑掌，掌指向上，高与肩平，目视前方。

（7）收势。两脚靠拢，并步抱拳。

五步拳结合五种步型、步法和三种手型编成组合。

二、五步拳的练习步骤

（1）先做分解动作。按要点进行反复练习。

（2）进行组合练习。练习时，强调眼随手、身随步、步随势换，逐渐做到手、眼、身、步法协调一致。

第三节 简化太极拳（二十四式）

一、动作分组

简化太极拳（二十四式）可分为八组动作。
第一组包括起势、左右野马分鬃、白鹤亮翅。
第二组包括左右搂膝拗步、手挥琵琶、左右倒卷肱。
第三组包括左揽雀尾、右揽雀尾。
第四组包括单鞭、云手、单鞭。
第五组包括高探马、右蹬脚、双峰贯耳、转身左蹬脚。
第六组包括左下势独立、右下势独立。
第七组包括左右穿梭、海底针、闪通臂。
第八组包括转身搬拦捶、如封似闭、十字手、收势。

二、每式动作及要点

（一）起势

（1）身体自然直立，两脚开立，与肩同宽，脚尖向前；两臂自然下垂，两手放在大腿外侧；眼向前平看。如图 11-3-1 与图 11-3-2 所示。

要点：头颈正直，下颌微向后收，不要故意挺胸或收腹。精神要集中（起势由立正姿势开始，然后左腿向左分开，成开立步）。

（2）两臂慢慢向前平举，两手高与肩平，与肩同宽，手心向下。如图 11-3-3 所示。

（3）上体保持正直，两腿屈膝下蹲；同时两掌轻轻下按，两肘下垂与两膝相对；眼平视前方。如图 11-3-4 所示。

图 11-3-1　　图 11-3-2　　图 11-3-3　　图 11-3-4

要点：两肩下沉，两肘松垂，手指自然微屈。屈膝松腰，臀部不可凸出，身体重心落于两腿中间。两臂下落和身体下蹲的动作要协调一致。

（二）左右野马分鬃

（1）上体微向右转，身体重心移至右腿上；同时右臂收在胸前平屈，手心向下，左手经体前向右下划弧放在右手下，手心向上，两手心相对成抱球状；左脚随即收到右脚内侧，脚尖点地；眼看右手。如图11-3-5至图11-3-6所示。

（2）上体微向左转，左脚向前方迈出，右脚跟后蹬，右腿自然伸直，成左弓步；同时上体继续向左转，左右手随转体慢慢分别向左上、右下分开，左手高与肩平（手心斜向上），肘微屈；右手落在右胯旁，肘也微屈，手心向下，指尖向前；眼看左手。如图11-3-7至图11-3-9所示。

图11-3-5　　图11-3-6　　图11-3-7　　图11-3-8　　图11-3-9

（3）上体慢慢后坐，身体重心移至右腿，左脚尖翘起，微向外撇，随后脚掌慢慢踏实，左腿慢慢前弓，身体左转，身体重心再移至左腿；同时左手翻转向下，左臂收在胸前平屈，右手向左上划弧放在左手下，两手心相对成抱球状；右脚随即收到左脚内侧，脚尖点地；眼看左手。如图11-3-10至图11-3-12所示。

（4）右腿向右前方迈出，左腿自然伸直，成右弓步；同时上体右转，左右手随转体分别慢慢向左下、右上分开，右手高与眼平，肘微屈；左手落在左胯旁，肘也微屈，手心向下，指尖向前；眼看右手。如图11-3-13至图11-3-14所示。

图11-3-10　　图11-3-11　　图11-3-12　　图11-3-13　　图11-3-14

（5）与（3）同，只是方向相反。如图11-3-15至图11-3-17所示。

（6）与（4）同，只是方向相反。如图11-3-18至图11-3-19所示。

要点：上体不可前俯后仰，胸部必须宽松舒展。两臂分开时要保持弧形。身体转动时要以腰为轴。弓步动作与分手的速度要均匀一致。做弓步时，迈出的脚先是脚跟着地，然后脚掌慢慢踏实，脚尖向前，膝盖不要超过脚尖；后脚自然伸直；前后脚夹角为45～60度；野马分鬃式的弓步，前后脚的脚跟要分在中轴线两侧，应该保持在10～30厘米。

图 11-3-15　　　　图 11-3-16　　　　图 11-3-17　　　　图 11-3-18　　　　图 11-3-19

（三）白鹤亮翅

（1）上体微向左转，左手翻掌向下，左臂平屈胸前，右手向左上划弧，手心转向上，与左手成抱球状；眼看左手。如图 11-3-20 所示。

（2）右脚跟进半步，上体后坐，身体重心移至右腿，上体先向右转，面向右前方，眼看右手；然后左脚稍向前移，脚尖点地，成左虚步，同时上体再微向左转，面向前方，两手随转体慢慢向右上、左下分开，右手上提停于右额前，手心向左后方，左手落于左胯前，手心向下，指尖向前；眼平看前方。如图 11-3-21 至图 11-3-22 所示。

图 11-3-20　　　　图 11-3-21　　　　图 11-3-22

要点：完成姿势胸部不要挺出，两臂上下都要保持半圆形，左膝要微屈。身体重心后移和右手上提、左手下按要协调一致。

（四）左右搂膝拗步

（1）右手从体前下落，由下向后上方划弧至右肩外侧，肘微屈，手与耳同高，手心斜向上；左手由左下向上、向右下方划弧至右胸前，手心斜向下；同时上体先向左再向右转；左脚收至右脚内侧，脚尖点地，眼看右手。如图 11-3-23 至图 11-3-25 所示。

（2）上体左转，左脚向前迈出成左弓步；同时右手屈回由耳侧向前推出，高与鼻尖平，左手向下由左膝前搂过落于左胯旁，指尖向前；眼看右手手指。如图 11-3-26 至图 11-3-27 所示。

（3）右腿慢慢屈膝，上体后坐，身体重心移至右腿，左脚尖翘起微向外撇，随后脚掌慢慢踏实，左腿前弓，身体左转，身体重心移至左腿，右手随转体向上、向左下划弧落于左胸前，手心斜向上；眼看左手。如图 11-3-28 至图 11-3-30 所示。

（4）与（2）同，只是方向相反。如图 11-3-31 至图 11-3-32 所示。

图 11-3-23　　　图 11-3-24　　　图 11-3-25　　　图 11-3-26　　　图 11-3-27

图 11-3-28　　　图 11-3-29　　　图 11-3-30　　　图 11-3-31　　　图 11-3-32

（5）与（3）同，只是方向相反。如图 11-3-33 至图 11-3-35 所示。

（6）与（2）同。如图 11-3-36 至图 11-3-37 所示。

图 11-3-33　　　图 11-3-34　　　图 11-3-35　　　图 11-3-36　　　图 11-3-37

要点：前手推出时，身体不可前俯后仰，要松腰松胯。推掌时沉肩垂肘，坐腕舒掌，同时须与松腰、弓腿上下协调一致。搂膝拗步成弓步时，两脚跟的横向距离约 30 厘米。

（五）手挥琵琶

右脚跟进半步，上体后坐，身体重心移至右腿上，上体半面向右转，左脚略提起稍向前移，变成左虚步，脚跟着地，脚尖翘起，膝部微屈；同时左手由左下向上跳举，高与鼻尖平，掌心向右，臂微屈；右手收回放在左臂肘部里侧，掌心向左；眼看左手食指。如图 11-3-38 至图 11-3-40 所示。

要点：身体要平稳自然，沉肩垂肘，胸部放松。左手上起时不要直向上挑，要由左向上、向前，微带弧形，右脚跟进时，脚掌先着地，再全脚踏实。身体重心后移和左手上起、右手回收要协调一致。

| 图 11-3-38 | 图 11-3-39 | 图 11-3-40 |

（六）左右倒卷肱

（1）上体右转，右手翻掌（手心向上）经腹前由下向后上方划弧平举，臂微屈，左手随即翻掌向上；眼的视线随着向右转体先向右看，再转向前方看左手。如图 11-3-41 至图 11-3-42 所示。

（2）右臂屈肘折向前，右手由耳侧向前推出，手心向前，左臂屈肘后撤，手心向上，撤至左肋外侧；同时左腿轻轻提起向后退一步，脚掌先着地，然后全脚慢慢踏实，身体重心移至左腿，成右虚步，右脚随转体以脚掌为轴扭正；眼看右手。如图 11-3-43 至图 11-3-44 所示。

| 图 11-3-41 | 图 11-3-42 | 图 11-3-43 | 图 11-3-44 |

（3）上体微向左转，同时左手随转体向上方划弧平举。手心向上，右手随即翻掌，掌心向上；眼随转体先向左看，再转向前方看右手。如图 11-3-45 所示。

（4）与（2）同，只是方向相反。如图 11-3-46 至图 11-3-47 所示。

（5）与（3）同，只是方向相反。如图 11-3-48 所示。

（6）与（2）同。如图 11-3-49 至图 11-3-50 所示。

| 图 11-3-45 | 图 11-3-46 | 图 11-3-47 |

（7）与（3）同。如图 11-3-51 所示。

（8）与（2）同，只是方向相反。如图 11-3-52 至图 11-3-53 所示。

图 11-3-48　　　　　图 11-3-49　　　　　图 11-3-50

要点：前推的手不要伸直，后撤手也不可直向回轴，随转体仍走弧线。前推时，要转腰松胯，两手的速度要一致，避免僵硬。退步时，脚掌先着地，再慢慢全脚踏实，同时，前脚随转体以脚掌为轴扭正。退左脚略向左后斜，退右脚略向右后斜，避免使两脚落在一条直线上。后退时，眼神随转体动作先向左右看，然后再转看前手。最后退右脚时，脚尖外撤的角度略大些，便于接下来做"左揽雀尾"的动作。

图 11-3-51　　　　　图 11-3-52　　　　　图 11-3-53

（七）左揽雀尾

（1）上体微向右转，同时右手随转体向后上方划弧平举，手心向上，左手放松，手心向下；眼看左手。如图 11-3-54 所示。

（2）身体继续向右转，左手自然下落翻掌经腹前划弧至右肋前，手心向上；右臂屈肘，手心转向下，收至右胸前，两手相对成抱球状；同时身体重心落在右腿上，左脚收至右脚内侧，脚尖点地；眼看右手。如图 11-3-55 至图 11-3-56 所示。

（3）上体微向左转，左脚向左前方迈出，上体继续向左转，右腿自然蹬直，左腿屈膝，成左弓步；同时左臂向左前方推出（即左臂平屈成弓形，用前臂外侧和手背向前方推出），高与肩平，手心向后；右手向右下落于右胯旁，手心向下，指尖向前；眼看左前臂。如图 11-3-57 至图 11-3-58 所示。

图 11-3-54　　　图 11-3-55　　　图 11-3-56　　　图 11-3-57　　　图 11-3-58

要点：出时，两臂前后均保持弧形。分手、松腰、弓腿三者必须协调一致。揽雀尾弓步时，两脚跟横向距离不超过10厘米。

（4）身体微向左转，左手随即前伸翻掌向下，右手翻掌向上，经腹前向上向前伸至左前臂下方；然后两手下捋，即上体向右转，两手经腹前向右后上方划弧，直至右手手心向上，高与肩齐，左臂平屈于胸前，手心向后；同时身体重心移至右腿，眼看右手。如图11-3-59至图11-3-60所示。

要点：下捋时，上体不可前倾，臀部不要凸出。两臂下捋须随腰旋转，仍走弧线。左脚全掌着地。

（5）上体微向左转，右臂屈肘折回，右手附于左手腕里侧，上体继续向左转，双手同时向前慢慢挤出，左手心向后，右手心向前，左前臂要保持半圆；同时身体重心逐渐前移变成左弓步；眼看左手腕部。如图11-3-61至图11-3-62所示。

图11-3-59　　　图11-3-60　　　图11-3-61　　　图11-3-62

要点：向前挤时，上体要正直。挤的动作要与松腰、弓腿相一致。

（6）左手翻掌，手心向下，右手经左腕上方向前、向右伸出，高与左手齐，手心向下，两手左右分开，宽与肩同；然后右腿屈膝，上体慢慢后坐，身体重心移至右腿上，左脚尖翘起；同时两手屈肘回收至腹前，手心均向前下方；眼向前平看。如图11-3-63至图11-3-65所示。

（7）上式不停，身体重心慢慢前移，同时两手向前、向上按出，掌心向前；左腿前弓成左弓步；眼平看前方。如图11-3-66所示。

图11-3-63　　　图11-3-64　　　图11-3-65　　　图11-3-66

要点：向前按时，两手须走曲线，手腕部高与肩平，两肘微屈。

（八）右揽雀尾

（1）上体后坐并向右转，身体重心移至右腿，左脚尖里扣；右手向右平行划弧至右侧，然后由右下经腹前向左上方划弧至左肋前，手心向上；左臂平屈胸前，左手掌向下与右手成抱球状；同时身体重心再移至左腿，右脚收至左脚内侧，脚尖点地；眼看左手。如图 11-3-67 至图 11-3-70 所示。

图 11-3-67　　　　图 11-3-68　　　　图 11-3-69　　　　图 11-3-70

（2）同"左揽雀尾"（3），只是方向相反。如图 11-3-71 至图 11-3-72 所示。
（3）同"左揽雀尾"（4），只是方向相反。如图 11-3-73 至图 11-3-74 所示。
（4）同"左揽雀尾"（5），只是方向相反。如图 11-3-75 至图 11-3-76 所示。

图 11-3-71　　　　图 11-3-72　　　　图 11-3-73

图 11-3-74　　　　图 11-3-75　　　　图 11-3-76

（5）同"左揽雀尾"（6），只是方向相反。如图 11-3-77 至图 11-3-79 所示。
（6）同"左揽雀尾"（7），只是方向相反。如图 11-3-80 所示。

图 11-3-77　　　　图 11-3-78　　　　图 11-3-79　　　　图 11-3-80

要点：均与"左揽雀尾"相同，只是方向相反。

（九）单鞭

（1）上体后坐，身体重心逐渐移至左脚上，右脚尖里扣；同时上体左转，两手（左高右低）向左弧形运转，直至左臂平举，伸于身体左侧，手心向左，右手经腹前运至左肋前，手心向上；眼看左手。如图 11-3-81 至图 11-3-82 所示。

（2）身体重心移至右腿，上体右转，左脚向右脚靠拢，脚尖点地；同时右手向右上方划弧（手心由里转向外），至右侧方时变勾手，臂与肩平；左手向下经腹前向右上划弧停于右肩前，手心向里；眼看左手。如图 11-3-83 至图 11-3-84 所示。

图 11-3-81　　　　　图 11-3-82　　　　　图 11-3-83

（3）上体微向左转，左脚向左前侧方迈出，右脚跟后蹬，成左弓步；在身体重心移向左腿的同时，左掌随上体的继续左转慢慢翻转向前推出，手心向前，手指与眼齐平，臂微屈；眼看左手。如图 11-3-85 至图 11-3-86 所示。

图 11-3-84　　　　　图 11-3-85　　　　　图 11-3-86

要点：上体保持正直，松腰。完成式时，右臂肘部稍下垂，左肘与左膝上下相对，两肩下沉。左手向外翻掌前推时，要随转提边翻边推出，不要翻掌太快或最后突然翻掌。全部过渡动作，上下要协调一致。如面向南起势，单鞭的方向（左脚尖）应向东偏北（大约为 15 度）。

（十）云手

（1）身体重心移至右腿，身体渐向右转，左脚尖里扣；左手经腹前向右上划弧至右肩前，手心斜向后，同时右手变掌，手心向右前；眼看左手。如图 11-3-87 至图 11-3-89 所示。

（2）上体慢慢左转，身体重心随之逐渐左移；左手由脸前向左侧运转，手心逐渐转向左方；右手由右下经腹前向左上划弧，至左肩前，手心斜向后；同时右脚靠近左脚，成小开立步；眼看右手。如图 11-3-90 至图 11-3-91 所示。

图 11-3-87　　　图 11-3-88　　　图 11-3-89　　　图 11-3-90　　　图 11-3-91

（3）上体再向右转，同时左手经腹前向右上划弧至右肩前，手心斜向后；右手向右侧运转，手心翻转向右；随之左脚向左横跨一步；眼看左手。如图 11-3-92 至图 11-3-94 所示。

图 11-3-92　　　图 11-3-93　　　图 11-3-94

（4）同（2）。如图 11-3-95 至图 11-3-96 所示。
（5）同（3）。如图 11-3-97 至图 11-3-99 所示。

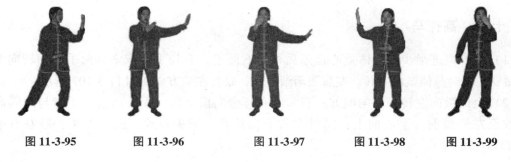

图 11-3-95　　　图 11-3-96　　　图 11-3-97　　　图 11-3-98　　　图 11-3-99

（6）同（2）。如图 11-3-100 至图 11-3-101 所示。

图 11-3-100　　　图 11-3-101

要点：身体转动要以腰脊为轴，松腰、松胯，不可忽高忽低。两臂随腰的转动而运转，要自然圆活，速度要缓慢均匀。下肢移动时，身体重心要稳定，两脚掌先着地再踏实，脚尖向前。眼的视线随左右手而移动。第三个"云手"，右脚最后跟步时，脚尖微向里扣，便于接下来的"单鞭"动作。

（十一）单鞭

（1）上体向右转，右手随之向右运转，至右侧方变成勾手；左手经腹前向右上划弧至右肩前，手心向内；身体重心落在右腿上，左脚尖点地；眼看左手。如图 11-3-102 至图 11-3-104 所示。

（2）上体微向左转，左脚向左前方迈出，右脚跟后蹬，成左弓步；在身体重心移向左腿的同时，上体继续左转，左掌慢慢慢翻转向前推出，成单鞭式。如图 11-3-105 至图 11-3-106 所示。

要点：与前"单鞭"式相同。

图 11-3-102　　　图 11-3-103　　　图 11-3-104　　　图 11-3-105　　　图 11-3-106

（十二）高探马

（1）右脚跟进半步，身体重心逐渐后移至右腿上；右勾手变成掌，两手心翻转向上，两肘微屈；同时身体微向右转。左脚跟渐渐离地；眼看左前方。如图 11-3-107 所示。

（2）上体微向左转，面向前方；右掌经右耳旁向前推出，手心向前，手指与眼同高；左手收至左侧腰前，手心向上；同时左脚微向前移，脚尖点地，成左虚步；眼看右手。如图 11-3-108 所示。

图 11-3-107　　　图 11-3-108

要点：上体自然正直，双肩要下沉，右肘微下垂。跟步移换重心时，身体不要有起伏。

（十三）右蹬脚

（1）左手手心向上，前伸至右手腕背面，两手相互交叉，随即向两侧分开并向下划弧，手心斜向下；同时左脚提起向左前方进步；身体重心前移，右脚自然蹬直，成左弓步；眼看前方。如图 11-3-109 至图 11-3-111 所示。

图 11-3-109　　　　图 11-3-110　　　　图 11-3-111

（2）两手由外圈向里圈划弧，两手交叉合抱于胸前，右手在外，手心均向后；同时右脚向左脚靠拢，脚尖点地；眼平看右前方。如图 11-3-112 所示。

（3）两臂左右划弧分开平举，肘部微屈，手心均向外；同时右腿屈膝提起，右脚向右前方慢慢蹬出；眼看右手。如图 11-3-113 至图 11-3-114 所示。

图 11-3-112　　　　图 11-3-113　　　　图 11-3-114

要点：身体要稳定，不可前俯后仰。两手分开时，腕部与肩齐平。蹬脚时，左腿微屈，右脚尖回勾，劲使在脚跟。分手和蹬脚须协调一致。右臂和右腿上下相对。如面向南起势，蹬脚方向应为正东偏南（约 30 度）。

（十四）双峰贯耳

（1）右腿收回，屈膝平举，左手由后向上、向前下落至体前，两手心均翻转向上，两手同时由后向下划弧分落于右膝盖两侧；眼看前方。如图 11-3-115 至图 11-3-116 所示。

（2）右脚向右前方落下，身体重心渐渐前移，成右弓步，面向右前方；同时两手下落，慢慢变拳，分别从两侧向上、向前划弧至面部前方，成钳形状，两拳相对，高与耳齐，拳眼都斜向内侧；眼看右拳。如图 11-3-117 至图 11-3-118 所示。

要点：完成式时，头颈正直，松腰松胯，两拳松握，沉肩垂肘，两臂均保持弧形，双峰贯耳式的弓步和身体方向与右蹬脚方向相同。弓步的两脚跟横向距离同"揽雀尾"式。

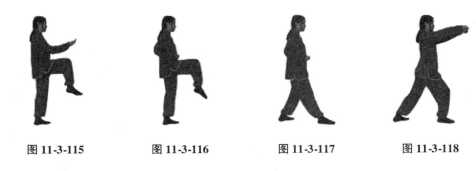

图 11-3-115　　　　图 11-3-116　　　　图 11-3-117　　　　图 11-3-118

（十五）转身左蹬脚

（1）左脚屈膝后坐，身体重心移至左腿，上体左转，右脚尖里扣；同时两拳变掌，由上向左、右划弧分开平举，手心向前；眼看左手。如图 11-3-119 至图 11-3-120 所示。

（2）身体重心再移至右腿，左脚收至右脚内侧，脚尖点地；同时两手由外圈向里圈划弧合抱于胸前，左手在外，手心均向后；眼平看左方。如图 11-3-121 至图 11-3-122 所示。

图 11-3-119　　　　图 11-3-120　　　　图 11-3-121

（3）两臂左右划弧分开平举，肘部微屈，手心均向外；同时左腿屈膝提起，左脚向左前方慢慢蹬出；眼看左手。如图 11-3-123 至图 11-3-124 所示。

要点：与"右蹬脚"式相同，只是方向相反。左蹬脚方向与右蹬脚成 180 度（即正西偏北，约 30 度）。

图 11-3-122　　　　图 11-3-123　　　　图 11-3-124

（十六）左下势独立

（1）左腿收回平屈，上体右转；右掌变成勾手，左掌向上、向右划弧下落，立于右肩前，掌心斜向后；眼看右手。如图 11-3-125 至图 11-3-126 所示。

(2)右腿慢慢屈膝下蹲,左腿有内向左侧伸出,成左仆步;左手下落向左下顺左腿内侧向前穿出;眼看左手。如图 11-3-127 至图 11-3-128 所示。

要点:右腿全蹲时,上体不可过于前倾。左腿伸直,左脚尖须向里扣,两脚脚掌全部着地。左脚尖与右脚跟踏在中轴线上。

图 11-3-125　　　　图 11-3-126　　　　图 11-3-127　　　　图 11-3-128

(3)身体重心前移,左脚跟为轴,脚尖尽量向外撇,左腿前弓,右腿后蹬,右脚尖里扣,上体微向左转并向前起身;同时左臂继续向前伸出,掌心向右,右勾手下落,勾尖向后;眼看左手。如图 11-3-129 所示。

(4)右腿慢慢提起平屈,成左独立式;同时右勾手变掌,并由后下方顺右腿外侧向前弧形摆出,屈臂立于右腿上方,肘与膝相对,手心向左;左手落于左胯旁,手心向下,指尖向前;眼看右手。如图 11-3-130 至图 11-3-131 所示。

图 11-3-129　　　　图 11-3-130　　　　图 11-3-131

要点:上体要正直,独立的腿要微屈,右腿提起时脚尖自然下垂。

(十七) 右下势独立

(1)右脚下落于左脚前,脚掌着地,然后左脚前脚掌为轴脚跟转动,身体随之转动,同时左手向后平举变成勾手,右掌随着转体向左侧划弧,立于左肩前,掌心斜向后;眼看左手。如图 11-3-132 至图 11-3-133 所示。

(2)同"左下势独立"(2),只是方向相反。如图 11-3-134 至图 11-3-135 所示。

(3)同"左下势独立"(3),只是方向相反。如图 11-3-136 所示。

(4)同"左下势独立"(4),只是方向相反。如图 11-3-137 至图 11-3-138 所示。

要点:右脚尖触地后必须稍微提起,然后再向下仆腿。其他均与"左下势独立"相同,只是方向相反。

图 11-3-132　　　图 11-3-133　　　图 11-3-134　　　图 11-3-135

图 11-3-136　　　图 11-3-137　　　图 11-3-138

（十八）左右穿梭

（1）身体微向左转，左脚向前落地，脚尖外撇，右脚跟离地，两腿屈膝成半坐盘式；同时两手在左胸前抱成球状（左上右下）；然后右脚收至左脚的内侧，脚尖点地；眼看左前臂。如图 11-3-139 至图 11-3-141 所示。

图 11-3-139　　　图 11-3-140　　　图 11-3-141

（2）身体右转，右脚向右前方迈出，屈膝弓腿，成右弓步；同时右手由脸前向上举翻掌停在右额前，手心斜向上；左手先向左下再经体前向前推出，高与鼻尖平，手心向前；眼看左手。如图 11-3-142 至图 11-3-144 所示。

图 11-3-142　　　图 11-3-143　　　图 11-3-144

(3) 身体重心略向后移，右脚尖向外撇，随即身体重心再移至右腿，左脚跟进，停于右脚内侧，脚尖点地；同时两手在右胸前成抱球状；眼看右前臂。如图 11-3-145 至图 11-3-146 所示。

(4) 同（2），只是方向相反。如图 11-3-147 至图 11-3-149 所示。

图 11-3-145　　　图 11-3-146　　　图 11-3-147　　　图 11-3-148　　　图 11-3-149

要点：完成姿势面斜向前方（如面向南起势，左右穿梭方向分别为正西偏北和正西偏南，均约 30 度）。手推出后，上体不可前俯。手向上举时，防止引肩上耸。一手上举一手前推要与弓腿松腰上下协调一致。做弓步时，两脚跟的横向距离同搂膝拗步式，保持在 30 厘米左右。

（十九）海底针

右脚向前跟进半步，身体重心移至右腿，左脚稍向前移，脚尖点地，成左虚步；同时身体稍向右转，右手下落经体前向后、向上提抽至肩上耳旁，再随身体左转，由右耳旁斜向前下方插出，掌心向左，指尖斜向下；与此同时，左手向前、向下划弧落于左胯旁，手心向下，指尖向前；眼看前下方。如图 11-3-150 至图 11-3-151 所示。

图 11-3-150　　　图 11-3-151

要点：身体要先向右转，再向左转。完成姿势，面向正西。上体不可太前倾。避免低头和臀部外凸。左腿要微屈。

（二十）闪通臂

上体稍向右转，左脚向前迈出，屈膝弓腿成左弓步；同时右手由体前上提，屈臂上举，停于右额前上方，掌心翻转斜向上，拇指朝下；左手上举经胸前向前推出，高与鼻尖平，手心向前；眼看左手。如图 11-3-152 至图 11-3-154 所示。

图 11-3-152　　　　图 11-3-153　　　　图 11-3-154

要点：完成姿势上体自然正直，松腰、松胯；右臂不要完全伸直，背部肌肉要伸展开。推掌、举掌和弓腿动作要协调一致。弓步时，两脚跟横向距离同"揽雀尾"式（不超过 10 cm）。

（二十一）转身搬拦捶

（1）上体后坐，身体重心移至右腿，左脚尖里扣，身体向右后转，然后身体重心再移至左腿上；与此同时，右手随着转体向右、向下（变拳）经腹前划弧至左肋旁，掌心向下；左掌上举与头前，掌心斜向上；眼看前方。如图 11-3-155 至图 11-3-156 所示。

（2）向右转体，右拳经胸前向前翻转撇出，拳心向上；左手落于左胯旁，掌心向下，指尖向前；同时右脚收回后即向前迈出，脚尖外撇；眼看右拳。如图 11-3-157 至图 11-3-158 所示。

图 11-3-155　　　图 11-3-156　　　图 11-3-157　　　图 11-3-158

（3）身体重心移至右腿，左脚向前迈出一步；左手上起，经左侧向前上划弧拦出，掌心向前下方；同时右拳向右划弧收到右腰旁，拳心向上；眼看左手。如图 11-3-159 至图 11-3-160 所示。

（4）左腿前弓成左弓步，同时右拳向前打出，拳眼向上，高与胸平，左手附于右前臂里侧；眼看右拳。如图 11-3-161 所示。

图 11-3-159　　　　图 11-3-160　　　　图 11-3-161

要点：右拳不要握得太紧。右拳回收时，前臂要慢慢内旋划弧，然后再外旋停于右腰旁，拳心向上。向前打拳时，右肩随拳略向前引伸，沉肩垂肘，右臂要微屈。弓步时，两脚横向距离同"揽雀尾"式。

（二十二）如封似闭

（1）左手由右腕下向前伸出，右拳变掌，两手手心逐渐翻转向上并慢慢分开收回；同时身体后坐，左脚尖翘起，身体重心移至右腿；眼看前方。如图 11-3-162 至图 11-3-164 所示）。

图 11-3-162　　　　　图 11-3-163　　　　　图 11-3-164

（2）两手在胸前翻掌，向下经腹前再向上、向前推出，腕部与肩平，手心向前；同时左腿前弓成左弓步；眼看前方。如图 11-3-165 至图 11-3-167 所示。

图 11-3-165　　　　　图 11-3-166　　　　　图 11-3-167

要点：身体后坐时，避免后仰，臀部不可凸出。两臂随身体回收时，肩、肘部略向外松开，不要直着抽回。两手推出宽度不要超过两肩。

（二十三）十字手

（1）屈膝后坐，身体重心移向右腿，左脚尖里扣，向右转体；右手随着转体动作向右平摆划弧，与左手成两臂侧平举，掌心向前，肘部微屈；同时右脚尖随着转体稍向外撇，成右侧弓步；眼看右手。如图 11-3-168 至图 11-3-169 所示。

（2）身体重心慢慢移至左腿，右脚尖里扣，随即向左收回，两脚距离与肩同宽，两腿逐渐蹬直，成开立步，同时两手向下经腹前向上划弧交叉抱于胸前，两臂撑圆，腕高与肩平，右手在外，成十字手，手心均向后；眼看前方。如图 11-3-170 至图 11-3-171 所示。

要点：两手分开和合抱时，上体不要前俯。站起后，身体自然正直，头要微向上顶，下颚稍向后收。两臂环抱时须圆满舒适，沉肩垂肘。

图 11-3-168　　　　图 11-3-169　　　　图 11-3-170　　　　图 11-3-171

（二十四）收势

两手翻掌，手心向下，两臂下落于身体两侧；看前方。如图 11-3-172 至图 11-3-174 所示。

图 11-3-172　　　　图 11-3-173　　　　图 11-3-174

要点：两手左右分开下落时，要注意全身放松，同时气也徐徐下沉（呼气略加长）。呼吸平稳后，把左脚收到右脚旁，再走动休息。

第四节　初级刀术

一、动作名称

（1）预备式。

（2）第一段依次分为弓步缠头、虚步藏刀、弓步前刺、并步上挑、左抡劈、右抡劈、弓步撩刀、弓步藏刀等动作。

（3）第二段依次分为提膝缠头、弓步平斩、仆步带刀、歇步下砍、左劈刀、右劈刀、歇步按刀、马步平劈等动作。

（4）第三段依次分为弓步撩刀、插步反撩、转身挂劈、仆步下砍、架刀前刺、左斜劈、右斜劈、虚步藏刀等动作。

（5）第四段依次分为旋转扫刀、翻身劈刀、缠头箭踢、仆步按刀、缠头蹬踢、虚步藏刀、弓步缠头、并步抱刀等动作。

（6）结束动作。

二、预备式动作要领和重点

动作要领：

并步站立，左手抱刀，右手贴于右胯侧。左手向上提刀，刀背贴靠于前臂内侧，右手按掌至右腰侧，摆头目视左侧。右手向右上方绕环上举至左腋下，两手交叉向前上方穿出，右手经胸前上举至头顶，抖腕亮掌，同时左手抱刀至左腰侧，成左虚步，目视左侧。如图 11-4-1 至图 11-4-8 所示。

图 11-4-1　　　　图 11-4-2　　　　图 11-4-3　　　　图 11-4-4

图 11-4-5　　　　图 11-4-6　　　　图 11-4-7　　　　图 11-4-8

要点：上述四个分解动作必须连贯起来做，不要中断。成虚步时，必须虚实分清。要挺胸、塌腰。上半步、进一步和并步的动作，必须和两臂从后向额前上方绕环的动作协调一致。

三、第一段动作要领、易犯错误、纠正方法和要点

（一）弓步缠头

动作要领：

左脚向左侧开步，成左弓步，右手持刀经左肩缠头绕至左腰侧。左臂屈肘上举，至头顶上方成横掌，目向前方。如图 11-4-9 至图 11-4-10 所示。

图 11-4-9　　　　图 11-4-10

易犯错误：缠头时刀背未贴背绕行；速度缓慢。

纠正方法：刀贴紧背绕行，快速完成。

要点：缠头时，刀背必须贴着脊背绕行。扫刀时，刀身必须平行，迅速有力。

（二）虚步藏刀

动作要领：

上身右转，右手持刀做裹脑刀，左手平伸左侧，收于右腋下，右手持刀顺势带刀于右腰侧后方，左手向前推出，左脚收回成左虚步。目视左掌。如图11-4-11至图11-4-14所示。

图 11-4-11　　　　　图 11-4-12　　　　　图 11-4-13　　　　　图 11-4-14

易犯错误：刀背未贴靠肩背，藏刀时松腕。

纠正方法：刀背要贴背绕行，扣腕。

要点：以上四个分解动作，必须连贯起来做。扫刀要平，绕刀要使刀背贴靠脊背。

（三）弓步前刺

图 11-4-15

动作要领：

左脚稍前移踏实，右脚上步成右弓步，左掌变勾手向上、向后直臂弧形绕环，至身后平举；右手持刀前刺，刀尖朝前。目视刀尖。如图11-4-15所示。

易犯错误：前刺刀无力。

纠正方法：右脚蹬地，以腰摧力。

要点：刀尖和右手、右肩要平行，上身略向前探。

（四）并步上挑

动作要领：

左脚不动，右脚回收至左脚处。右手持刀向上挑起，刀背贴靠背脊；左勾手侧平举，与肩同高。目视前方。如图11-4-16所示。

易犯错误：含胸，弯腰。刀尖未贴背。

纠正方法：挺胸抬头，刀背贴靠脊背。

要点：要挺胸、直背。两腿伸直，左臂伸平，右肘微屈。

图 11-4-16

（五）左抡劈

动作要领：

左脚不动，右脚向左前方上步，右手向左斜前方劈下，刀尖向上翘，同时左脚向左斜前方上步成左弓步，左臂上举至头顶上方成横掌。目视刀尖。如图 11-4-17 至图 11-4-20 所示。

图 11-4-17　　　　　图 11-4-18　　　　　图 11-4-19　　　　　图 11-4-20

易犯错误：劈刀与上步不协调。
纠正方法：劈刀与上步要同时进行。
要点：抡劈动作必须连贯、有力，与步法配合一致。

（六）右抡劈

动作要领：

重心后移至右腿，左脚向右斜前方上步。左掌向左侧下方绕环，右脚向右斜前方上步，成右弓步。同时右手持刀经上向左斜前方劈下，刀尖稍向上翘；左掌弧形绕环至头顶上方成横掌。如图 11-4-21 至图 11-4-24 所示。

图 11-4-21　　　　　图 11-4-22　　　　　图 11-4-23　　　　　图 11-4-24

易犯错误：上步时走直线，未绕行。
纠正方法：劈刀与上步要走弧形绕步。
要点：同上述左抡劈。

（七）弓步撩刀

动作要领：

右手持刀，臂外旋屈肘使刀刃朝上，右脚提起离地，随即向前落步。右手弧形绕下，左掌按于刀背；左脚上步成左弓步。右手持刀向前撩起，刀尖斜朝下；上身前倾，目视刀尖。如图 11-4-25 至图 11-4-27 所示。

图 11-4-25　　　　　图 11-4-26　　　　　图 11-4-27

易犯错误：撩刀动作与步法不协调一致，身体过于直正。
纠正方法：刀随身起，刀随身行，力达刀刃前部。
要点：撩刀必须与步法协调一致。

（八）弓步藏刀

动作要领：

上身右转，右脚向身后撤步同时右手持刀做裹脑动作，收于右胯侧，同时左脚退步成右弓步，左掌向前直推。手高与眉平齐，目视左前方。如图 11-4-28 至图 11-4-31 所示。

图 11-4-28　　　　图 11-4-29　　　　图 11-4-30　　　　图 11-4-31

易犯错误：裹脑时刀背没有贴背，左手推掌与摆头不一致。
纠正方法：左脚向右后撤步与裹脑刀同时进行，推手与裹脑收刀要协调一致。
要点：扫刀必须迅速。藏刀时右大腿要坐平，右手持刀使刀身贴近右腿，刀尖藏于膝旁。左腿挺直，两脚脚跟和脚外侧均不可离地掀起。

四、第二段动作要领、易犯错误、纠正方法和要点

（一）提膝缠头

动作要领：

左脚上步、右脚提膝同时做缠头动作，左手上举至头顶成横掌，目视右前方。如图 11-4-32 至图 11-4-34 所示。

图 11-4-32　　　　　图 11-4-33　　　　　图 11-4-34

易犯错误：支撑腿弯曲，提膝脚尖未绷直，手脚配合不协调。

纠正方法：上步单腿提膝练习，缠头刀练习，上下肢结合练习。

要点：直立之腿，膝部必须挺直；提膝之腿，膝部尽量高提，脚底贴近裆前。上身正直，右臂稍离胸前，不要紧贴胸上。

（二）弓步平斩

动作要领：

左脚上步、右脚提膝同时做缠头动作，左手上举至头顶成横掌，目视右前方。如图 11-4-35 所示。

易犯错误：支撑腿弯曲，提膝脚尖未绷直，手脚配合不协调。

纠正方法：上步单腿提膝练习，缠头刀练习，上下肢结合练习。

要点：斩击时刀身要平，刀尖与腕部、肩部要平行。

图 11-4-35

（三）仆步带刀

图 11-4-36

动作要领：

右手持刀臂外旋使刀刃朝上，向左屈肘带回，同时左腿屈膝全蹲，成右仆步。左掌同时屈肘附于刀把内侧，拇指一侧朝下。目视右前方如图 11-4-36 所示。

易犯错误：仆步时右脚尖易外撇，身体后仰。

纠正方法：两脚掌着地，右脚尖内扣，身体微前倾。

要点：翻刀、后带动作必须连贯。仆步时，脚外侧和脚跟均不可离地掀起，上身稍向左侧倾斜。

（四）歇步下砍

动作要领：

右手持刀，经右肩外侧做裹脑刀，向右前方斜砍；左脚插步成歇步，左掌随之向左上方摆成横掌。目视刀身。如图 11-4-37 至图 11-4-39 所示。

易犯错误：下砍时易松腕。

纠正方法：右手持刀下砍时力达刀身后段，手腕握紧。

要点：上述分解动作，必须连贯起来做。下砍时，刀的着力点是刀身的后段。

图 11-4-37　　　　　图 11-4-38　　　　　图 11-4-39

（五）左劈刀

动作要领：

身体起立，向左后转一周，同时右手持刀，做缠头刀，左脚向左斜前方上步成右虚步，右手持刀向左侧做抡劈。左掌附于右小臂处。目随刀视。如图 11-4-40 至图 11-4-43 所示。

图 11-4-40　　　　图 11-4-41　　　　图 11-4-42　　　　图 11-4-43

易犯错误：上步与下劈刀动作不协调。

纠正方法：劈刀与上步要同时、一致。

要点：转身、绕背、下劈的动作必须迅速、连贯。

（六）右劈刀

动作要领：

左脚上步。右手持刀做右抡劈，左掌随之附于右腕处。如图 11-4-44 至图 11-4-45 所示。

易犯错误：劈刀时刀尖易触地。

纠正方法：抡劈刀时右手持刀扣腕。

要点：劈刀必须快速有力。

（七）歇步按刀

动作要领：

左脚上步，右脚经身后向左侧插步成左歇步，同时右手持刀绕环向左侧下按，左手附于刀背，刀尖朝身后。目视刀身。如图 11-4-46 至图 11-4-48 所示。

图 11-4-44　　　图 11-4-45　　　图 11-4-46　　　图 11-4-47　　　图 11-4-48

易犯错误：刀刃易触地，上体太直。
纠正方法：在按刀时微翘腕，上体含胸略前倾。
要点：插步、歇步、绕刀、按刀的动作，必须快速、连贯。

（八）马步平劈

动作要领：
　　上身向右后转180度成马步，同时右手持刀经左经头顶划弧向右劈下，刀尖向上；左掌在头顶上方屈肘成横掌。目视刀尖。如图11-4-49至图11-4-50所示。

图 11-4-49　　　　　　图 11-4-50

易犯错误：成马步时，两脚尖向外撇，大腿没有蹲平。
纠正方法：马步时，脚尖里扣，大腿蹲平。
要点：转身、劈刀要快。成马步时，两脚尖要向里扣，大腿要坐平。

五、第三段动作要领、易犯错误、纠正方法和要点

（一）弓步撩刀

动作要领：
　　左掌绕环至右肩经左胸向前、向后绕环上举，右脚向左上步，成右弓步。同时右手持刀向前撩起，刀刃斜朝上，刀尖斜朝下，目视刀尖。如图11-4-51至图11-4-52所示。
易犯错误：左右手不协调，撩刀不贴身。
纠正方法：以左手带右手，贴身向前撩起，力达刀刃前部。
要点：上步与撩刀必须同时进行。

（二）插步反撩

动作要领：

上身左转成左弓步，右手持刀经体前向左、向后绕环反撩，刀刃朝上，随即左掌向左侧成横掌推出。目视刀尖。如图 11-4-53 至图 11-4-54 所示。

图 11-4-51　　　　　图 11-4-52　　　　　图 11-4-53　　　　　图 11-4-54

易犯错误：插步与反撩刀不能同时完成。

纠正方法：插步与反撩刀要协调地同时完成。

要点：上述的分解动作必须连贯，插步反撩时上身略向前俯。

（三）转身挂劈

动作要领：

以两脚掌为轴碾地，身体向左后翻转。右手持刀做挂劈刀。右脚上步，右手经体前向后挂刀，左掌附于右腕。右脚向右跨步，右腿伸直，左腿提膝，上身右倾，右手持刀经上向右用力下劈，刀尖上翘，左掌上举至头顶成横掌，目视刀尖。如图 11-4-55 至图 11-4-58 所示。

图 11-4-55　　　　　图 11-4-56　　　　　图 11-4-57　　　　　图 11-4-58

易犯错误：挂刀和劈刀的动作不连贯，重心不稳。

纠正方法：挂刀和劈刀的动作须连贯完成，独立脚五指抓紧。

要点：挂刀时，必须反屈腕，防止刀尖扎地。挂刀和劈刀的动作要连贯起来。提膝独立要站稳。

（四）仆步下砍

动作要领：

左脚向左侧落步，成右仆步。右手持刀做裹脑向右前下方平砍；左掌同时屈肘举于头顶上方成横掌。目视刀身。如图11-4-59至图11-4-60所示。

易犯错误：右仆步与平砍刀动作不一致。

纠正方法：仆步与下砍刀同时完成。

要点：平砍时，刀的着力点是刀身后段。

（五）架刀前刺

动作要领：

左腿向前上步，身体右转一周，右手持刀内旋向上横架；同时左掌附于右手腕上。以左脚掌为轴碾地，右腿提起，右手持刀向前直刺，同时左掌向左后方平伸。目视刀尖。如图11-4-61至图11-4-63所示。

图11-4-59　　　图11-4-60　　　图11-4-61　　　图11-4-62　　　图11-4-63

易犯错误：进步架刀、提膝转身、弓步前刺的动作不连贯。

纠正方法：注意架刀、提膝转身方向需要协调一致。

要点：进步架刀、提膝转身、弓步前刺的动作必须迅速连贯进行。转身时注意刀尖的方向一直指向同一目标。

（六）左斜劈

动作要领：

右手持刀，刀背沿左肩外侧向后绕环；左手平摆置右腋下。左腿屈膝提起。右手持刀向左下劈；左掌附于右前臂，上身略前倾。右臂内旋屈腕，使刀尖向左后上方摆起，目视刀身。如图11-4-64至图11-4-65所示。

易犯错误：提膝快，斜劈动作慢。

纠正方法：向左下方斜劈与提膝要同时完成。

要点：提膝独立要稳，斜劈要快速有力。

（七）右斜劈

动作要领：

左脚向前落步，身体后转，右腿随之提膝离地；右手持刀向右前下方斜劈，左掌随之向左侧斜上方举伸。目视刀尖。如图11-4-66至图11-4-68所示。

易犯错误：力达刀尖，刀离身过远。

纠正方法：以腰发力，力达刀身。

要点：同左斜劈。

图 11-4-64　　　图 11-4-65　　　图 11-4-66　　　图 11-4-67　　　图 11-4-68

（八）虚步藏刀

动作要领：

右脚向后落步成左虚步，右手持刀做裹脑刀收至右腰，侧肘略屈，刀尖朝前，同时左掌向前直推，目视左掌方向。如图 11-4-69 至图 11-4-71 所示。

图 11-4-69　　　　　图 11-4-70　　　　　图 11-4-71

易犯错误：藏刀时，右手腕松弛与推掌不协调。

纠正方法：右手握刀须扣腕，与推掌要协调。

要点：绕刀时，必须使刀背贴靠脊背绕行。藏刀时，右手腕部必须上翘，使刀尖尽量向上，不要使刀尖下垂。

六、第四段动作要领、易犯错误、纠正方法和要点

（一）旋转扫刀

动作要领：

左脚外撇，身体左转，右脚向前方上步，左掌附于右腕处。左脚插步，两腿屈膝全蹲成歇步，左掌经右向左平摆。右手持刀手心朝上，经右肩外侧向前下方平扫一周。目视刀身。如图 11-4-72 至图 11-4-76 所示。

易犯错误：扫刀时两臂易屈肘，上下肢不协调。

纠正方法：扫刀时力达刀刃前部，扫刀一周与两脚碾转身要同时进行。

要点：旋转扫刀必须快速，刀身要平、要低。

图 11-4-72　　　图 11-4-73　　　图 11-4-74　　　图 11-4-75　　　图 11-4-76

（二）翻身劈刀

动作要领：

身体右转，右手持刀向右侧下劈，左掌附于右前臂。右脚向左侧方摆起，左脚蹬地跳起，上身向左后翻转一周，右脚与左脚同时落步，成右仆步，上身前倾；左掌随提转绕环立圆一周，屈肘成横掌。右手持刀转身经上向下劈。目视刀尖。如图 11-4-77 至图 11-4-79 所示。

图 11-4-77　　　　　　图 11-4-78　　　　　　图 11-4-79

易犯错误：翻身跃步劈刀没有走立圆，刀未贴身。
纠正方法：翻身劈刀需走立圆，贴身。
要点：翻身跃步要远不要高，劈刀要抡圆。

（三）缠头箭踢

动作要领：

左脚蹬直使上身立起。右手持刀做缠头刀动作，右脚蹬地同时左脚向前摆起，紧接右脚向前弹踢，左右手持刀缠头平扫；左掌随之屈肘上举至头顶上方成横掌。左脚此时即用前脚掌落地，目视前方。如图 11-4-80 至图 11-4-81 所示。

易犯错误：缠头缓慢，弹踢无力，动作不协调。
纠正方法：缠头与弹踢两个动作需要快速同时完成。
要点：缠头和弹踢的动作必须先后相应地协调进行。缠头要快速，弹踢要有力，膝部要伸直。

（四）仆步按刀

动作要领：

左脚蹬地纵起，向右后转身换跳，成左仆步；同时右手持刀向后下方劈刀，左手随体转展开后附于右手腕，刀刃朝下。目左平视。如图 11-4-82 至图 11-4-84 所示。

图 11-4-80　　　　图 11-4-81　　　　图 11-4-82　　　　图 11-4-83　　　　图 11-4-84

易犯错误：纵跳和转身劈刀不连贯。

纠正方法：纵跳与转身同时完成。

要点：向右后方劈刀要快速有力，纵跳和向右后转身要借助劈刀的惯性。做仆步时，左脚尖里扣，两脚外侧和脚跟均不可离地掀起，上身略向左前方探倾。

（五）缠头蹬踢

右腿蹬直立起，左膝提起成独立。右手持刀向右后拉回，左掌向前方推出，掌指朝上，目视左手。上身左转，右手持刀做缠头刀动作贴靠左肋，左掌随之屈肘上举至头顶上方成横掌。左脚即向左斜前方落步。左腿屈膝半蹲，右腿挺膝伸直，成左弓步。右脚脚尖上翘，用脚跟向前上方蹬腿，目视脚尖。如图 11-4-85 至图 11-4-88 所示。

图 11-4-85　　　　图 11-4-86　　　　图 11-4-87　　　　图 11-4-88

易犯错误：缠头刀刀背不贴身。

纠正方法：缠头刀必须贴背绕行。

要点：缠头时必须使刀背绕裹左膝或顺脊背绕行，动作要迅速，蹬脚要快，并与缠头动作连贯一致。

（六）虚步藏刀

动作要领：

右脚向前落步。左脚向前跃步，右脚趁势提起，上身右转踏实，左脚尖点地成虚步。右手持刀随转身裹脑平扫一周收于右腰侧，刀尖朝前；左掌同时向前推出，目视左掌方向。如图 11-4-89 至图 11-4-92 所示。

图 11-4-89　　　　图 11-4-90　　　　图 11-4-91　　　　图 11-4-92

易犯错误：跃步、转身与裹脑平扫刀不协调。
纠正方法：三个动作需要连贯协调完成。
要点：跃步、转身、落步的动作必须与刀的平扫、绕背动作协调一致。

（七）弓步缠头

动作要领：

左脚向左前方半步，右腿挺膝伸直成左弓步。同时右手持刀做缠头动作。左掌屈肘上举至头顶上方成横掌。目向前平视。如图 11-4-93 至图 11-4-94 所示。

图 11-4-93　　　　图 11-4-94

易犯错误：缠头时刀背未贴身绕行。
纠正方法：缠头刀时，抓握刀柄不宜过紧，刀背必须贴背绕行。
要点：缠头时必须使刀背贴靠脊背绕行，扫刀要迅速。

（八）并步抱刀

动作要领：

上身右转，右手持刀向右平扫，左脚靠并右脚站立，目视前方。如图 11-4-95 至

图 11-4-97 所示。

易犯错误：并步与接刀的动作不协调。

纠正方法：并步与接刀需连贯。

要点：并步与接刀的动作要协调一致。

图 11-4-95　　　　　图 11-4-96　　　　　图 11-4-97

七、结束动作的动作要领和要点

动作要领：

左手抱刀，刀背贴靠臂肘，两脚向后各退一步。同时右掌经下向后、向上绕向右耳侧成横掌，左手握刀不动，左脚后退向右脚靠拢，并步直立。右掌随即经右耳侧向下按落。肘略屈并向外撑开。目向前平视。如图 11-4-98 至图 11-4-100 所示。

要点：退步、撤步和绕掌的动作要连贯、迅速。

图 11-4-98　　　　　图 11-4-99　　　　　图 11-4-100

第十二章

跆拳道

第一节 跆拳道运动简介

跆拳道起源于1500年前的朝鲜半岛，其前身是朝鲜民间武术"花郎道"，在漫长的历史发展演变中，跆拳道柔和了中国武术、日本柔道、合气道等武术精华，特别是深受中国古典哲学思想的影响，经过近几代跆拳道武术家的努力，逐渐形成了今天风靡世界的跆拳道运动。

跆拳道的"跆"字，意为以脚踢；"拳"是拳头击打，是用来防护和进攻的武器，"道"是指人生的正确道路。跆拳道运动要求练习者不仅要学习跆拳道的技术，更要注重对跆拳道的礼仪、道德修养的学习和遵从，每一次练习都要求"以礼始，以礼终"，培养人的礼仪及忍耐、谦虚和坚韧不拔的精神。这对青少年尤其具有特殊的教育意义。可以说跆拳道是一种拳脚并用的艺术方法，由于它是以脚为主（占70%），所以称为"脚的艺术"。跆拳道共有25种套路，另外还有兵器、擒拿、摔锁、对拆自卫术及十余种基本功夫。练习者身穿专用的白色跆拳道道服，腰系代表不同段位的腰带进行比赛或训练。人们只有具备健康的身体，并从事有意义且自己感兴趣的活动时，工作、学习效率才有可能提高。相反，对于一个体格薄弱的人来讲，就很难达到工作的高效率。进行跆拳道锻炼，既能通过对人全身的运动影响全身的各个器官，又能增强人的精力，刺激大脑，促使精神振奋和精力充沛，展示在他人面前的才不单单是一个四肢发达、体格健壮的人，而且还是一个充满朝气、富有创造精神的人。

第二节 跆拳道运动的特点

一、跆拳道的礼仪

跆拳道不仅是一种具有高度攻击力的技击术，而且是一门精巧的形体艺术和健身方法。技巧和控制力是学习跆拳道必须具备的基本素质，精神与气质则是每个跆拳道选手所必须修炼的。

"以礼始、以礼终",是跆拳道武士精神的中心思想。训练、比赛的开始和结束,都有严格的礼节仪式:练习者进入道场时,首先向国旗和老师敬跆拳道鞠躬礼,表示对祖国的热爱和对师长的尊敬;配合练习或比赛开始前,双方应互相敬礼,练习后或比赛结束后,再次相互敬礼,以示友好和互相尊重、谦让;在比赛中受到裁判处罚,也要行道礼表示服从;比赛结束要向对方教练敬礼表示尊重。

跆拳道"道礼"的要求是:先立正站立,再上身前倾30度,头低45度,目视地面行鞠躬礼。

二、跆拳道的精神

跆拳道的精神在于礼义廉耻、忍耐克己、百折不挠。

在练习跆拳道的过程中,要严格遵守道德规范,增强法制观念;要有忠于祖国的思想;要有爱国家、爱民族的热情;要有维护正义和扶助弱者的自我牺牲精神;要在尊重前辈、尊重他人、遵守规则的前提下磨炼技术。跆拳道极力提倡培养练习者高尚的道德品质,磨炼成刚强不屈的意志、健全和完美的风度以及蓬勃向上的体育精神。

三、以腿为主,以手为辅,主要关节武器化

跆拳道技术方法中占主导地位的是腿法,腿法技术在整体运用中约占3/4,因为腿的长度和力量是人体最长、最大的。腿的技法有很多种形式,可高可低、可近可远、可左可右、可直可屈、可转可旋,威胁力极大,是实用制敌的有效方法。其次是手法,手臂的灵活性很好,可以自如地控制完成防守和进攻动作,同进也可变化为拳、掌、肘、肩的多种用法,进行实战。在竞赛规则允许的跆拳道实战中,人体的一些主要关节部位亦用来作进攻的武器,如人体的手、肘、膝、脚等关节部位,是跆拳道实战中最常用、最有效的击打武器。

第三节 跆拳道运动规则简介

一、竞赛形式

跆拳道比赛包括两方,"Chung"(蓝)和"Hong"(红),双方以脚踢打对手的头和身体或用拳击打对方的身体而得分。比赛分三个回合,每回合两分钟,两回合之间休息1分钟。选手可通过下述方法获胜:击倒胜、主裁判终止比赛胜、比分或优势胜、对方弃权胜、对方失去资格胜、主裁判判罚犯规胜。奥运会中的跆拳道比赛进行单淘汰赛直至最终的冠亚军决赛。而铜牌以更为复杂的方式决出。所有负于两位决赛者的选手均有另一个机会进行次级比赛而决出铜牌。两位半决赛的负者直接进入次级比赛。所有负于两位决赛者的其他选手在其原所在组进行单淘汰赛,两位优胜者获得余下的两个半决赛席位。每一组的优胜者与另一组的半决赛负者进行交叉半决赛,最后两位胜者争夺铜牌。

二、比赛区域

跆拳道场地是一个 12 米 ×12 米水平、无障碍物、正方形场地,其中 10 米 ×10 米范围是由正方形硬海绵垫构成,这种新型材料具有不易变、摩擦大等特点,还有一定弹性。场地中央 8 米 ×8 米八角形区域为比赛区,其余部分为警戒区。警戒区和比赛区表面用两种不同颜色划分,同色时用 5 厘米宽的白线划分。

跆拳道场地如图 12-3-1 所示。

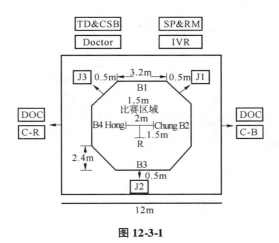

图 12-3-1

左图 12-3-1 中,B1~B4 为边界线 1~4;R 为主裁判员;J1~J3 为边裁判员 1~3;C–R 为红方教练;C–B 为蓝方教练;DOC 为随队队医;SP&RM 为比赛监督和成绩处理;TD&CSB 为技术代表和仲裁委员会;Doctor 为医务监督;IVR 为录像审议委员。

为了便于观赏,奥运会场地需要置于 1 米左右高度的平台上,为保证运动员的安全,比赛台场地边界线外应与地面呈夹角小于 30 度的斜坡。如图 12-3-2 所示。

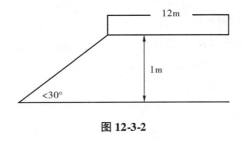

图 12-3-2

三、得分分值

(1)使用有效拳的技术击打躯干得分部位得 1 分。
(2)使用有效踢击技术击打躯干部位得 2 分。
(3)使用有效旋转踢技术击打躯干部位得 3 分。
(4)使用有效踢击技术击打头部得 3 分。

（5）使用有效旋转踢技术击打头部得 4 分。

（6）被判罚 1 个"扣分"则给对方加 1 分。

四、犯规行为与判罚

取消"警告"判罚，所有犯规行为均被判罚"扣分"。

1. 越出边界线

2. 倒地

3. 回避或拖延比赛

回避比赛有三种表现形式。

（1）后撤。

①后撤 3 步停下，双方均无技术动作，后撤选手被判罚。

②后撤 3 步接技术动作，不判罚。

③后撤 3 步时对方做技术动作，不判罚。

（2）背逃。

①背向对手，弯腰躲避，判罚。

②面向对手，弯腰防守，不判罚。

（3）绕场撤步。

①主裁判员判断选手有躲避进攻的意图，判罚。

②主裁判员判断选手没有躲避进攻，而是积极防守，不判罚。

4. 抓或推对方运动员

（1）"抓"的行为包括抓、搂、夹抱等犯规行为。

①通过抓的犯规行为，来完成动作获利的目的，判罚；无意的，与双方技术动作使用无关的抓，不判罚。

②搂：双手同时插过对方腋下，判罚。

③夹抱：双手搭压在对方肩部以上时，有明显意图阻挡对方进攻，判罚；双方均贴靠并借此休息时，主裁判员等待 2~3 秒后发出"分开"口令，不判罚。

（2）"推"的行为包括将对方运动员推出边界线（边界线以内，进攻方使用"推+踢"的技术动作，另一方出界时，根据出界和踢击技术接触身体的先后进行判断，若出界在先，判罚主动推人一方，若接触身体在先，判罚出界一方）；"推"还指为了阻碍对方运动员进攻技术而故意推对方运动员。

①为阻碍对手的进攻，一手推、一手抓，判罚。

②用身体、拳、掌推无进攻动作的运动员，不判罚。

5. 为阻碍对方运动员进攻而提腿阻挡，踢对方运动员腿部；或控腿超过 3 秒；或有意（使用侧踢或推踢技术）踢击对方腰部以下部位的行为，都将被判罚

（1）提腿时脚的高度超过对方护具下沿，控腿或空击 3 秒以内脚落地，不判罚。

（2）提腿时脚的高度超过对方护具下沿第 3 秒时，和对方腰部以上部位有接触，不判罚；没有接触，判罚。

（3）提腿时膝关节超过腰部，且在落地前脚未超过对方护具下沿，将被判罚；但脚落地后有连续进攻或带有步法连接的组合技术动作（高度超过对方护具下沿），将不判罚。

（4）与对方运动员的进攻行为没有关联的假动作或技术前导提腿，且膝关节未达到腰部高度，不判罚。

（5）双方正常（一次发力）使用技术动作并均超过对方护具下沿时造成腿部碰撞，不判罚；若因碰撞倒地，判罚倒地一方。

（6）一方先使用技术动作后另一方提腿阻挡，提腿阻挡被判罚；提腿阻挡后得分，判罚并抹分。

6. 故意踢击对方腰部以下部位

（1）双方运动员均使用技术动作交手回合中踢到腰部以下，不判罚；若连续出现，可视为故意行为，判罚。

（2）使用双飞技术动作，第一腿技术接触到腰部以下，第二腿技术得分时，主裁判员根据第一腿轻重程度以及是否有蓄意犯规动机来判断是否给予判罚，若判罚应抹去犯规后的相应得分。

7. "分开"口令后攻击对方运动员

（1）每局比赛开始前的攻击对方运动员也适用于本条。

（2）根据运动员动作的连续性进行判断，有蓄意攻击行为，判罚；明显的故意攻击行为即使未接触到对手，也应判罚。

8. 用手攻击对方运动员头部

因对方运动员身体下潜位移而造成的击打头部，不判罚。

9. 用膝部顶撞或攻击对方运动员

10. 攻击倒地的运动员

11. 运动员或教练员的不良言行

如：不服从主裁判员判罚；对技术官员的判罚进行不恰当的抗议行为；对比赛结果有不恰当的干扰、影响行为；挑衅或侮辱对方运动员或教练员；非注册队医或其他运动队官员坐在医生席位；运动员或教练员有其他严重的不良行为或违反体育道德的行为。

五、犯规败

（1）当一名运动员被判罚 10 个"扣分"时，主裁判员判其"犯规败"。

（2）因一方运动员犯规行为造成的受伤，计时一分钟后受伤运动员不能继续比赛，则判犯规运动员"犯规败"，伪装受伤行为除外。

犯规行为造成的受伤出现时，主裁判在"计时"口令发出后认定有伪装受伤的行为，主裁判发出"stand up"口令，3 次口令后选手仍继续装伤，主裁判可判罚"扣分"，并判其"犯规败"。

（3）运动员不服从主裁判员3次"stand up"指令，主裁判员可直接判其"犯规败"。

（4）运动员或教练员拒绝服从主裁判员指令，或拒绝执行比赛规则，或有包括不恰当抗议行为在内的严重不良言行时，主裁判可判其"犯规败"。

六、加时赛和优势判定

（1）三局比赛结束后双方比分相同，则进行第4局加时赛，时间为1分钟。

（2）加时赛中，先得分方选手获胜，或一方选手被判罚2个"扣分"时，对方选手获胜。

（3）加时赛结束时双方均未得分，依据下列顺序判定获胜方。

①第4局加时赛中电子护具感应击打次数多的一方获胜（犯规行为后的击打不计入次数）。

②如果击打次数相同，则前3局比赛中获胜局数多的一方获胜。

③上述条件仍相同时，整场4局比赛中被判罚"扣分"少的一方获胜。

④上述条件仍相同时，由临场裁判员进行优势判定。

七、分差胜

（1）分差胜的分差值为"20分"。

（2）半决赛和决赛不使用分差胜。

八、即时录像审议

（1）每场比赛双方各有一次即时录像审议配额。

（2）比赛时临场教练员可对以下行为进行录像审议，录像审议委员原则上在30秒内作出裁决。教练员提出的问题不属于以下录像审议条款的，审议委员维持主裁判的原判。

①针对对方运动员犯规的判罚（针对对方运动员的犯规判罚）。

a. 倒地（仅含阻碍对方选手进攻而故意推对方倒地，关联裁决）。

b. 越出边界线（仅含故意推对方出界，关联裁决）。

c. "分开"口令后攻击对方运动员（裁决依据主裁判员"分开"手势伸直和进攻选手的脚离开地面的先后）。

d. 攻击倒地的运动员（裁决依据倒地选手除双脚外身体第三点接触地面和攻击选手的脚接触倒地选手身体的先后）。

e. 主裁判员判罚犯规行为后的漏减分和主裁判员取消判罚后的得分有效。

②针对我方运动员的任何判罚。针对一方运动员的倒地和出界判罚，可审议关联情况，若因对方犯规导致的倒地或出界，审议成功，主裁判应取消"扣分"，并给对方选手"扣分"。

③旋转踢技术未加分或非旋转踢技术加分。

④电子护具故障或记录台记分错误。

⑤比赛时间错误。

a. 主裁判员发出"分开"口令时，记录台时间未停，可录像审议，时间调回到主裁判员发出口令时。

b. 主裁判员发出"继续"比赛口令时，记录台时间未开始，此期间若出现运动员无法继续比赛的情况，如"击倒"或"受伤"，则按竞赛规则处理；其他情况，此期间出现的判罚和得分均无效，计时开始，比赛继续进行。

⑥对于击打面部的录像审议不予受理。如果主裁判员认为一方运动员被踢击技术击中头部而站立不稳或被击倒，并开始读秒，但电子头盔未确认此次得分时，主裁判员应提出录像审议申请，由审议委员进行裁决。

⑦当比赛中出现明显错误，且教练员失去审议资格时，技术代表或裁判长有权暂停比赛，要求主裁判员提请录像审议，审议委员进行裁决。

第四节　跆拳道基本技术及练习方法

一、跆拳道准备姿势

准备姿势也称实战姿势或预备姿势，是跆拳道竞赛中双方开始时的基本站立姿势。准备姿势应便于进攻和防守反击以及步法的移动。

动作要点：两脚前后开立，左脚或右脚向另一脚后撤，两脚相距一步距离，使身体侧向对方，同时两手半握拳，沉肩，两臂屈肘自然垂放，重心落在两脚之间，膝部略弯曲，眼睛平视对方面部，下颚微收。左脚在前是左架准备姿势，右脚在前是右架准备姿势。如图12-4-1所示。

图 12-4-1

二、跆拳道基本技术

（一）跆拳道基本步法

1. 上步

左架准备姿势站立，右脚向前上一步，成为右架准备姿势；反之亦然。如图12-4-2至图12-4-3所示。

要领：上步时通过向左拧腰转髋完成，两臂在体侧自然上下移动，重心不要上下起伏太大。

图 12-4-2　　　　图 12-4-3

2. 后撤步

左架准备姿势站立，左脚向后撤一步，成为右架准备姿势；反之亦然。如图 12-4-4 至图 12-4-5 所示。

要领：后撤步时重心保持平稳的移动，通过向左拧腰转髋完成，两臂在体侧自然上下移动。

3. 前跃步

左架准备姿势站立，两脚同时向前跃进一步，保持左架准备姿势；反之亦然。如图 12-4-6 至图 12-4-7 所示。

要领：向前跃步时，重心不宜起伏过大，尽量使重心平稳移动，两脚稍离地即可。

图 12-4-4　　　　图 12-4-5　　　　图 12-4-6　　　　图 12-4-7

4. 后跃步

左架准备姿势站立，两脚同时向后回撤一步，保持左架准备姿势；反之亦然。如图 12-4-8 至图 12-4-9 所示。

要领：向后回撤时，重心不宜起伏过大，尽量保持重心平稳移动，两脚稍离地即可。

5. 弹跳步

左架准备姿势站立，两脚原地上下有节奏地跳动。如图 12-4-10 所示。

要领：重心在两脚之间，脚跟提起，膝关节放松，跳动不要离地面太高，也可前后移动。

图 12-4-8　　　　图 12-4-9　　　　图 12-4-10

6. 垫步

左架准备姿势站立，右脚向左脚内侧上步，同时左腿迅速抬起以便进攻和防守。如

图 12-4-11 至图 12-4-12 所示。

要领：右脚垫步时，左脚要迅速抬起，重心落在右腿上。

图 12-4-11　　　　　图 12-4-12

（二）跆拳道基本腿法

1. 前踢

左架准备姿势站立；右脚蹬地，身体重心前移至左脚；右脚向正前方屈膝上提，左脚以前脚掌为轴外旋约 90 度，同时，右腿迅速以膝关节为轴向前送髋、顶膝，把小腿快速向前踢出，力达脚背或前脚掌。踢击目标完成后成右架准备姿势站立，然后还原成左架准备姿势。如图 12-4-13 至图 12-4-18 所示。

动作要领：提膝时大小腿要夹紧，踢腿动作迅速有力，尽量直线出腿，重心向前，髋往前送；击打时脚要绷直，小腿回收速度要快。

易犯错误：没送髋，大小腿折叠不够，脚面没绷直。

练习方法：先练提膝、送髋，再练弹小腿，然后完整动作练习。

图 12-4-13　　图 12-4-14　　图 12-4-15　　图 12-4-16　　图 12-4-17　　图 12-4-18

2. 横踢

左架准备姿势站立；右脚蹬地，重心移到左脚，右脚屈膝上提，两拳置之于胸前；左脚前脚掌为轴，脚跟内旋，身体向左侧旋转，右腿小腿与地面接近平行状态；小腿快速弹出；击打目标后迅速收回小腿。右脚自然落下成右架准备姿势，然后还原成左架准备姿势。如图 12-4-19 至图 12-4-23 所示。

动作要领：提膝时，膝关节夹紧直线向前提膝，髋往前送，旋转支撑脚，身体稍向左后倾，踝关节放松，击打时脚面要绷直，击打感觉似鞭打动作，击打肋部及面部。

易犯错误：没有直线向前提膝，没转髋和支撑脚，大小腿折叠不够，先转髋再提膝，击打时没有绷直脚面。

练习方法：提膝、转髋、旋转支撑脚，快速弹出小腿，收回小腿，向前落地，左右腿交换练习，配合脚靶练习。

图 12-4-19　　　图 12-4-20　　　图 12-4-21　　　图 12-4-22　　　图 12-4-23

3. 侧踢

左架准备姿势站立，右脚蹬地，重心前移，以前脚掌为轴外旋180度，右腿直线提膝，同时向左转髋，膝关节朝内，小腿抬平，勾脚，直线蹬出右腿。右腿自然落下，撤步还原成左架准备姿势。如图 12-4-24 至图 12-4-29 所示。

动作要领：大小腿夹紧，头、肩、髋、脚保持一条直线，左脚转脚配合，直线蹬出。

易犯错误：大小腿折叠不够，没有勾脚，身体前俯太大，踢出无力。

练习方法：扶物练习提膝转髋，再练蹬腿配合护具或沙袋练习。

图 12-4-24　　图 12-4-25　　图 12-4-26　　图 12-4-27　　图 12-4-28　　图 12-4-29

4. 下劈

左架准备姿势站立，右脚蹬地，重心前移至左脚。同时，右腿以髋关节为轴屈膝上提，两手握拳置于胸前；随即充分送髋，上提膝关节至胸部，右小腿以膝关节为轴向上伸直，将右腿直举于体前，右脚过头。然后放松向下以右脚后跟（或脚掌）为力点劈击，一直到前面，成右架准备姿势，然后还原成左架准备姿势。如图 12-4-30 至图 12-4-34 所示。

动作要领：在向下劈时，身体重心向前，提膝时放松，向下劈时绷脚，注意身体重心。

易犯错误：起腿高度不够，没提膝，身体过于后仰，使下劈力量不够。

练习方法：扶物先提膝上举腿，然后练向下劈腿的动作，配合脚靶做完整动作练习，左右交替练习。

　图 12-4-30　　　　图 12-4-31　　　　图 12-4-32　　　　图 12-4-33　　　　图 12-4-34

5. 勾踢

左架准备姿势站立，右脚蹬地，身体重心前移至左脚，左脚支撑，右腿屈膝提起；左脚以前脚掌为轴向外旋转约 180 度，右腿膝关节内扣，右小腿由外向内伸出，伸直后用脚掌向右侧横向用力屈膝鞭打，然后右腿顺势放松屈膝回收，右腿自然落下，还原成左架准备姿势。如图 12-4-35 至图 12-4-40 所示。

动作要领：转身击打小腿和脚要横向鞭打，勾踢时，要充分发挥腰、腿的力量，小腿后勾要快。

易犯错误：小腿没有横向击打，没有绷直脚面，不收腿。

练习方法：扶物练习提膝，横向鞭打小腿，配合脚靶，左右交替练习。

　图 12-4-35　　　图 12-4-36　　　图 12-4-37　　　图 12-4-38　　　图 12-4-39　　　图 12-4-40

6. 后旋踢

左架准备姿势站立。两脚以两脚掌为轴均内旋约 180 度，身体之右转约 90 度，两拳置于胸前。上体右转，与双腿拧成一定角度。右脚蹬地，将蹬地的力量与上体拧转的力量结合，将右腿向后上以髋关节为轴直腿摆起，右腿继续向右后旋摆鞭打，同时上体向右转，带动右腿弧形摆至身体右侧，右腿屈膝回收；右脚落下，最后还原成左架准备姿势。如图 12-4-41 至图 12-4-46 所示。

动作要领：摆动腿在正前方时，击打的路线应是水平弧线，向斜后方蹬伸的动作，身体向后转动时要快速提起右腿，头部配合转动，击打时要绷直脚面，用脚掌击打。

易犯错误：右腿画弧，没有向斜后方蹬伸的动作，身体旋转时右腿速度过慢，支撑脚站得太"死"，右脚鞭打没有绷脚。

练习方法：练转身蹬伸脚，右腿向后摆动，先练转身，右腿开始时不需要太高，熟练后再逐渐升高，配合脚靶左右交替练习。

图 12-4-41　　图 12-4-42　　图 12-4-43　　图 12-4-44　　图 12-4-45　　图 12-4-46

7. 旋风踢

右架准备姿势站立，以右脚掌为轴，脚后跟外旋，身体重心移至右腿，身体向后旋转360度；左脚随着向后转动，身体稍后仰，左脚落地的同时右脚蹬地，用右腿横踢击打目标，右腿自然落下，还原成右架准备姿势。如图 12-4-47 至图 12-4-52 所示。

动作要领：左腿围绕右腿转动，保持重心，身体稍后仰，击打时绷直脚面，击打肋部及面部。

易犯错误：身体没转过来脚就落地，左脚没配合身体转动，击打时没有绷直脚面。

练习方法：先练习转身，从慢到快逐渐过渡到完成动作，配合脚靶左右交替练习。

图 12-4-47　　图 12-4-48　　图 12-4-49　　图 12-4-50　　图 12-4-51　　图 12-4-52

8. 双飞踢

右架准备姿势站立，用左横踢攻击对方右肋部，同时，右脚蹬地起跳，身体腾空左转，腾空高度在膝关节以上，但不宜过高；右脚起跳后在空中用右横踢迅速踢击对方胸部或腹部；左右脚交换，左脚落地支撑，右脚横踢目标后迅速前落，成右架准备姿势。如图 12-4-53 至图 12-4-57 所示。

动作要领：第一个横踢时身体稍后仰，以便做第二个横踢；击打时髋部要快速扭转，小腿快速弹出鞭打。

易犯错误：第一个横踢没有踢出来，髋部没扭转，身体后仰幅度太大。

练习方法：先练左右横踢，配合脚靶左右交替练习。

图 12-4-53　　　　图 12-4-54　　　　图 12-4-55　　　　图 12-4-56　　　　图 12-4-57

9. 后踢

左架准备姿势站立，右脚蹬地，身体重心移至左腿，以前脚为轴，脚跟内旋，身体向后转动，同时，右腿提膝，使大小腿折叠，勾脚，头向后转动，右腿向后蹬出，用脚跟击打对方的胸腹部，击打后右脚自然落下，然后后撤右脚，还原成左架准备姿势。如图 12-4-58 至图 12-4-63 所示。

动作要领：身体向后转动时，右腿快速提膝，大小腿夹紧，贴住支撑腿直线蹬出。

易犯错误：右腿提膝时没有贴住支撑腿，没有直线蹬出；转身蹬出时头部没有配合；肩部和身体转动。

图 12-4-58　　图 12-4-59　　图 12-4-60　　图 12-4-61　　图 12-4-62　　图 12-4-63

三、跆拳道品势练习

（一）太极一章

1. 方位图

太极一章的方位图如图 12-4-64 所示。

2. 准备姿势

站于 A 方向位置，两脚与肩同宽，自然站立，两手握拳曲臂于腹前，拳眼相对，目视前方。如图 12-4-65 所示。

3. 动作

（1）向左转身，左脚转向 B 方向，成左前行步下防，右拳收回腰侧。如图 12-4-66

所示。

（2）右脚向 B 方向上步，成右前行步，右拳前冲拳中段，左拳收回腰侧。如图 12-4-67 所示。

（3）右脚向 H 方向移步，身体向后转身 180 度，成右前行步下防，左拳收回腰侧。如图 12-4-68 所示。

（4）左脚向 H 方向上步，成左前行步，左拳前冲拳中段，右拳收回腰侧。如图 12-4-69 所示。

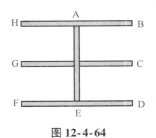

图 12-4-64

图 12-4-65　　图 12-4-66　　图 12-4-67　　图 12-4-68　　图 12-4-69

（5）身体左转 90 度，左脚向 E 方向移步成左弓步，左拳下防，右拳收回腰侧。如图 12-4-70 所示。

（6）两脚不动，右拳前冲拳中段，左拳收回腰侧。如图 12-4-71 所示。

（7）左脚不动，右脚向 G 方向上步成右前行步，身体右转，左拳中内防，右拳收回腰侧。如图 12-4-72 所示。

（8）左脚向 G 方向上步，成左前行步，右拳前冲拳中段，左拳收回腰侧。如图 12-4-73 所示。

（9）左脚向 C 方向移步，身体向后转身 180 度，成左前行步，右拳中内防，左拳收回腰侧。如图 12-4-74 所示。

图 12-4-70　　图 12-4-71　　图 12-4-72　　图 12-4-73　　图 12-4-74

（10）右脚向 C 方向上步，成右前行步，左拳前冲拳中段，右拳收回腰侧。如图 12-4-75 所示。

（11）左脚为轴，身体右转 90 度，右脚向 E 方向移步成右弓步，右拳下防，左拳收回腰侧。如图 12-4-76 所示。

（12）两脚不动，左拳前冲拳中段，右拳收回腰侧。如图 12-4-7 所示。

（13）身体左转，左脚向 D 方向移步，成左前行步，左拳上防，拳心向外，右拳收回腰侧。如图 12-4-78 所示。

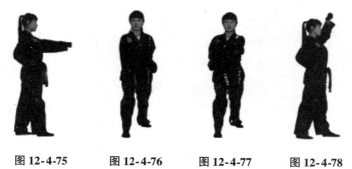

图 12-4-75　　图 12-4-76　　图 12-4-77　　图 12-4-78

（14）左脚不动，右脚向 D 方向前踢，右脚下落成右前行步，右拳前冲拳中段，左拳收回腰侧。如图 12-4-79 至图 12-4-80 所示。

（15）左脚为轴，右脚向 F 方向移步，身体右后转身，成右前行步，右拳上防，左拳收回腰侧。如图 12-4-81 所示。

（16）右脚不动，左脚向 F 方向前踢，左脚下落成左前行步，左拳前冲拳中段，右拳收回腰侧。如图 12-4-82 至图 12-4-83 所示。

（17）右脚为轴，身体右转 90 度，左脚向 A 方向上步成左弓步，左拳下防，右拳收回腰侧。如图 12-4-84 所示。

（18）右脚向 A 方向上步，成右弓步，右拳前冲拳中段配合发声，左拳收回腰侧。如图 12-4-85 所示。

图 12-4-79　　图 12-4-80　　图 12-4-81

4. 收势

以右脚为轴，身体左后转，收左脚与右脚平行，两手握拳曲臂于腹前，还原成准备姿势。如图 12-4-86 所示。

图 12-4-82　　图 12-4-83　　图 12-4-84　　图 12-4-85　　图 12-4-86

（二）太极二章

1. 方位图

太极二章的方位图如图 12-4-87 所示。

2. 准备姿势

与"太极一章"相同。如图 12-4-88 所示。

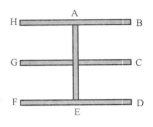

图 12-4-87

3. 动作

（1）身体左转，左脚转向 B 方向，成左前行步，左拳下防，右拳收回腰侧。如图 12-4-89 所示。

（2）右脚向 B 方向上步，成右弓步，右拳前冲拳中段，左拳收回腰侧。如图 12-4-90 所示。

（3）左脚为轴，右脚向 H 方向移步，身体右后转，成右前行步，右拳下防，左拳收回腰侧。如图 12-4-91 所示。

（4）左脚向 H 方向上步，成左弓步，左拳前冲拳中段，右拳收回腰侧。如图 12-4-92 所示。

图 12-4-88　　图 12-4-89　　图 12-4-90　　图 12-4-91　　图 12-4-92

（5）右脚为轴，身体左转 90 度，左脚向 E 方向移步，成左前行步，右拳中内防，左拳收回腰侧。如图 12-4-93 所示。

（6）右脚向 E 方向上步，成右前行步，左拳中内防，右拳收回腰侧。如图 12-4-94 所示。

（7）身体左转，左脚向 C 方向移步，成左前行步，左拳下防，右拳收回腰侧。如图 12-4-95 所示。

（8）右脚向 C 方向前踢，下落成弓步，右拳前冲拳上段，左拳收回腰侧。如图 12-4-96 至图 12-4-97 所示。

图 12-4-93　　图 12-4-94　　图 12-4-95　　图 12-4-96　　图 12-4-97

（9）左脚为轴，右脚向 G 方向移步，身体右后转，成右前行步，右拳下防，左拳收回腰侧。如图 12-4-98 所示。

（10）左脚向 G 方向前踢，下落成弓步，左拳前冲拳上段，右拳收回腰侧。如图 12-4-99 至图 12-4-100 所示。

（11）右脚为轴，身体左转 90 度，左脚向 E 方向移步，成左前行步，左拳上防，右拳收回腰侧。如图 12-4-101 所示。

（12）右脚向 E 方向上步，成右前行步，右拳上防，左拳收回腰侧。如图 12-4-102 所示。

（13）右脚为轴，身体左后转，左脚向 F 方向移步，成左前行步，右拳中内防，左拳收回腰侧。如图 12-4-103 所示。

（14）左脚为轴，右脚向 D 方向后撤步，身体右后转，成右前行步，左拳中内防，右拳收回腰侧。如图 12-4-104 所示。

图 12-4-98　　　图 12-4-99　　　图 12-4-100　　　图 12-4-101　　　图 12-4-102

（15）身体左转，左脚向 A 方向上步，成左前行步，左拳下防，右拳收回腰侧。如图 12-4-105 所示。

（16）右脚向 A 方向前踢，右脚下落成右前行步，右拳前冲拳中段，左拳收回腰侧。如图 12-4-106 至图 12-4-107 所示。

图 12-4-103　　　图 12-4-104　　　图 12-4-105　　　图 12-4-106　　　图 12-4-107

（17）左脚向 A 方向前踢，左脚下落成左前行步，左拳前冲拳中段，右拳收回腰侧。如图 12-4-108 至图 12-4-109 所示。

（18）右脚向 A 方向前踢，右脚下落成右前行步，右拳前冲拳中段配合发声，左拳收回腰侧。如图 12-4-110 至图 12-4-111 所示。

4. 收势

与"太极一章"相同。如图12-4-112所示。

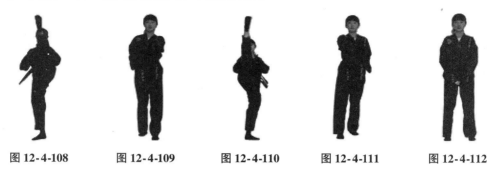

图12-4-108　　图12-4-109　　图12-4-110　　图12-4-111　　图12-4-112

（三）太极三章

1. 方位图

太极三章的方位图如图12-4-113所示。

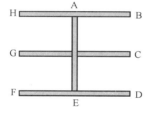

图12-4-113

2. 准备姿势

与"太极一章"相同。如图12-4-114所示。

3. 动作

（1）身体左转，左脚转向B方向，成左前行步，左拳下防，右拳收回腰侧。如图12-4-115所示。

（2）右脚向B方向前踢，下落成右弓步，右拳前冲拳中段，再左拳前冲拳中段，右拳收回腰侧。如图12-4-116至图12-4-118所示。

图12-4-114　　图12-4-115　　图12-4-116　　图12-4-117　　图12-4-118

（3）左脚为轴，右脚向H方向移步，身体右后转，成右前行步，右拳下防，左拳收回腰侧。如图12-4-119所示。

（4）左脚向H方向前踢，下落成左弓步，左拳前冲拳中段，再右拳前冲拳中段，左拳收回腰侧。如图12-4-120至图12-4-122所示。

（5）右脚为轴，身体左转，左脚向E方向移步，成左前行步，右拳变手刀，由外向内砍，左拳收回腰侧。如图12-4-123所示。

图 12-4-119　　　图 12-4-120　　　图 12-4-121　　　图 12-4-122　　　图 12-4-123

（6）右脚向 E 方向上步，成右前行步，左拳变手刀，由外向内砍，右拳收回腰侧。如图 12-4-124 所示。

（7）身体左转，左脚向 C 方向移步，成左三七步，左手刀向外砍，右拳收回腰侧。如图 12-4-125 所示。

（8）左脚向 C 方向上步，成左弓步，右拳前冲拳中段，左拳收回腰侧。如图 12-4-126 所示。

（9）左脚为轴，身体右后转向 G 方向成右三七步，右拳变手刀向外砍，左拳收回腰侧。如图 12-4-127 所示。

图 12-4-124　　　图 12-4-125　　　图 12-4-126　　　图 12-4-127

（10）右脚向 G 方向上步，成右弓步，左拳前冲拳中段，右拳收回腰侧。如图 12-4-128 所示。

（11）右脚为轴，身体左转，左脚向 E 方向移步成左前行步，右拳中内防，左拳收回腰侧。如图 12-4-129 所示。

（12）右脚向 E 方向上步成右前行步，左拳中内防，右拳收回腰侧。如图 12-4-130 所示。

（13）右脚为轴，身体左后转，左脚向 F 方向移步，成左前行步，左拳下防，右拳收回腰侧。如图 12-4-131 所示。

图 12-4-128　　　图 12-4-129　　　图 12-4-130　　　图 12-4-131

（14）右脚向 F 方向前踢，右脚下落成右弓步，右拳前冲拳中段，再左拳前冲拳中段，右拳收回腰侧。如图 12-4-132 至图 12-4-134 所示。

（15）左脚为轴，身体右后转身 180 度，右脚向 D 方向上步成右前行步，右拳下防，左拳收回腰侧。如图 12-4-135 所示。

图 12-4-132　　　　图 12-4-133　　　　图 12-4-134　　　　图 12-4-135

（16）左脚向 D 方向前踢，左脚下落成左弓步，左拳前冲拳中段，再右拳前冲拳中段，左拳收回腰侧。如图 12-4-136 至图 12-4-138 所示。

（17）右脚为轴，身体左转，左脚向 A 方向上步，成左前行步，左拳下防，再右拳前冲拳中段，左拳收回腰侧。如图 12-4-139 至图 12-4-140 所示。

图 12-4-136　　　图 12-4-137　　　图 12-4-138　　　图 12-4-139　　　图 12-4-140

（18）右脚向 A 方向上步，成右前行步，右拳下防，再左拳前冲拳中段，右拳收回腰侧。如图 12-4-141 至图 12-4-142 所示。

（19）左脚向 A 方向前踢，左脚下落成左前行步，左拳下防，再右拳前冲拳中段，左拳收回腰侧。如图 12-4-143 至图 12-4-145 所示。

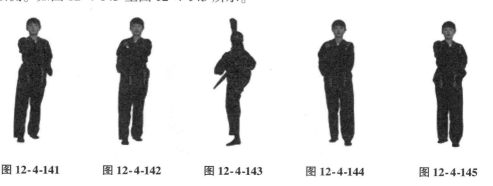

图 12-4-141　　　图 12-4-142　　　图 12-4-143　　　图 12-4-144　　　图 12-4-145

（20）右脚向 A 方向前踢，右脚下落成左前行步，右拳下防，再左拳前冲拳中段配合发声，右拳收回腰侧。如图 12-4-146 至图 12-4-148 所示。

4. 收势

与"太极一章"相同。如图 12-4-149 所示。

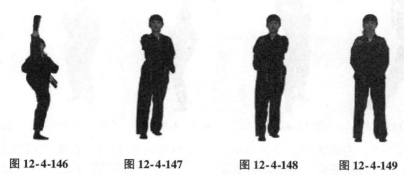

图 12-4-146　　图 12-4-147　　图 12-4-148　　图 12-4-149

（四）太极四章

1. 方位图

太极四章的方位图如图 12-4-150 所示。

2. 准备姿势

与"太极一章"相同。如图 12-4-151 所示。

3. 动作

（1）身体左转，左脚向 B 方向上步，成左三七步双手刀，左手向左横向砍，右手刀防中段，手心朝上。如图 12-4-152 所示。

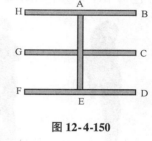

图 12-4-150

（2）右脚向 B 方向上步，成右弓步，左臂曲肘下按，右手刀前插。如图 12-4-153 所示。

（3）左脚为轴，右脚向 H 方向移步，身体右后转，成右三七步双手刀，右手向左横向砍，左手刀防中段，手心朝上。如图 12-4-154 所示。

图 12-4-151　　图 12-4-152　　图 12-4-153　　图 12-4-154

（4）左脚向 H 方向上步，成左弓步，右臂曲肘下按，左手手刀前插。如图 12-4-155 所示。

（5）右脚为轴，身体左转，同时左脚向 E 方向移步，成左弓步，左臂曲肘上防，右手手刀向内横砍，手心朝上。如图 12-4-156 所示。

（6）右脚前踢，右脚下落成右弓步，左拳前冲拳中段，右拳收回腰侧。如图12-4-157至图12-4-158所示。

（7）右脚为轴，身体右转，左腿向E方向侧踢，两臂置于体侧。如图12-4-159所示。

　　图12-4-155　　　　图12-4-156　　　　图12-4-157　　　　图12-4-158　　　　图12-4-159

（8）左脚落下，左脚为轴，身体左转，右腿向E方向侧踢，右脚下落成右三七步，两拳变手刀，右手刀向外横砍，左手刀防中段，手心朝上。如图12-4-160至图12-4-161所示。

（9）右脚为轴，身体左后转，左脚向F方向移步成左三七步，左手刀变拳向外防中段，拳心向下，右拳收回腰侧。如图12-4-162所示。

（10）右脚前踢还原成左三七步，右臂曲肘向内防中段，拳心向上，左拳收回腰侧。如图12-4-163至图12-4-164所示。

　　图12-4-160　　　　图12-4-161　　　　图12-4-162　　　　图12-4-163　　　　图12-4-164

（11）身体右后转，右脚移步向D方向成右三七步，右手刀变拳向外防中段，拳心向下，左拳收回腰侧。如图12-4-165所示。

（12）左脚前踢还原成右三七步，左臂曲肘向内防中段，拳心向上，右拳收回腰侧。如图12-4-166至图12-4-167所示。

（13）右脚为轴，身体左转，左脚向A方向移步成左弓步，两拳变手刀，左手上防，右手刀向内横砍，手心朝上。如图12-4-168所示。

　　图12-4-165　　　　图12-4-166　　　　图12-4-167　　　　图12-4-168

（14）右脚前踢，下落成右弓步，右臂曲肘向内防中段，左拳收回腰侧。如图 12-4-169 至图 12-4-170 所示。

（15）右脚为轴，身体左转，左脚向 G 移步成左前行步，左拳向内防中段，右拳收回腰侧。如图 12-4-171 所示。

（16）两脚不动，右拳前冲拳中段，左拳收回腰侧。如图 12-4-172 所示。

（17）身体右后转，面向 C 方向成右前行步，右拳向内防中段，左拳收回腰侧。如图 12-4-173 所示。

图 12-4-169　　　图 12-4-170　　　图 12-4-171　　　图 12-4-172　　　图 12-4-173

（18）两脚不动，左拳前冲拳中段，右拳收回腰侧。如图 12-4-174 所示。

（19）右脚为轴，身体左转，左脚向 A 方向移步成左弓步，左臂曲肘向内防中段，再右拳前冲拳中段，然后左拳前冲拳中段，右拳收回腰侧。如图 12-4-175 至图 12-4-177 所示。

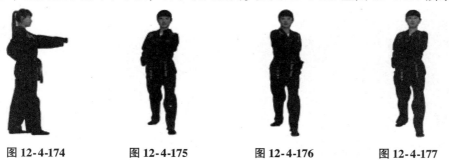

图 12-4-174　　　图 12-4-175　　　图 12-4-176　　　图 12-4-177

（20）右脚向 A 方向上步成右弓步，右臂曲肘向内防中段，再左拳前冲拳中段，然后右拳前冲拳中段配合发声，左拳收回腰侧。如图 12-4-178 至图 12-4-180 所示。

4. 收势

与"太极一章"相同。如图 12-4-181 所示。

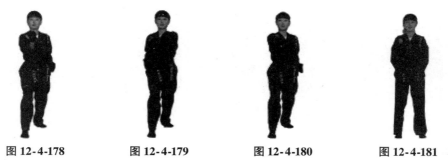

图 12-4-178　　　图 12-4-179　　　图 12-4-180　　　图 12-4-181

第三篇

休闲体育篇

第十三章

高 尔 夫

第一节 高尔夫运动简述

一、高尔夫简史

高尔夫是用棒击球入穴的一种活动。高尔夫（Golf）一词由 Green、Oxygen、Light 和 Foot 4 个英文单词第一个字母组成，意为在明媚的阳光下，踏着绿色的草地，呼吸着清新的空气，在大自然的怀抱里运动。高尔夫运动强度不大，持续时间较长，球场环境优美，运动本身讲究礼仪、风范和儒雅，颇具休闲运动特色。

一般认为，高尔夫起源于 15 世纪或更早的苏格兰。苏格兰历史上国王的 3 次禁令都没能完全禁住高尔夫的开展和传播。18 世纪传入英国，19 世纪 20 年代进入亚洲。

19 世纪末，高尔夫首先传入上海；1886 年，上海出现高尔夫俱乐部；1931 年，上海开始流行高尔夫球游戏。高尔夫运动在中国真正兴起是在 1984 年后，广东珠海和北京昌平、顺义以及天津等地先后兴建了 6 个国际水平的高尔夫球场，并成立了中山温泉、珠海、天津和北京朝阳广济堂高尔夫俱乐部，并多次举办"高尔夫球男子业余选手公开赛"。1985 年，中国高尔夫球协会成立；1988 年开始，每年举办一届"中国业余女子高尔夫球公开锦标赛"；1994 年，中国高尔夫球运动走上职业化道路，1994 年 4 月，产生了中国第一代职业高尔夫球手。

二、球场类型简介

根据球道长度和杆数，高尔夫球场可分为标准和非标准两类；根据球场利用目的，高尔夫球场可分为比赛和观光娱乐型球场两类。

（一）标准球场

标准球场有 18 洞，标准杆数为 72 杆。以 18 个洞作为标准球场源自英国皇家古代高尔夫球场俱乐部。1764 年，俱乐部将原有的 22 洞减少为 18 洞，并在圣·安德鲁斯球场首先实施。标准18洞72杆球场总长度在6 200米以上，每个洞相距90～540米，每个洞场都设发球台、球道和球洞，以发球台为起点，中间为球道。果岭是经过精心雕琢的短草坪，球可以在略有起伏的果岭草坪上无障碍滚动。果岭设有球洞，内有一个供球落入的金属杯，杯的直径10.8厘米，深10厘米。旗杆在金属杯中心，旗上标有球洞序号，能为远离果岭的选手指明果岭方位。

（二）非标准球场

不足18洞或总杆数在68杆以下、球道长度较短的球场为非标准球场，主要有商务球场、3杆洞球场、小型球场和9洞球场等形式。这些球场主要是为适合特别球市的需要而设计建造的，为公民提供合适的休闲、娱乐、健身的度假场所。

（三）高尔夫练习场

由于高尔夫球场占地面积大，而比赛中仅供2～4人使用，因此占地面积不大的练习场应运而生。练习场整个被网罩住，以防止球被打入场外。练习场一般长270～350米，宽90～180米，总面积为2.8万～5.7万平方米，可供几人或几十人同时互不干扰地挥杆击球。

（四）微型高尔夫球场

使用正规高尔夫球杆和微型高尔夫球杆打球是现代新型康乐健身休闲活动之一。利用工作、商务、贸易和旅游忙中偷闲打一个微型高尔夫，既能呼吸新鲜空气，放松紧张情绪，消除疲劳，又能利用休闲时间进行社交、谈判及增进友谊活动。20世纪80年代后期，京津沪等大中城市开始建立微型高尔夫球场。微型高尔夫球场占地面积小，平地、屋顶平台等都可建造，特别是小型高尔夫球场面积为300平方米，普通小型面积600～1 000平方米；若土地稍有富余，可建成6 000～10 000平方米普及型高尔夫球场。

第二节　高尔夫基本技术

高尔夫基本技术由握杆、球位与脚位、准备击球姿势和击球动作4个基本技术环节构成。

一、握杆

握杆是手握球杆的位置和方法，握杆方法大约有重叠、连锁、十指、倒逆连锁、V型握法和手指握法。

二、球位和脚位

球位指做好准备击球姿势时，高尔夫球击出前的放置位置。球位一般在两脚连线的垂直平分线上稍偏左的位置，偏离距离约为一个球身；使用推或拔杆时，球位完全在两脚连线的垂直平分线上。脚位一般有正脚位、开脚位和闭脚位3种。

三、准备击球姿势

握杆动作完成后，双手自然前伸，球杆头部轻轻着地，两脚间距与肩同宽，身体呈自然站立，头自然略向下俯视，以恰好看到杆头为好。双膝关节稍屈，身体左侧朝向球道和果岭，重心落在两脚上。

由于击球时需要经常更换球杆，而各种球杆的击球动作有一些细小的变化，换杆后经常出现动作变形，因此必须注意以下几点。

（1）无论是长杆还是短杆，击球都要保持身体前倾的原则，用多种长度的球杆进行反复击球练习，直到动作定型为止。

（2）提起杆头，使手、肩部成为一个整体。

（3）长杆的杆柄角大，遇用长杆击球时，杆头离脚距离应稍远些；短杆的柄角小，用短杆击球时，杆头应离脚近些。

四、击球动作

击球动作可分解为瞄准和击球两个环节。

（一）瞄准

球定位于身体正前方，仅用右手握杆，侧身对目标，设想一条目标线。离球5厘米处确立一个瞄准点，反复核定后选定脚位、球位和使用杆法。使杆头击球面对着瞄准点，两脚趾端、两膝、两肩之间的连接与目标线平行。

（二）击球

无论使用何种球杆，挥杆击球的动作是相同的，挥杆的轨迹是一个较为均匀的大圆弧。

1. 引杆

引杆动作前的前压动作为双手握杆，食指与右膝关节先向球飞行方向移动一点，让轻轻着地的球杆在离地后仍按原先路线运动。引杆动作的轨迹基本是与球的飞行路线重合。左臂运杆，右臂控制方向，臀部旋转带动手臂挥杆。

2. 下挥杆

引杆与下挥杆之间几乎无任何停顿，引杆到顶点后头部保持与引杆相同位置。从左膝开始，下半身向左转，左膝关节伸直，手臂同时向下挥杆，臀部转动带动手臂挥杆，最后"甩腕"。

3. 触击球

击球时，球杆击球面应与地面成直角。

4. 跟杆

球杆接触球的瞬间，不能停杆，也不能减轻力度，须紧握球杆，身体放松，让球杆自然随挥杆动作继续画弧，收杆动作在击出的球落地后才结束。

第三节　高尔夫主要技法与练习要求

一、远距离击球

高尔夫比技术、比心理、比运气，因而一味强调用打远距离球的方法来降低击球杆数往往会欲速则不达，因为远距离球非常容易失误。远距离球基本上可分为开球和在球道上击远球。

（一）开球

走上开球台前应先观察球场地形、地貌、草皮纹路以及风向等，考虑怎样击球以及选用何种球杆击球等。

开球使用的球杆为木杆，原则上1~4号木杆都可用以开球，但绝大多数人选用1或2号木杆开球，职业选手通常使用1号木杆，初学者通常用2号木杆。开球时，球放在球座上，球座高度与杆头顶端高度持平。

开球时，以正确握杆方法握好杆，双脚分开略宽于肩，重心在两脚之间，采取闭脚位，即右脚稍落后于左脚的站位。球正对左脚跟，头部不动，下颌稍向右偏2.5厘米，使左腿对球，全神贯注看着球的位置。双手握杆，从左肩开始移动，重心转移至右脚内，腰不动，球杆沿飞行路线内侧运行。手臂上振至顶点，左肩对下颌，胸部几乎转向球飞行路线反方向，左肘微曲，右肘尽量弯曲，右膝伸直，左膝微屈向着球，杆柄位于头后，手腕弯曲，但不翻转，紧握球杆。上振至顶点后立即开始下振，重心移到左脚，手臂向下挥杆，臀部迅速扭转，带动手臂挥杆。击球瞬间，手腕突然甩腕，使杆头在下振弧最低点击中球正背部。击球后保持挥杆击球惯性做完跟杆动作，球落地后方能收杆。初学者可先学球道无球座击球，再学开球区击球。

（二）击远球

握杆：左手用小指、无名指、中指紧握球杆，同时将拇指拉近手侧。切记拇指腹部紧压球杆，使杆头击球面时不易变动，挥杆时杆头速度逐渐加快，使球飞行距离明显加长。

站位：右脚与目标线成直角，挥杆上振到顶点时右脚稍偏向左侧，使上半身如同扭紧的发条，具有强烈的爆发力。

挥杆保持圆周运动：以脖根至腰椎部分为轴心向上下挥杆。挥杆保持圆周运动是击远球的基本方法。

向左挥杆：击球后双臂一定要向左侧扭动，向左挥杆。击球动作完成后，身体要面向目标。

二、中距离击球

中距离击球主要有起波球、劈起球、沙坑球和拨推球等。

（一）起波球

如果球距果岭16米左右，球洞在果岭后缘部，就必须运用起波球打法了。选用5号或6号杆，两脚开立，重心在左脚，球置于两腿中间偏右处，双手握杆在球前方。振杆时始终保持此姿势，击球像笤把扫地将球打出去。

（二）劈起球

球如距果岭16米左右，中间又有障碍物，需要用劈起球来击球。选用8号或9号铁杆或劈起杆，采用开脚位，两脚距离稍窄于肩，球在两脚正中间；击球时，依靠调整手臂运动来控制距离。劈起球的关键是掌握球的飞行距离，对落点胸有成竹，因此在振腕过程中，腕部保持不动，膝部根据场地具体情况经常调整，才能保证杆头在振杆最低部击中球。

（三）沙坑球

沙坑是专为球员击球设置的障碍，击沙坑球的动作要领如下：①脚底碾入沙坑以获得稳固的脚位；②握杆向下2~5厘米，使双手能更接近球；③双脚、双膝、臀部和肩部都朝向目标左方，这样的姿势有助于用垂直度大的上杆和下杆击球；④双眼注视球后2~5厘米处的触及点。

（四）拨推球

球距果岭不太远而且球道状况良好时适用拨推球技术击球，短距离拨推球技术要领如下：①右手五指握杆，左手食指包握右手小指；②以右手用力为主，左手置于杆柄背面以指引方向；③可采用正脚位与开脚位站位；④保持眼、球和目标的三点一线；⑤三种手臂动作都可用于击球，如双臂靠近身体，以腰和臀部扭转带动手臂击球；长距离拨推球需要仔细研究草坪倾斜度和草对球的阻力等。

三、近距离击球

近距离击球一般指距果岭9米以内的球，正确的击球方法是：选用沙坑挖起杆，以正常位置双手握杆，球位靠近左脚，两肘空出，手腕不动；杆头击球面稍展开，上振时身体不转动，手腕保持同一姿势至振杆结束；下振时身体略向左展开。近距离击球时需要认真选用合适的球杆击球，仔细观察果岭草地草质、纹路等选择进球路线，同时观察果岭地形、风向、风速等。

第四节　高尔夫简要比赛规则

从1号洞开始，依次打完18个洞为一场球，胜负取决于选手击球入洞的总杆数。标准杆数指选手将球从发球台击到球洞内所需击球次数，通常高尔夫常设4个三杆洞、4个五杆洞和10个四杆洞。击球入洞杆数与标准杆相同为"帕"（par），低于标准杆一杆为"小鸟"（birdie）球，低于两杆为"老鹰"（eagle）球，比标准杆多一杆为"补给"（bogey）。

一、击球顺序

在第一洞发球台上，应通过抓阄确定首先击球者，此后每洞的胜者首先击球；若上一洞不分胜负，前一洞胜者继续首先击球。

二、不得干扰

别人击球时，不得使自己的身影遮住球和球附近，任何人都不能站在击球者和球两旁，也不能站在后方以及任何可能被球击到之处。

三、击球路线

可通过球童告知路线，也可令球童举起球杆指示球洞位置。

四、错球

比赛中，把对手球误认为自己球来比赛时，该洞判输；若错误发现时对方也打了自己的球，双方均不被判罚，但必须用交换的球打完该洞；若错误由其他运动员或球童造成，则不判罚。

五、球损坏

球损坏时，可先通知对手后再换球。

六、擦拭球

比赛时不得擦拭球上污泥，待该洞打完后才能擦球。违反此规定，判罚2杆，友谊赛不判罚。但从水域障碍区、临时水域或正休整地段中拾起球时可擦拭。

七、击对手球入洞

误击对手球入洞，应算对手球进洞，且不增加对手一杆击球次数。杆击数比赛时误击对手球入洞，判罚击球入洞者2杆，但对手球不算入洞，须从洞中取出，放回原位。

第十四章

台　球

台球运动往往娱乐性大于体能锻炼,但高水平球手都要刻苦练习后才能在台前大放异彩。台球动作简单,但稳定性和精确度要求极高。体能要求不大,但脑力计算复杂。在同等水平竞争时,心理因素往往决定胜败,往往是自己打败自己。台球运动文明礼仪度高,男女老少皆宜,是终身体育的绝好选择。

任何一种体育运动均有它特定的动作结构,台球运动亦如此。击打台球通过球杆来完成,所以说球杆的运行轨迹是打好台球的重中之重。

第一节　台球的基本动作

一、手架

手架就是用手给球杆一个稳定支撑和对杆头在主球的击球点进行调节的姿势。手架是打好台球很重要的环节。基本架杆方法有两种,一种是先将整个手掌放在台面上,将拇指以外的四指分开,手背稍微弓起,拇指跷起和食指的根部相贴形成一个"V"形的夹角,球杆放在"V"形夹角内,需要注意的是,架杆手的掌根、小指、食指以及拇指处的大鱼际部位要充分地贴住台面,切勿使架杆向左侧或右侧翻起,以确保架杆的稳定。另一种是左手手指张开,指尖微向内弯屈,用拇指和食指扣成一个指环并与球杆成直角,和中指、无名指、小指构成稳定支撑。根据击打主球的击球点不同,架杆手背可以由平直、稍弓起和弓起去找击球点的下、中、上点。

二、握杆

握杆是学习台球时很容易忽视的部分。握杆直接影响了准度,实际上是对击球准度非常重要的一环。

（一）握杆手势

要保证握住球杆，虎口紧贴球杆，靠后的手指（无名指、小指）在运杆时要放松贴住球杆，保证运杆顺畅，随着球杆的运动而开合。

（二）握杆力度

力量放松，不能用力过度也不能松开球杆，就像握鸡蛋或者吸水的海绵一样，保证不松不紧。其实大部分时候靠球杆和手指之间的摩擦力就可以顺畅运杆了，不需要用很大力量去握球杆。

三、身体姿势与站位

（一）站立位置

握好球杆后，面向球台向用主球击打目标球的方向直立，球杆指向主球，握杆手置于体侧，同时对击打目标球的下球点和主球将要走的位置进行确定。

（二）脚的位置

当身体位置确定后，握杆的手保持在体侧不动，左脚向左侧前方迈出一小步，与左脚距离大约与肩同宽。左腿稍屈，右腿保持自然直立。

（四）上体姿势

站好脚位置后，上体向右侧转并向下弯身，使肩部拉起，上体前倾，与台面接近，头微微抬起，下颌正中部位与手或球杆相贴，双眼顺球杆方向平视。

（五）脸部位置

尽量使球杆保持在额头中轴线上，双眼保持水平前视，使脸部之中线、球杆和后臂处在一个较为垂直的平面上。

第二节 台球的基本技术练习

一、握杆技术

（一）食指、中指、无名指紧贴球杆

这种握杆技术要求手的虎口紧贴球杆以保证击球方向稳定、准确，因为虎口的位置决定出杆的最终方向，如果脱离就有可能打不准。这种技术的优点是发力击球时更稳定，缺点是击球后的杆头随球前进的距离相对较短，对白球施加强力旋转的难度就更大。

（二）食指、中指紧贴球杆

其实，使用第一种技术的选手都会在某些需要发力的时候不自觉地使用这种技术，这样可以增加运杆距离从而提高发力程度。

（三）中指、无名指紧贴球杆

这种握杆需要注意的是由于潜意识认为中指和无名指力量较弱，所以刻意地用中指、无名指使劲握杆。这是没有必要的，因为带动球杆运动最主要的是摩擦力，这个力一般情况下并不需要特别大，所以在握杆力度上保证紧贴放松就完全可以了。这种握杆技术的优点是无论向后的运杆距离还是向前的随球击打距离都比较长，更容易对母球施加较强的旋转；缺点是稳定性不如前两种那么高，需要持杆手的肘部、肩部以及身体重心非常稳定，才可以保证击球方向的稳定性。

二、击球练习

（一）横向空岸练习

横向空岸练习是最基础的练习方法之一，在基础练习中直线球占的比重最大，因为练习直线球是确保正确击球姿势和握杆方法的基本训练，同时又是检查击球人出杆是否平稳的一种方法。

1. 练习目的

（1）准确地运用球杆撞击主球中心纵轴线上的击球点。
（2）把撞击球击球点练习和基本动作结构在实际中的运用结合起来。
（3）通过练习，了解和掌握球性以及杆与球、球与台呢和岸边的关系。
（4）通过球的运动方向、运动特征及碰岸返回情况，调整击球动作中存在的问题，提高击球动作的正确性和击打主球击球点的准确性。

2. 练习方法

将主球放在横向台面2/3处，沿横向向对岸岸边瞄准，用中高杆击打主球，击球后要使球杆保持击球瞬间的姿势不动。这时主球会沿横向前进，碰岸弹回沿横向返回原位。如果回球正好碰到球杆的杆头，说明出杆直，出杆稳，击球姿势、握杆姿势、击球点和瞄准点正确，符合要求；如果主球被击出后，由岸边弹回偏离横向运动，说明击球姿势和握杆方法不正确，或者是瞄准点和击球点偏向一边。只有反复练习，细心体会，才能做到百发百中。

横向空岸练习是练习短距离直线球的基础，比较容易。

3. 动作要领

注意站立位置及身体姿势，充分运杆，果断出杆，随势跟进。

4. 练习提示

以中等力度为主，结合稍小或稍大力度，击主球中上、中点、中下三点。

（二）纵向空岸练习

1. 练习目的

熟悉球的运动方向、运动特征及碰岸返回情况，调整击球动作中存在的问题，提高击球动作的正确性，以及击打主球击球点的准确性。

2. 练习方法

纵向空岸练习，就是将主球放在开球位置点上，沿纵向向对岸岸边瞄准，用中高杆将主球击出，击球后要使球杆保持击球瞬间姿势不动。如果主球由顶岸弹回沿直线运动并正好碰到球杆杆头，说明击球姿势、握杆方法、瞄准点和击球点都是正确的。纵向空岸练习比横向空岸练习距离要长一倍，因而难度较大；如果能够做到每击必成，这个练习就算完成了。

3. 练习提示

主球中心点撞击练习，即中杆练习。
主球中上点撞击练习，即高杆练习。
主球中下点撞击练习，即低杆练习。

（三）击主球入袋练习

1. 练习目的

通过击主球入袋练习，了解和掌握撞击主球击球点与落袋的关系。学习和巩固击球动作，保证主球准确入袋。

2. 练习方法

练习方法有三种，分别为击主球落中袋练习、击主球落顶袋练习和两者组合在一起练习。

将一组球（5~7个）放在开球线上，左右间距相等，做好击球准备，每组球击入同一中袋或顶袋，反复进行练习。

将球放在开球区内并在顶袋边各放置一个球，以减少顶袋的宽度，做好击球准备，击主球入顶袋。反复进行练习。

3. 动作要领

每击一球时都要调整身体位置，注意运杆时球杆保持水平。

4. 练习提示

以中等力度为主，结合稍小力度。

三、击直线球入袋

击直线球入袋练习中，主球的击点以中心点为主。这是初步练习的基本要求。在击主球练习的基础上，进行实际台球技术的练习，了解杆、主球与目标球的基本撞击关系。

(一) 近袋近距练习

1. 练习目的

通过近袋近距练习,快速准确地掌握正确的击球动作和球感、球性。

2. 练习方法

将目标球放置在距袋口约 10 厘米处,主球摆放在目标球后约 40 厘米处,并使主球中心点、目标球中心点和袋口中心点形成一条直线。

3. 动作要领

击球中心点,并使主球将目标球撞入袋中。可以反复进行练习。

4. 练习提示

以中等力度为主,结合稍小力度。

(二) 近袋中、远距离练习

1. 练习目的

随着练习次数的增加,提高击球动作掌握程度;可以逐步增加练习的难度,以提高准确度。

2. 练习方法

将一组球(6~8个)放在近袋口 40 厘米处,左右间距相等,做好击球准备,每组球击入同一中袋或顶袋,反复进行练习。

3. 动作要领

击球中心点为主,结合中下点进行练习。注意出杆的延伸及身体的停顿,球进袋 1 秒钟后再起身。

4. 练习提示

以中等力度为主,结合稍小或稍大力度。

(三) 远袋近距离练习

1. 练习目的

随着难度的加大,进一步提高击球准确度。

2. 练习方法

将目标球放置在距袋口较远处,主球摆放在目标球后约 30 厘米处,使袋口中心点、目标球中心点以及主球中心点形成一条直线。

3. 动作要领

击主球中心点为主,结合击主球的中上、中下击球点,撞击目标球入袋。

4. 练习提示

以中等力度为主,结合稍小或稍大力度。如果目标球没进,先观察球杆整体是否与目标球进球线路重合,可做空拉杆击球动作一次再起身。

(四) 远袋远距练习

1. 练习目的

综合提高击球动作的正确性和击球的准确度。

2. 练习方法

在远袋近距练习基础上,逐步过渡到将主球再向后移约25厘米,进行练习。

3. 动作要领

击主球中心点为主,结合击主球的中上、中下击球点,撞击目标球入袋。

4. 练习提示

以稍大力度为主,结合中等或稍小力度。注意推杆和打杆的发力区别。

(五) 球台中心点直线球练习

1. 练习目的

考核练习成果,准确度达到80%算及格。

2. 练习方法

练习时将目标球放在球台中心点上,主球放在开球区开球线附近,根据练习实际水平,可以将主球放在稍靠近目标球或稍远离目标球的位置上,并与目标球、袋口形成直线。

3. 动作要领

击主球中心点为主,结合中高、中低杆,撞击目标球入袋。

4. 练习提示

以稍大力度为主,结合稍小或中等力度。

第三节　瞄准与击球点

一、偏角球瞄准

所谓偏角球,是指主球撞击目标球的侧面。根据主球撞击目标球侧面的程度,又可分为厚球、薄球。

厚球、薄球是台球运动中经常使用的一种击球技术。所谓厚球,是指主球撞击目标球的撞击点在目标球球体1/2以上。所谓薄球,是指主球撞击目标球的撞击点在目标球球体1/2以下。

在打偏角球时,其瞄准点是目标球击球点向外一个球半径处与主球中心点纵向运动方向延长线的交点。

（一）瞄准方法

瞄准方法包括了台球中围绕着使目标球落袋的一切瞄准工作。这一工作是任何一位台球选手在击球开始前都必须做的。一般来讲，在击球前首先要做的事是走到目标球附近，看看目标球的下球行进线路，再看一下目标球的下球击点，并确定瞄准点，最后击打主球，完成击目标球落袋的要求。下面分别就目标球线路、目标球击点、瞄准点进行简单的讨论。

1. 目标球线路的确定

（1）确定目标球进哪个袋更为有利。

（2）确定目标球的中心点和袋口中心成一条直线，并没有其他球影响整个球体顺利进袋。

2. 目标球击点的确定

在确定了目标球下球线路后，即可确定目标球的击点。

（1）由目标球所对的球袋中心，经过目标球中心延长，这条线与目标球球体外缘相交，这个相交点便是目标球的击球点。

（2）可以先用球杆在目标球的击点上瞄一下，以便在心中留下一个清晰的目标球击点的印象。

3. 瞄准点的确定

目标球上的击点确定后，接下来便是要确定目标球的瞄准点。

（1）从目标球的击点向后再量出一段与球体半径相等的长度，这个半径长度的最远点，就是瞄准点。

（2）主球的位置在目标球中心与袋口中心点直线延长线左、右两侧的 90 度范围内。只要瞄准点不变，在此范围都能将目标球击入球袋。

4. 撞击目标球

在准备击目标球入袋前，眼睛可在主球和目标球之间瞄视，以确定预想的下球点，最后出杆时眼睛应看着目标球。道理虽然重要，但更重要的是练习。在比赛中需要的不是说明击球点和瞄准点，而是要用球杆把球打进球袋。对目标球击球点和目标球瞄准点的学习和掌握，要一步一步地做。开始

练习时，可以使主球和目标球之间的距离近一些，以便目标球的击球点和瞄准点能看得更准确。开始练习时，尽量打较厚的偏角球，如 1/2 厚或 3/4 厚的偏角球。另外，可以把目标球上的球号对准袋口另一侧的球号作击球点用，以便加深印象，提高练习效果。

二、击球点

不能只顾及目标球怎样才能入袋，还要考虑在目标球入袋的同时，主球将向什么方向运动，只有考虑到了这两个方面，训练或比赛才能变得越来越有效。

（一）主球的击球点

主球的击球点是球杆撞击主球某一部位的点，主球的击球点最基本的有 5 个，即正中

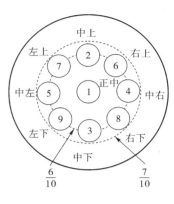

图 14-3-1

点、中下点、中上点、中左点和中右点。另外，还有 4 个常用的击球点，即左上、左下、右上和右下。主球的击球点如图 14-3-1 所示。

在撞击主球上的击球点时，初学者在打主球中上点、中下点或中左点、中右点时往往会打滑。出现这种现象的原因是打击主球时，击球点超出了安全击球区。所谓安全击球区，就是以主球的正中点为中心，以球直径的 6/10 为半径画圆的区域，在这个范围内击打主球，不会出现打滑现象。随着对击球点掌握程度的提高，这个 6/10 半径的同心圆亦可以相应扩大。

了解了主球的击球点后，便可以进一步了解在用球杆撞击主球不同击球点时，主球的运动方向和运动特征，这也是学习和提高击球准确性和有效性的重要内容。

主球的运动方向依其击球点和球杆的位置形成两个基本的运动方向。

1. 第一种基本运动方向

第一种基本运动方向是主球运动方向与球杆中轴线一致的直线向前运动。当球杆撞击主球的中上点、正中点和中下点时，主球运动方向均如此，但主球的运动特征略有差别。正是这些特征的差异，才使球手随心所欲地去运用主球进行走位控制。这种情况下，主球运动特征可从以下三个方面来分析。

（1）速度特征。击球点（中上、正中、中下）不同，在用同一力度撞击主球时，其速度特征表现为：击中上点的球速较快，击正中点次之，击中下点较慢。

（2）旋转特征。当球杆撞击主球的中上点时，主球随即以正上旋形式向前方运动。当球杆撞击主球的正中点时，主球开始是无旋转形式向前滑行，然后便以正上旋转形式向前运动。当球杆撞击主球的中下点时，主球开始以无旋转形式向前作瞬间滑行，后以反下旋形式向前运动，经过一段距离后，球仍然以正上旋形式向前运动。

（3）力量特征。当用同一力度撞击主球的中上点、正中点和中下点时，由于击球点不同，主球的速度和旋转形式不同，主球运动时受到台呢的摩擦阻力影响程度也不同。当主球碰撞目标球时，便反映出主球撞击目标球的力量差别。撞击主球中上点时力量较大，撞击主球正中点时次之，撞击主球中下点时力量较小。

2. 第二种基本运动方向

第二种基本运动方向是主球运动方向与球杆中轴线并行。当球杆沿水平方向撞击主球正中点两侧的击球点时便会如此。这种情况下，主球运动特征表现为一种既有自转又向前运动的混合运动形式。当球杆保持水平出杆击球的中右部或中左部时，主球开始作短暂滑行后便开始右自转或左自转，同时也向前行进。

（二）理论结合实践

知道了主球撞击点的不同与不同的运动方向及运动特征后，便可以进行实践练习。当然，练习的目的不仅仅是在实践中证实理论讲述的内容，更重要的是通过练习来正确和牢固地掌握好击球的准确性，即对所选定主球上的击球点在球杆最后撞击时不出偏差。这也是台球初学者首先要练习的内容之一。

第四节　台球的基本杆法

一、推杆

（一）技术动作

做好击球准备，后手握杆保持球杆水平，击球的中心点，力量不可太大太猛。

（二）技术效果

主球撞击目标球后，目标球向预定的方向前进，主球也随之徐缓地向前方行进一小段距离后停下。

（三）使用说明

为了使主球走到下一个目标球最好的下球方式对应的点上，可使若干个球构成一个清晰的、便于击打走位的路线网。可能需要用一个推进球来确保走位的准确性。

（四）直线球推进球

推杆是台球技术中最普及的杆法，虽然技术简单，但与速度、力量及出杆的延伸相结合，会有很大的进步空间，需要认真练习与提高。

1. 练习目的

学习和掌握主球在找下一个目标球时所需要的力度。

2. 练习方法

在台面一侧，放 3 个目标球，用中杆轻推主球，依次将 3 个目标球撞击入袋。

3. 动作要领

杆头长时间击打主球的中部击点。

4. 练习提示

练习时有两点要求：一是每推进一个球，可以用手将主球重新放在下一个目标球的合适位置上；二是力求使主球都能走到准确的位置上，保证用主球推进目标球。

二、定杆

（一）技术动作

做好击球准备，球杆保持水平，击主球的中心点，出杆时要迅速有力，干净利落。对距离较远的目标球，可击主球的中心点稍偏下方，以确保主球的定位。

（二）技术效果

中杆击主球，撞击目标球后，目标球向前运动，主球停在目标球原来的位置上。

（三）使用说明

在实战中，有时需要使主球停在所击目标球的位置上，以便于击下一个目标球。

（四）不同距离定位球练习

1. 练习目的

掌握对不同距离定位球的击法。

2. 练习方法

用中杆稍低去击主球。随着目标球距离的增加，击主球点相应下调。

3. 练习提示

随目标球距离的增加，击球力量相应加大。

三、高杆

（一）技术动作

做好击球准备，握杆的后手保持球杆水平，用球杆击打主球的中上点，出杆的力量根据主球走位距离而定。

（二）技术效果

当主球以上旋的形式撞击目标球后，目标球向前行进，主球由于自身上旋继续随之向前进，并停在某一位置上。主球跟进的距离比主球推进距离明显要长。

（三）使用说明

为了获得一个较长距离的主球走位位置，需要用高杆来使主球随击球方向跟进。

四、缩杆

（一）技术动作

做好击球准备，架杆手尽量放低平些，球杆保持水平，击主球的中下点。出杆时要果断迅速，动作连贯协调。

（二）技术效果

当用低杆击打主球时，主球便会随之产生急速的下旋；当与目标球相撞时，目标球向前运动，主球则借助其旋转向后运动。在同一力度下，由于主球和目标的距离不同，缩杆的效果也有所不同。

（三）使用说明

为了在击球后，能有一个有利于连续击球的位置，以便使下球变得更简单，可以用一个低杆将主球缩回来。

（四）直线球缩球技术练习

1. 练习目的

学习和掌握低杆的出杆力量、杆的跟进动作和主球回缩的程度。用缩球来控制主球走位。

2. 练习方法

练习时根据难度和要求的不同，可以有两种基本方法。一是将若干个目标球排一排，用主球击打目标球后，再用手重新码放主球位置，依次将目标球击入袋中。二是将三个目标球放在中袋附近，用中低杆击主球，撞击目标球进袋后缩回到原置球位，再打第二个目标球，然后再打第三个目标球。

3. 动作要领

击球瞬间要有爆发力，手腕快速抖出，杆头快速搓击主球的下部，跟随一段距离后快速收回。

4. 练习提示

根据主球与目标球的距离，调整主球击点部位。

五、扎杆

扎杆是指击球时，将球杆与台面成一定角度或几乎与台面垂直，由上而下击打主球。使用扎杆时主球产生强烈的旋转从而形成弧线，这种杆法常见于花式台球表演中。难度大，精确度要求高。

（一）技术动作

将杆尾抬高后，加上侧向的旋转，则会产生母球运动的方向横向的旋转，由于与台面摩擦逐渐产生横向的速度而改变方向。

（二）技术效果

一般扎杆不需要很大的力度，杆尾抬得越高，母球拐头越早越强。扎杆也可以加纯的下旋和上旋，这样会在力量较小的情况下保证较大的旋转。

（三）使用说明

扎杆一般是为了绕过障碍球，但也有两球很近时为了避免连击犯规而抬高杆尾扎杆。

当白球和目标球中间有障碍球的时候，就要用到扎杆。将球杆尾部竖起，使球杆与台面形成一个大于40度的角，并击打球的侧面，使白球产生强烈的旋转，从而绕过障碍球，击打目标球。

六、跳杆

（一）技术动作

一些初学者，在前方有障碍球时，用球杆击打母球最下方，发力方式是出杆时往起挑，这是犯规的。正确的跳球，是将球杆后尾抬高，击打母球1/2以上。

（二）技术原理

将后手抬高，击打母球1/2以上，给母球以向下的力。无论是母球、台呢还是大理石板，都有一定的弹性，通过反作用力使母球弹起，达到跳球的作用。

（三）动作要领

（1）发力要充分用好手腕甩动的力，而不是发死力。

（2）一般来说，障碍球离母球距离近，后手要抬高，越近就越高，球杆与母球的角度尽量大，这样母球可以快速跳起，跳球高度比较高，但是母球跳起后向前距离短，即所谓的"见高不见远"。

球杆与母球角度越大，母球起跳越高，距离越短；球杆与母球角度越小，母球起跳越低，距离越远。处理障碍球较远的球时，可以适当降低后手，母球跳起后，高度较低，但是跳起后向前行进距离远，即所谓的"见远不见高"。

七、旋转球

旋转球又称加塞，发力时基本不改变目标球的分离角，更多影响弹库后的反射角，左旋反射线偏左，右旋偏右。其作用主要是控制母球的走位以及踢球等，是一种很实用的打法，不过不好掌握，一旦学会，台球技术一定能提升一个等级。要想打好旋转球，首先得保证出杆的稳定性，如果还经常出现滑杆，连击、库边球、高架球不会打，建议还是先练习出杆。加塞分为左塞和右塞，击打母球靠左边的位置称为左塞，反之为右塞。

（一）主球上旋

当球杆撞击主球中上点时，主球产生向前的旋转，在具有前旋的主球撞击目标球一侧时，由于向前旋转力的作用，主球与目标球的偏离角小于90度。

前旋的主球在撞击目标球一侧时的厚薄程度不同，它们之间的分离角度也有所不同。同样的力量和击打点，主球与目标球距离一样。角度不同，目标球进袋后的主球走位路线也不同，如图14-4-1所示。

击打同一主球点，不同力量下目标球进袋后的主球路线不同，如图14-4-2所示。

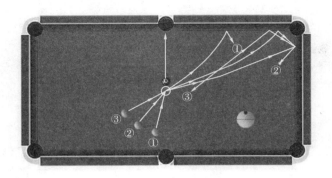

图 14-4-1

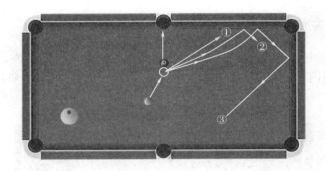

图 14-4-2

（二）主球下旋

当用低杆击主球中下击点，主球击目标球一侧时，其偏转角度一般大于 90 度。

下旋的主球在撞击目标球一侧时的厚薄程度不同，它们之间的分离角度也有所不同。同样的力量和击打点，主球与目标球距离一样、角度不同，用同样杆法，下旋值相同，但目标球进袋后的主球走位路线不同。如图 14-4-3 所示。

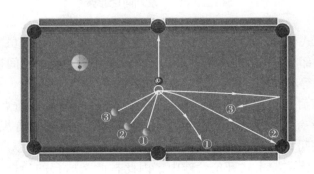

图 14-4-3

主球同一位置，击打主球大致同一击球点，不同力量下的缩杆偏角球的主球走位路线不同。如图 14-4-4 所示。

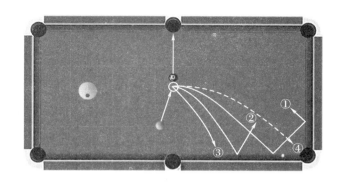

图 14-4-4

(三) 主球的左旋、右旋

当用球杆击主球中心点的两侧,主球撞击目标球同一侧时,如果撞击目标球的右侧,左旋球的分离角一般小于 90 度,而右旋球一般大于 90 度。如图 14-4-5 所示。

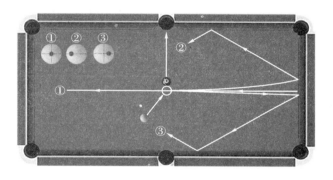

图 14-4-5

第五节　影响因素

无论是无袋撞击式台球还是有袋式台球,靠直接撞击目标球得分虽然是基本打法中的主要部分,但在很多情况下,还必须利用台边反弹的间接打法取分,或有做障碍球或解救障碍球等的需要。

当球受球杆击打后与台边相撞时,其反弹运动状态的变化与撞点位置、击球施力大小、球的旋转方向等有很大关系。其变化是比较复杂的,但又是有规律的。当掌握了其基本变化规律后,便可以运用自如,即使是细小的变化也能控制。

台边反弹多用于无袋撞击式开仑台球中,因此在此类球台的边框上都设有星点标记,测算反弹角度既简单又准确。但是,有袋式球台上没有星点标记,只能凭经验目测判断,如果遇到球与球之间距离远,不但估测台边的撞点比较困难,其准确性也很难保证。所以,在重大的比赛中,运动员对反弹球的应用是比较慎重的,只有在万不得已的情况下才小心翼翼地冒险用上一次。但是，作为一名球员应该要求技术全面，可以学而不用，不能不会。

一、入射角与反射角

入射角是主球撞击台边的方向与台边的夹角；反射角是反弹方向与台边的夹角。在绝对弹性的情况下，主球没有旋转时，撞击台边后，按照物理学的动量守恒定律，入射角与反射角应当是相等的。这个道理和光学的镜面反射光线是一样的。但是，在实际击球时，受球台胶边的质量和击球力度等的影响，并不完全是绝对弹性碰撞，应该注意进行调整。

二、垂直台边击球

把主球放在球台纵向一端，对着对面台边垂直方向，击打主球中心点，用中力把球击出，球将沿原路弹回。

三、力度不同外向台边击球的入射角与反射角

重力打主球中心击点，斜向台边将球击出，其反射角接近入射角。打同样的中心击点，用弱力将主球击出，当主球与台边斜向相撞后，其反射角小于入射角。

四、中上与中下击点的反射角

打主球中上击点的正旋球，当与台边碰撞后，球的反射角小于入射角，并呈弯曲偏转的弧线；撞击主球中下击点的倒旋球，反射角大于入射角，并呈弯曲偏转的弧线。

五、偏角球分离角的运用

台球可视为一个近似的弹性体，如果忽略摩擦力以及动量吸收，撞击目标球时主球不旋转，那么不管偏球的厚薄是多少，碰撞后主球和目标球运动方向的夹角永远为 90 度，如图 14-5-1 中杆的杆法路线。

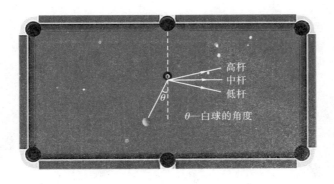

图 14-5-1

偏球转角可以近似地看成90度，对于台球爱好者来说是十分有益的，它会在实战中免去对于主球击打目标球后可能会自落的担心。正因为有了偏转角90度这一个不十分精确的观点，可以在下球时以此为基准，确定目标球下袋后主球大致的走向，从而能放心且集中精力打好目标球。同一球，击打主球上、中、下点，同一力量下主球走位的路线不同，如图14-5-2所示。

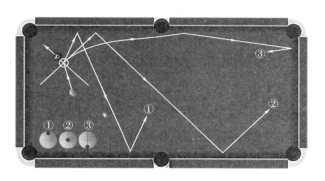

图 14-5-2

当主球以旋转的运动形式击出，撞击目标球后，主球与目标球的分离角会有所不同。

第十五章

飞　镖

飞镖比赛是镖手站在一定的距离内，用单手持镖向悬挂在一定高度并刻有 20 个分数区的镖盘投准的一项室内休闲体育项目。

第一节　飞镖简史

现代飞镖运动项目诞生在几百年前英格兰的公共酒吧，最初的飞镖类似于短箭，镖盘则是树的横断面或酒桶的底盖。19 世纪末，英国人甘林发明了现代飞镖的计分系统。直到 19 世纪末 20 世纪初，经过发展和完善，飞镖运动才逐步走向成熟。

作为一项休闲运动，几乎所有英格兰的酒吧都设有镖盘，官方也于 1908 年将该项目定为技术游戏。1924 年，全英飞镖协会成立，并举办首个锦标赛。英格兰移民把飞镖游戏带到了美国，也成为美国酒吧的休闲游戏。20 世纪 70 年代，飞镖在美国迅速发展。世界飞镖联合会成立于 1976 年，现拥有七十多个会员，每两年举办一届世界飞镖锦标赛、一届世界杯赛，每年举办一届世界职业排名赛、世界职业大师赛。

飞镖运动传入我国较晚，由于技术相对简单，易于掌握，且不受年龄、性别、职业和气候条件的限制，运动量适宜，迅速被我国大众所接受。空闲时间掷掷飞镖，不仅可以舒展筋骨，消除疲劳，增强身体协调能力，还能磨炼意志和提高心理素质。国家体育总局已于 1999 年批准将飞镖运动列为我国第九十五项正式比赛项目之一，并于当年 12 月在天津举办了首届中国飞镖公开赛，到目前为止，已举办过 4 届中国飞镖公开赛。

第二节　飞镖基本技术

一、握镖

大拇指放在镖重心后面一点，再用食指、中指或食指、中指、无名指握住镖筒。握镖方式无正确和错误之分，只要掷镖者感到自如即可。但握镖时镖尖要略朝上，手指肌肉放松。

二、站姿

两脚左右自然开立,投掷手臂同侧脚稍偏前,脚尖对准镖盘;投掷手臂同侧脚稍偏前,脚尖对准镖盘,投掷手臂与镖盘中心线成直线,并保持上臂与地面平衡,镖尖略抬起。保持这种站姿能在相对平衡、稳定、舒适的状况下发挥最自然的投掷效果。

三、掷镖

(一)瞄准

眼睛与镖、镖盘目标点连成一线,并锁定该目标,摒弃杂念。

(二)送镖

前臂直接向镖盘伸展,同时伴随手腕的轻微屈伸运动。在整个投掷过程中,投掷手臂的肩是固定的,身体的其他部分也保持一定的固定姿势,唯有手臂是运动的。掷镖并不需要使出手臂或肩膀所有力量,只要保证飞镖在受力后沿着一定的抛物轨迹插入镖盘即可。

(三)后续动作

镖出手后,手臂自然沿着原瞄准目标方向随之运动;飞镖出手时,可通过跷起脚后跟来维持身体平衡。

第三节 飞镖简要比赛规则

01 比赛是欧美最常用的比赛规则,目前正规的国内、国际比赛一般都采用此规则。它得名于比赛组总是从 301 或 501 分开始。

(1)比赛开始前,每名选手各投一支镖;离中心距离最近者比赛时先投,是为掷牛眼。

(2)多名选手轮流上场,每轮投 3 支镖。每轮的得分从总分中累计扣减,先恰好减到 0 分者获胜。

(3)每位选手比赛开始时都拥有 301 分或 501 分,目标是结束比赛的那支镖(不一定是第三支镖)必须打在两倍区内,称为倍出。

(4)如果选手投出一只镖后,分数累减之后为负,则这一轮得分不计,仍保持此轮开始前的分数,称为爆镖。如果比赛规定要"倍出",那么减到 0 分没打中双倍区,或者减到 1 分(此时无法倍出)也算爆镖。

(5)一旦爆镖,即使 3 支镖未投完,选手这一轮投掷也告结束,应恢复此轮比赛开始之前的分数;轮到他的对手投掷。

第十六章

轮　　滑

轮滑又称为滑旱冰和滚轴运动等，是穿着带滚轮的特制鞋在坚实平整而光滑的场地上滑行的一种运动项目。

第一节　轮滑运动简介

轮滑起源于欧洲。18世纪，一名荷兰人为了能够在夏天滑冰，发明了轮滑溜冰。后来欧美人多次对轮滑鞋进行改造，使得这项运动在欧洲各国得到发展和普及，并逐渐发展成为竞赛项目。国际轮滑联合会于1924年成立，从2015年开始每两年举办一次世界轮滑锦标赛，使轮滑在全世界范围内发展起来。

轮滑于19世纪传入中国，当时仅在沿海个别城市作为一种娱乐项目展开，直到80年代初期才有正式比赛出现。1980年9月，中国加入国际轮滑联合会，轮滑得到了迅速的发展。

轮滑比赛包括速度轮滑、花样轮滑、自由式轮滑、轮滑球和极限轮滑等。轮滑的项目及分类如表16-1-1所示。

表16-1-1　轮滑的项目及分类

项目		具体类别
速度轮滑	公路比赛	200米个人计时赛、500米争先赛、10 000米积分赛、20 000米淘汰赛、5 000米接力赛、42千米马拉松赛
	场地跑道比赛	300米个人计时赛、500米争先赛、1 000米计时赛、10 000米积分淘汰赛、15 000米淘汰赛、3 000米接力赛
花样轮滑		规定圆形滑、自由滑、双人滑、双人舞
自由式轮滑		休闲轮滑、野街轮滑
轮滑球		5人制男、女轮滑球
极限轮滑		街区轮滑、U地轮滑

轮滑具有竞技性、娱乐性、锻炼性、表演性等特点。花样轮滑还具有体操、杂技、舞蹈和造型综合艺术的特性。轮滑不受场地的限制，所需器械简单，只需要轮滑鞋和一块平坦场地就可以开展。

第二节　轮滑的基本技术

轮滑的基本技术包括站立、平衡、移动、滑行、滑行停止和弯道滑行等。

一、站立、平衡和移动

（一）站立姿势练习

站立的姿势主要包括丁字形站立、八字形站立和平行站立等。

1. 丁字形站立

动作说明：左脚跟紧靠右脚内侧（或右脚跟紧靠左脚内侧），使双脚成丁字形。双膝微曲，重心稍偏于位置居后的脚，上体略前倾，抬头目视前方，两臂自然垂于体侧。

2. 八字形站立

动作说明：双脚脚跟靠近，脚尖自然分开，成八字形。双膝弯曲，重心落于两脚间，目视前方，两臂自然垂于体侧。

3. 平行站立

动作说明：双脚左右开立，与肩同宽。两脚尖稍内扣，上体微前倾，双膝微曲，重心落于两脚间，两臂自然垂于体侧。

（二）平衡练习

平衡练习主要包括原地移动重心、原地踏步和原地蹲起等。

1. 原地移动重心

动作说明：在双脚平行站立的基础上，上体左移，并逐渐将身体重心完全移至左脚支撑站立。待平稳后上体右移，再向右脚移动重心。练习时左右交替移动。

2. 原地踏步

动作说明：在八字形站立的基础上，重心移到一只脚上，另一只腿屈膝上提，使脚离地面5~10厘米再落下。然后重心移至另一只脚上，两脚交替踏步练习。

3. 原地蹲起

动作说明：在双脚平行站立或八字形站立的基础上，做下蹲、起立动作，重心保持在两脚间。两臂自然打开，协助身体平衡。

（三）移动练习

移动练习包括双脚原地前后滑动、向前八字走和横向迈步移动等。

1. 双脚原地前后滑动

动作说明：在平行站立的基础上，两脚伸直，大腿发力做一脚向前、一脚向后的前后滑动，两臂前后摆动，协助身体平衡。

2. 向前八字走

动作说明：在丁字形或八字形站立的基础上，一脚向前迈出一小步，脚尖外展，同时身体重心迅速移至前脚。当重心落至前脚时，后脚再抬起向前迈步。两脚交替进行，移动身体重心。

3. 横向迈步移动

动作说明：在平行站立的基础上，向右横向迈步移动时，左脚用力蹬地，重心左移，右脚向右迈出一步，随之重心迅速移至右脚；左脚靠拢右脚内侧着地，重心移至左脚，右脚继续横向迈步移动。向左横向迈步移动时，动作要领相仿。

二、滑行

初学者在掌握了走步移动身体重心后，就可以开始学习向前滑行动作。常用的滑行方法包括走步双脚滑行、高姿势交替蹬地交替滑行、低姿势交替蹬地交替滑行和交替蹬地接双脚滑行等。

（一）走步双脚滑行

动作说明：在向前八字走的基础上，每次连续走几步就可产生一定的惯性，然后两脚迅速并拢，由八字形变为两脚平行站立，借助惯性向前滑行，保持重心在两脚间，体会身体向前滑的感觉。两臂自然前后摆动，协助身体平衡。然后再走几步又并拢双脚滑行，连续练习。

（二）高姿势交替蹬地交替滑行

动作说明：两脚八字形站立，膝、踝微曲，上体直立。两脚同时向两侧蹬地，使双脚同时开始滑行。重心移至左（右）腿，右（左）脚侧蹬地，左（右）腿支撑滑行，右（左）脚蹬地后迅速收回，向左（右）腿靠拢，落地两脚自然成八字形，同时重心移至右（左）腿，左（右）腿侧蹬地，如此两脚交替进行。两臂自然前后摆动，协助身体平衡。

（三）低姿势交替蹬地交替滑行

低姿势交替蹬地交替滑行比高姿势交替蹬地交替滑行动作幅度大，用力时间长，所以滑行起来较快，可应用于速滑。

动作说明：在高姿势交替蹬地交替滑行的基础上，成深蹲姿势，上体前倾，重心移至左（右）脚，右（左）脚侧蹬地，左（右）腿支撑滑行，右（左）脚蹬地后迅速收回，向左（右）脚并拢，落地两脚成八字形。重心移至右（左）脚，左（右）脚侧蹬地，如此两脚交替进行滑行。两臂自然前后摆动，协助身体平衡。

（四）交替蹬地接双脚滑行

动作说明：两脚交替蹬地交替滑行3~4步或5~6步后，双脚并拢成平行站立，借助惯性向前滑行，两臂自然前后摆动，协助身体平衡；然后再交替蹬地几步，又惯性滑行。

三、滑行停止

常用的滑行急停包括八字停止法和丁字停止法等。

（一）八字停止法

动作说明：在两脚交替蹬地交替向前滑行的过程中，两脚平行分开站立，随后两脚尖内转成内八字形，两腿弯曲，上体稍前倾，臀部下蹲，两臂前伸维持身体平衡，两脚以鞋轮内侧摩擦地面，直至滑行停止。

（二）丁字停止法

动作说明：在前滑的过程中，将身体重心移至前脚，前腿屈膝，后脚横放在前脚内侧成丁字步，后脚鞋轮内侧摩擦地面，加大阻力，直至滑行停止。

四、弯道滑行

初学者在进行简单的直线滑行时，也可进行一些简单的转弯练习。常用的弯道滑行有走步转弯、惯性转弯和短步转弯等。

（一）走步转弯

动作说明：向前做八字走左转弯时，在每一次落脚时脚尖都向左转动一点，身体也随之向左转动一点，逐渐成弧形的走滑路线。右转弯时，动作相仿。

（二）惯性转弯

动作说明：当向前滑行有一定的速度后，两脚平行稍靠近，如向左转时则左脚略靠前，右脚靠后，重心落于两脚之间前1/3处，最好是前腿略弓，后腿直。身体重量压在左脚和右脚的内侧，利用惯性向左滑一较大的弧线。右转弯时，动作相仿。

（三）短步转弯

动作说明：左转弯时，在学会慢转弯动作的基础上，曲膝下蹲，重心完全落在左腿上，甚至超过左腿的支点，右脚向右侧蹬地后迅速收回，靠近左脚落地做短暂支撑。同时左脚迅速向左稍转脚尖，右脚再迅速向右侧蹬地，连续做此动作可以加速转弯。如向右转，动作相仿。

第三节　轮滑的比赛规则

一、比赛场地

速度轮滑比赛场地的规格由比赛项目决定。

（一）场地跑道比赛

场地赛的跑道长度不得短于125米，不得长于400米，宽度不得小于5米。弯道跑道周长不得短于 125 米,不得长于 250 米,直道不应少于跑道总长度的 33%。终点线要用白色线标出,线宽为 5 厘米。

(二) 公路比赛

公路跑道的宽度全程均不得少于 6 米,起、终点要用宽 5 厘米的白色线标出。公路赛包括"开放式"和"封闭式"公路赛两种,"开放式"公路赛的起点和终点不衔接,且有坡度的赛段不得超过跑道总长的 25%;"封闭式"公路赛的起点和终点衔接,且跑道的长度不短于 400 米,不长于 1 000 米。

二、装备

速度轮滑的装备包括服装、护具和轮滑鞋等。

(一) 比赛服装

参加比赛的同一个单位的所有运动员都必须身着统一长袖或者短袖服装,颜色和图案要一致。

(二) 护具

护具包括头盔、护腕、护肘和护膝。头盔要完整、坚固、没有尾翼。

(三) 轮滑鞋

轮滑鞋分双排轮滑鞋和直排轮滑鞋两种。双排轮滑鞋主要应用于花式轮滑表演和轮滑球运动;直排轮滑鞋主要应用于速滑比赛、轮滑球运动和室内外休闲运动等。

速滑比赛允许穿双排轮滑鞋或者直排轮滑鞋参赛。轮子的直径最大为 110 毫米,轮滑鞋全长不得超过 50 厘米。轮架必须与鞋靴固定,轮轴不得凸出到轮子以外。轮滑鞋禁止装有制动装置。

三、竞赛通则

(1) 所有比赛的起跑均为站立式,用发令枪或哨子发出起跑信号。

(2) 发令员在起点召集运动员时,运动员未到,一分钟后重新召集,仍不到者立即取消比赛资格。

(3) 发令员在发出起动信号前运动员启动均为抢跑。第一次抢跑给予警告,三次抢跑取消比赛资格。

(4) 任何情况下,运动员不允许推其他运动员或者在他们前面横切,禁止拉、推、阻碍或者援助他人滑行。

(5) 在弯道滑跑时,除非内侧有足够的空间可以通行,否则只能从外侧超越其他运动员。

(6) 禁止运动员的轮滑鞋触及或踏出跑道线。

(7) 在"封闭式"公路跑道或场地跑道上,运动员应按逆时针方向滑行。

第四篇

大学生体质健康篇

第十七章

大学生体质健康测量、评价与锻炼

第一节 大学生体质健康的测量与评价

一、体质与健康的基本内容及关系

1. 体质的概念

体质是指人体生命的质量,是个体在先天遗传性和后天获得性的基础上表现出来的人体形态结构、生理功能、身体素质、心理品质和适应能力等方面相对稳定的特征。

体质是人的生命活动和工作与劳动的物质基础,在其形成、发展和消亡的过程中具有明显的阶段性,从最佳状态到严重疾病或功能障碍,可呈现出各种不同阶段的体质水平。一个人的体质好坏,既依赖于先天因素,又与后天因素相关,而后天因素起着决定性作用。因此,在测定和评价体质时,必须注意体质的综合性特点并采用多项指标进行评价。

2. 体质的构成

人体的形态结构、生理功能、身体素质和运动能力(简称"体能")、心理条件以及对内外环境的适应能力是构成体质不可分割的五个重要因素。身体的形态结构是体质的物质基础;生理功能、体能和心理条件是体质的主客观表现;对内外环境的适应能力是它们的综合反映。构成体质的这五个因素相互统一、密切联系。体能是各器官系统的机能在人体运动过程中的客观反映;发展和提高体能的过程会相应地引起机体形态结构、生理功能的一系列变化;而伴随着形态结构、生理功能的变化及体能的发展提高,又会产生一定的心理过程和个性心理特征,从而促进人的心理发展。

3. 体质与健康的关系

体质与健康之间有着密切联系。两者都是对人体状况的描述,都涉及人体的形态结构、生理机能、运动能力、心理状况及对社会(包括人际关系)的适应能力等方面,它们之间既有联系,又有所不同。体质是生命活动的最基本要素,也是健康的物质基础;而健康则是人体理想状态的标志,是体质所追求的目标体现。体质侧重于体格、体型、身体素质、运动能力等,而健康侧重于研究人体的心、肝、脾、肺、肾及血管组织结构和生理功能的疾病、异常和死亡。体质是从"外观"上研究人体,健康是从"内部"研究人体。体质是人体的质量,健康则是体质状况的反映和表现,所以在评价体质和健康状况时,有些指标很难说是纯属检测体质的指标,另一些指标也很难说是纯属健康检查的指标。

二、大学生体质健康测试与评价

体质测试是指选择能够客观地反映体质状况的各种指标和方法,对人体进行定量的测试,获得反映体质状况的资料,为更好地进行身体锻炼和促进健康成长提供科学依据。对体质测试所得的资料进行科学的统计与分析,作出某一方面或综合素质的健康判断称为体质评价。

为建立健全国家学生体质健康监测评价机制,激励学生积极参加身体锻炼,引导学校深化体育教学改革,推动各地加强学校体育工作,促进青少年身心健康、体魄强健、全面发展,在认真总结各地实施现行《国家学生体质健康标准》的基础上,结合新时期青少年体质健康状况和学校体育工作实际,教育部组织专家对原《国家学生体质健康标准》进行了修订,并于2014年7月颁布。

(一)说明

(1)《国家学生体质健康标准》(简称《标准》)是国家学校教育工作的基础性指导文件和教育质量基本标准,是评价学生综合素质、评估学校工作和衡量各地教育发展的重要依据,是《国家体育锻炼标准》在学校的具体实施,适用于全日制普通小学、初中、普通高中、中等职业学校和普通高等学校的学生。

(2)《标准》的修订坚持健康第一,落实《国家中长期教育改革和发展规划纲要(2010—2020年)》《国务院办公厅转发教育部等部门关于进一步加强学校体育工作若干意见的通知》(国办发〔2012〕53号)和《教育部关于印发〈学生体质健康监测评价办法〉等三个文件的通知》(教体艺〔2014〕3号)有关要求,着重提高《标准》应用的信度、效度和区分度,着重强化其教育激励、反馈调整和引导锻炼的功能,着重提高其教育监测和绩效评价的支撑能力。

(3)《标准》从身体形态、身体机能和身体素质等方面综合评定学生的体质健康水平,是促进学生体质健康发展、激励学生积极进行身体锻炼的教育手段,是国家学生发展核心素养体系和学业质量标准的重要组成部分,是学生体质健康的个体评价标准。

(4)《标准》将适用对象划分为以下组别:小学、初中、高中按每个年级为一组,其中小学为6组、初中为3组、高中为3组。大学一、二年级为一组,三、四年级为一组。

(5)小学、初中、高中、大学各组别的测试指标均为必测指标。必测指标中,身体形态类中的身高、体重,身体机能类中的肺活量,以及身体素质类中的50米跑、坐位体前屈为各年级学生共性指标。

(6)《标准》的学年总分由标准分与附加分之和构成,满分为120分。标准分由各单项指标得分与权重乘积之和组成,满分为100分。附加分根据实测成绩确定,即对成绩超过

100 分的加分指标进行加分,满分为 20 分;小学的加分指标为 1 分钟跳绳,加分幅度为 20 分;初中、高中和大学的加分指标为男生引体向上和 1 000 米跑,女生 1 分钟仰卧起坐和 800 米跑,各指标加分幅度均为 10 分。

(7) 根据学生学年总分评定等级,90.0 分及以上为优秀,80.0~89.9 分为良好,60.0~79.9 分为及格,59.9 分及以下为不及格。

(8) 每个学生每学年评定一次,记入《〈国家学生体质健康标准〉登记卡》。特殊学制的学校,在填写登记卡时可以按规定和需求相应地增减栏目。学生毕业时的成绩和等级,按毕业当年学年总分的 50% 与其他学年总分平均得分的 50% 之和进行评定。

(9) 学生测试成绩评定达到良好及以上者,方可参加评优与评奖;成绩达到优秀者,方可获体育奖学分。测试成绩评定为不及格者,在本学年度准予补测一次,补测仍不及格,则学年成绩评定为不及格。普通高中、中等职业学校和普通高等学校学生毕业时,《标准》测试的成绩达不到 50 分者按结业或肄业处理。

(10) 学生因病或残疾可向学校提交暂缓或免予执行《标准》的申请,经医疗单位证明,体育教学部门核准,可暂缓或免予执行《标准》,并填写《免予执行〈国家学生体质健康标准〉申请表》,存入学生档案。确实丧失运动能力、被免予执行《标准》的残疾学生,仍可参加评优与评奖,毕业时《标准》成绩须注明免测。

(11) 各学校每学年开展覆盖本校各年级学生的《标准》测试工作,《标准》测试数据经当地教育行政部门按要求审核后,通过"中国学生体质健康网"上传至"国家学生体质健康标准数据管理系统"。测试和数据上传时间由教育行政部门确定。

(二) 单项指标与权重

大学生单项指标与权重如表 17-1-1 所示。

表 17-1-1　体质健康测试单项指标与标重

测试对象	单项指标	权重/%
大学各年级学生	体重指数(BMI)	15
	肺活量	15
	50 米跑	20
	坐位体前屈	10
	立定跳远	10
	引体向上(男)/1 分钟仰卧起坐(女)	10
	1 000 米跑(男)/800 米跑(女)	20

注:体重指数 = 体重(千克)/身高^2(米^2)

(三) 《国家学生体质健康标准》评分表

《国家学生体质健康标准》大学生评分表如表 17-1-2 至表 17-1-4 所示。

表17-1-2 国家大学生体质教科标准（女子）

等级	单项得分	肺活量/毫升		50米/秒		坐位体前屈/厘米		立定跳远/厘米		仰卧起坐/次		800米		体重等级	体重指数
		大一大二	大三大四	大一大二	大三大四	大一大二	大三大四	大一大二	大三大四	大一大二	大三大四	大一大二	大三大四		
优秀	100	3400	3450	7.5	7.4	25.8	26.3	207	208	56	57	3分18秒	3分16秒	正常 100分	17.2~23.9
	95	3350	3400	7.6	7.5	24	24.4	201	202	54	55	3分24秒	3分22秒		
	90	3300	3350	7.7	7.6	22.2	22.4	195	196	52	53	3分30秒	3分28秒		
良好	85	3150	3200	8	7.9	20.6	21	188	189	49	50	3分37秒	3分35秒	低体重 80分	≤17.1
	80	3000	3050	8.3	8.2	19	19.5	181	182	46	47	3分44秒	3分42秒		
	78	2900	2950	8.5	8.4	17.7	18.2	178	179	44	45	3分49秒	3分47秒	超重 80分	24.0~27.9
	76	2800	2850	8.7	8.6	16.4	16.9	175	176	42	43	3分54秒	3分52秒		
	74	2700	2750	8.9	8.8	15.1	15.6	172	173	40	41	3分59秒	3分57秒		
	72	2600	2650	9.1	9	13.8	14.3	169	170	38	39	4分04秒	4分02秒		
及格	70	2500	2550	9.3	9.2	12.5	13	166	167	36	37	4分09秒	4分07秒	肥胖 60分	≥28.0
	68	2400	2450	9.5	9.4	11.2	11.7	163	164	34	35	4分14秒	4分12秒		
	66	2300	2350	9.7	9.6	9.9	10.4	160	161	32	33	4分19秒	4分17秒		
	64	2200	2250	9.9	9.8	8.6	9.1	157	158	30	31	4分24秒	4分22秒		
	62	2100	2150	10.1	10	7.3	7.8	154	155	28	29	4分29秒	4分27秒		
	60	2000	2050	10.3	10.2	6	6.5	151	152	26	27	4分34秒	4分32秒		
	50	1960	2010	10.5	10.4	5.2	5.7	146	147	24	25	4分44秒	4分42秒		
	40	1920	1970	10.7	10.6	4.4	4.9	141	142	22	23	4分54秒	4分52秒		
不及格	30	1880	1930	10.9	10.8	3.6	4.1	136	137	20	21	5分04秒	5分02秒		
	20	1840	1890	11.1	11	2.8	3.3	131	132	18	19	5分14秒	5分12秒		
	10	1800	1850	11.3	11.2	2	2.5	126	127	16	17	5分24秒	5分22秒		

表17-1-3 国家大学生体质教科标准（男子）

等级	单项得分	肺活量/毫升 大一大二	肺活量/毫升 大三大四	50米/秒 大一大二	50米/秒 大三大四	坐位体前屈/厘米 大一大二	坐位体前屈/厘米 大三大四	立定跳远/厘米 大一大二	立定跳远/厘米 大三大四	仰卧起坐/次 大一大二	仰卧起坐/次 大三大四	800米 大一大二	800米 大三大四	体重等级	体重指数
优秀	100	5040	5140	6.7	6.6	24.9	25.1	273	275	19	20	3分17秒	3分15秒	正常 100分	17.9~23.9
	95	4920	5020	6.8	6.7	23.1	23.3	268	270	18	19	3分22秒	3分20秒		
	90	4800	1900	6.9	6.8	21.3	21.5	263	265	17	18	3分27秒	3分25秒		
良好	85	4550	4650	7	6.9	19.5	19.9	256	258	16	17	3分34秒	3分32秒	低体重 80分	≤17.8
	80	4300	4400	7.1	7	17.7	18.2	248	250	15	16	3分42秒	3分40秒		
	78	4180	4280	7.3	7.2	16.3	16.8	244	246			3分47秒	3分45秒	超重 80分	24.0~27.9
	76	4060	4160	7.5	7.4	14.9	15.4	240	242	14	15	3分52秒	3分50秒		
	74	3940	4040	7.7	7.6	13.5	14	236	238			3分57秒	3分55秒		
	72	3820	3920	7.9	7.8	12.1	12.6	232	234	13	14	4分02秒	4分00秒		
及格	70	3700	3800	8.1	8	10.7	11.2	228	230			4分07秒	4分05秒	肥胖 60分	≥28.0
	68	3580	3680	8.3	8.2	9.3	9.8	224	226	12	13	4分12秒	4分10秒		
	66	3460	3560	8.5	8.4	7.9	8.4	220	222			4分17秒	4分15秒		
	64	3340	3440	8.7	8.6	6.5	7	216	218	11	12	4分22秒	4分20秒		
	62	3220	3320	8.9	8.8	5.1	5.6	212	214			4分27秒	4分25秒		
	60	3100	3200	9.1	9	3.7	4.2	208	210	10	11	4分32秒	4分30秒		
不及格	50	2940	3030	9.3	9.2	2.7	3.2	203	205	9	10	4分52秒	4分50秒		
	40	2780	2860	9.5	9.4	1.7	2.2	198	200	8	9	5分12秒	5分10秒		
	30	2620	2690	9.7	9.6	0.7	1.2	193	195	7	8	5分32秒	5分30秒		
	20	2460	2520	9.9	9.8	-0.3	0.2	188	190	6	7	5分52秒	5分50秒		
	10	2300	2350	10.1	10	-1.3	-0.8	183	185	5	6	6分12秒	6分10秒		

表 17-1-4　加分指标评分表

加分	男生 （引体向上/次）		女生 （1分钟仰卧起坐/次）		男生 （1 000米/分·秒）		女生 （800米/分·秒）	
	大一	大二	大一	大二	大一	大二	大一	大二
10	10	10	13	13	-35秒	-35秒	-50秒	-50秒
9	9	9	12	12	-32秒	-32秒	-45秒	-45秒
8	8	8	11	11	-29秒	-29秒	-40秒	-40秒
7	7	7	10	10	-26秒	-26秒	-35秒	-35秒
6	6	6	9	9	-23秒	-23秒	-30秒	-30秒
5	5	5	8	8	-20秒	-20秒	-25秒	-25秒
4	4	4	7	7	-16秒	-16秒	-20秒	-20秒
3	3	3	6	6	-12秒	-12秒	-15秒	-15秒
2	2	2	4	4	-8秒	-8秒	-10秒	-10秒
1	1	1	2	2	-4秒	-4秒	-5秒	-5秒

注：引体向上、1分钟仰卧起坐均为高优指标，学生成绩超过单项评分100分后，以超过的次数所对应的分数进行加分；1 000米跑、800米跑均为低优指标，学生成绩低于单项评分100分后，以减少的秒数所对应的分数进行加分。

第二节　《国家学生体质健康标准》大学生测试项目及锻炼方法

一、《国家学生体质健康标准》测试的操作方法

（一）身高标准体重

身高是反映人体骨骼生长发育和人体纵向高度的主要形态指标，体重是反映人体横向生长和重量的指标。身高标准体重将身高和体重综合起来，测试值以每厘米身高的体重分布，直接查表就可以判断学生体形的匀称度，确定体重是否超重或过轻。该指标对于学生形成正确的身体形态观具有非常直观的教育作用。

1. 身高测试方法

受试者赤足、立正姿势站在调整好的身高计的底板上，上肢自然下垂，足跟并拢，足尖分开约成60度，足跟、骶骨部及两肩胛区与立柱相接触，躯干自然挺直，头部正直，两眼平视，耳屏上缘与两眼眶下缘最低点呈水平位。测试人员站在受试者右侧，将水平压板轻轻沿立柱下滑，轻压于受试者头顶。测试人员读数时双眼应与压板水平面等高。读数以厘米为单位，精确到小数点后一位。测试误差不得超过0.5厘米。

2. 身高测试注意事项

（1）严格掌握"三点靠立柱""两点呈水平"的测量姿势要求。测试人员读数时，两眼一定与压板等高。

（2）水平压板与头部接触时，松紧要适度。

（3）测量身高前，受试者不应进行体育活动和体力劳动。

3. 体重测试方法

测试时，将杠杆秤放在平坦地面上，调整0点至刻度尺水平位。受试者赤足，男性受试者身着短裤，女性受试者身着短裤、短袖衫或背心，站于秤台中央。测试人员放置适当砝码并移动游标刻度尺至平衡。读数以千克为单位，精确到小数点后一位。电子体重计读显示数值即可。测试误差不超过0.1千克。

4. 体重测试注意事项

（1）测量体重前，受试者不得进行剧烈体育运动和体力劳动。
（2）受试者站在秤台中央，上、下杠杆称时动作要轻。
（3）每次使用杠杆秤时均需校正。测试人员每次读数前都应校对砝码重量，避免差错。

（二）肺活量

1. 测试方法

各种肺活量计在每次使用前都必须进行测试检验，仪器误差不得超过3%。使用电子肺活量计时，首先将肺活量计接上电源，按电源开关，肺活量计通电并进入工作状态。测试时，先将口嘴装在叉式管的进气端，受试者手握叉式管，保持导压软管必须在叉式管上方位置，以免口水或杂物堵住气道，面对肺活量计站立，头部略后仰，尽力深吸气，直至不能吸气为止；然后将嘴对准口嘴，以中等速度和力度深呼气直到不能呼出为止。此时液晶显示器上显示的数字即为肺活量毫升值。测试两次，选取最大值作为测试结果。读数以毫升为单位，不保留小数。使用桶式肺活量计时，注意在浮筒停稳后，再进行读数。

2. 注意事项

（1）测试前，受试者应了解测试方法和工作要领，可做必要的练习。
（2）受试者吸气和呼气均应充分，呼气不可过猛，并防止从嘴与口嘴接触部位漏气，防止用鼻呼气。呼气时允许弯腰，但呼气开始后不得再吸气。测试人员应注意观察，防止因呼吸不充分、漏气或再吸气影响测试结果。

（三）50米跑

1. 测试方法

受试者至少两人一组测试。站立起跑，受试者听到"跑"的口令开始起跑。发令员在发出口令的同时要摆动发令旗，计时员视旗动开表计时。受试者躯干到达终点线的垂直面停表。测试结果以秒为单位，精确到1/10秒。

2. 注意事项

（1）受试者测试时最好穿运动鞋或平底布鞋，赤足亦可，但不得穿钉鞋、皮鞋和塑料鞋。
（2）发现有抢跑者，要当即召回重跑。
（3）遇风时一律顺风跑。

（四）立定跳远

1. 测试方法

受试者两脚自然分开站立于起跳线后，脚尖不得踩线，然后两脚原地同时起跳，不得有垫步或连跳动作。丈量起跳线后缘至最近着地点后缘的垂直距离。每人试跳三次，记录其中最好一次成绩。以厘米为单位，不计小数。

2. 注意事项

（1）发生犯规时，此次成绩无效。三次试跳均无成绩者，再跳至取得成绩为止。
（2）可以赤足，但不得穿钉鞋、皮鞋和塑料鞋。

（五）坐位体前屈

1. 测试方法

受试者上体垂直坐，两腿并拢伸直，两脚平蹬测试纵板，两脚尖分开 10～15 厘米，上体前屈，两臂伸直向前，用两手指尖轻轻地向前推动游标，直到不能前推为止，保持这一姿势 3 秒。测量 3 次，取最大值，以厘米为单位，数值精确到小数点后一位。

2. 注意事项

（1）测试前应做短时间的热身活动。
（2）测试中动作要缓慢，以避免受伤。
（3）身体前屈，两臂向前推游标时，两臂用力要均匀，两腿不能弯曲。

（六）1 000 米跑（男）、800 米跑（女）

1. 测试方法

受试者至少两人一组进行测试，站立式起跑。当听到"跑"的口令后起跑。发令员在发出口令的同时要摆动令旗，计时员看到旗动开表计时，当受测者的躯干到达终点线垂直面时停表。测试结果以秒为单位。

2. 注意事项

（1）受试者测试时最好穿运动鞋或平底布鞋，赤足亦可，但不得穿钉鞋、皮鞋和塑料鞋。
（2）发现有抢跑者，要当即召回重跑。
（3）遇风时一律顺风跑。

（七）仰卧起坐

1. 测试方法

受试者全身仰卧于垫上，两腿稍分开，屈膝呈 90 度左右，两手手指交叉贴于脑后。另一同伴压住其踝关节，固定下肢。受试者起坐时，两肘触及或超过双膝为完成一次。仰卧时两肩胛必须触垫。测试人员发出"开始"口令的同时开表计时，记录 1 分钟内完成次数。1

分钟到时,受试者虽已坐起但肘关节未达到双膝者不计该次数,精确到个位。

2. 注意事项

(1) 如发现受试者借用肘部撑垫或臀部起落的力量起坐,该次不计数。
(2) 测试过程中,观测人员应向受测者报数。
(3) 受试者双脚必须放于垫上。

(八) 引体向上

1. 测试方法

受试者面向单杠,自然站立,然后向后摆动双臂,跳起,双手分开与肩同宽,正握杠,身体呈直臂悬垂姿势。待身体停止晃动后,两臂同时用力,向上引体(身体不能有任何附加动作)。当下颌超过横杠上缘时,还原,呈直臂悬垂姿势,为完成1次。测试人员记录受试者完成的次数,以次为单位。

2. 注意事项

(1) 若受试者身高较矮,不能自己跳起握杆,测试人员可以提供帮助。
(2) 测试时,受试者要保持身体挺直,不得屈膝、挺腹等。若借助身体摆动或其他附加动作完成引体,该次不计数。
(3) 测试时应有相应的保护措施,防止伤害事故的发生。
(4) 下降过程身体不能猛然放松,身体要稍微紧张,双脚迅速向前伸(幅度不要过大,以免造成违规)。

二、《国家学生体质健康标准》测试项目的锻炼方法

(一) 1 000 米跑(男)、800 米跑(女)

1 000 米跑、800 米跑项目,既测试有氧耐力水平,也测试无氧耐力的水平。由于耐力是衡量人的体质健康状况和劳动工作能力的基本因素之一,是从事各项运动必不可少的一种运动素质,因此,测试耐力水平对于评价学生的体质健康状况有着非常重要的意义。

长跑测验既可以反映肌肉耐力,又可以反映呼吸系统和心血管系统的机能水平,测试方法简单易行,具有其他测验项目不可替代的作用。更为重要的是,《标准》把长跑测试作为一种手段,引导学生更多地关注自己的耐力和心肺功能,主动积极地参加长跑等体育锻炼,发展体能,增强耐力,提高体质健康水平。

锻炼方法主要有以下几种。

(1) 匀速跑 800~1 500 米:全程都以均匀的速度跑。
(2) 中速跑 500~1 000 米:要跑得轻松自然,动作协调,放开步子跑。
(3) 重复跑:反复跑几个段落,如 200 米、400 米或 800 米等,中间休息时间较长。跑的距离、重复次数、快慢、强度可根据自己的情况而定,发展速度耐力。
(4) 加速跑 60~80 米:反复跑,中间有较短时间的间歇。
(5) 变速跑 1 500 米~2 500 米:要求快跑与慢跑结合,如采用 100 米慢跑、100 米快跑

或100米慢跑、200米快跑等方法交替进行,发展速度耐力。

(6)越野跑:利用自然地形条件进行练习,如在公路、田野或山坡上进行跑步练习,可以发展耐力、灵敏、弹跳等素质。

(7)跑台阶、跑楼梯练习。

(二)肺活量

肺活量是指在不限时间的情况下,一次最大吸气后再尽最大力量所呼出的气体量。肺活量是反映人体生长发育水平的重要机能指标之一。

锻炼方法:经常运动的人比一般人的肺活量要大,呼吸次数、呼吸深度、肺活量和肺通气量这四个指标都会出现良好的变化。长跑、游泳、健美操、跳绳、跑楼梯、上下台阶、长距离竞走、篮球和足球等项目都是提高人体肺活量的有效方法。

(三)50米跑

50米跑是国际上通用的测试项目,通过较短距离的高强度跑测试速度素质。

速度素质可以反映人体中枢神经系统的机能状态和神经与肌肉的调节机能,也可以综合反映人体的爆发力、灵敏和柔韧等素质。

锻炼方法有以下几种。

(1)小步跑:体会前脚掌快速扒地的动作,上下肢放松协调配合。

(2)高抬腿跑:提高大腿高抬的幅度,增强腿部力量和动作频率。

(3)后蹬腿跑:纠正后蹬用力不充分和"坐着跑"等缺点,增强腿部力量。

(4)小步跑转入加速跑,50~60米。

(5)高抬腿跑转入快速跑,50~60米。

(6)后蹬腿跑转入快速跑,50~60米。

(7)顶风跑、顺风跑、上坡跑、下坡跑。

(8)30米、50米计时跑。

(9)重复跑60~80米:以中等速度反复练习。

此外,还可采用负重练习,以增强腿部力量。方法参照立定跳远项目的锻炼方法。

(四)立定跳远

立定跳远是发展下肢肌肉力量、腰腹力量、协调性及跳跃能力的指标之一,是测试爆发力的项目。爆发力要求在最短时间内发挥最大的力量。爆发力不仅是取决于力量,而是取决于力量和速度的结合。它在人们的日常生活、劳动中有重要的意义和作用。

采用快速力量的各种跳跃练习以及负重练习,能够有效地发展腿部肌肉力量和肌肉速度,提高弹跳能力。立定跳远的锻炼方法有以下几种。

(1)深蹲跳:全蹲下去,双脚同时用力向上跳起,连续做。

(2)单脚跳:用左脚连续向上或向前跳一定的次数,再换右脚做连续跳。

(3)多级跨步跳:连续以最少的步数,跨出最远的距离。

(4)多级蛙跳:屈膝半蹲,上体稍前倾,双脚同时用力蹬地,充分伸直髋、膝、踝三关节，同时两臂迅速上摆。身体向前跃出，双腿屈膝落地缓冲后再接着向前跳。

（5）跳台阶：原地双脚起跳，跃上台阶或其他物体，然后再跳下，反复进行。

（6）跳绳：各种方式、方法的跳绳练习。

（7）身体负重跳：肩负杠铃或沙包、腰和腿绑沙袋、身穿沙衣等做各种跳跃练习。

（五）坐位体前屈

坐位体前屈是反映人体柔韧性的测试项目。柔韧性是指人体完成动作时，关节、肌肉、肌腱和韧带的伸展能力。一个人的柔韧性越好，关节的活动幅度越大，关节灵活性越强。

柔韧素质与健康的关系极为密切。柔韧性的提高，对增强身体的协调能力，更好地发挥力量、速度等素质，提高技能和技术，防止运动创伤等都有积极的作用。

锻炼方法主要有以下几种。

（1）正压腿：一腿直立，另一腿举起放于高度适当的高物上，身体正对高腿，上体向前尽量用胸部贴腿，双膝不得弯曲，还原后连续再做。

（2）侧压腿：一腿直立，另一腿举起放于高度适当的高物上，身体侧对高腿，上体尽量侧屈，用头的一侧贴腿。不要前倾或后仰，还原后连续再做。

（3）正踢腿：直立，两臂平举，左脚向前迈出一小步，右腿绷脚面伸直，急速有力地向上踢腿，落下时要有控制。两腿交替练习。

（4）并腿体前屈：两腿并立，上体前屈，两手触地，上体与脚尽量贴近，还原后连续再做。

（5）两腿左右开立，大于肩宽，上体前屈，臀部自然后移，双膝伸直，两手先向左腿外侧摸地面，还原后再向右腿外侧摸地面，连续做。

（6）双腿伸直坐于垫上或床上，上体前屈，两臂向前伸，尽力用双手触脚尖，膝关节不得弯曲，还原后连续做。

（六）仰卧起坐（女）

仰卧起坐是测试腹肌力量和耐力的一个项目。测试方法简单易行，多年来在学校体育的锻炼和测验中一直受到重视。

锻炼方法主要有垫上练习、垫上负重和其他器械练习。

1. 垫上练习

（1）直腿仰卧起坐：仰卧于垫上，双腿并拢伸直，两臂上举。上腹用力，使上体坐起，两臂前伸用手触脚。还原后连续做。

（2）仰卧团身：两手上举仰卧于垫上，双腿并拢屈膝，大小腿成90度，收腹起上身，同时双膝往上提，臀部随之离地，两臂抱腿，头尽量碰膝，仅腰部贴地，还原后再连续做。

（3）仰卧起坐：两手抱头仰卧于垫上，双腿屈膝大于90度，左膝上提，同时收腹夹肘起上身，尽力用右肘碰左膝。还原后，右膝上提，同时收腹夹肘起上身，尽量用左肘碰右膝。连续做。

（4）仰卧举腿：直体仰卧于垫上，两手抓垫，连续做向上直腿举腿动作。

2. 垫上负重和其他器械练习

（1）斜板仰卧起坐：两臂上举，仰卧在稍有高度的斜板上，脚朝上，头朝下，将双脚固定。当上身起坐时，两手尽量往脚尖伸去。还原后连续做。

（2）支撑举腿：两臂伸直，支撑在双杠或其他物体上，身体保持正直，双腿并拢后，快速收腹举腿，使大腿与上体成90度，保持几秒钟后，还原再做。

（3）悬垂举腿：双手正握单杠或肋木（背向肋木）呈悬垂，双腿伸直，最大限度地向上举起，还原再做。

（4）仰卧双腿举重物：仰卧于垫上，双手抓住固定物体，双腿夹重物或踝关节绑沙袋向上举起后放下，连续做数次或数十次。

（5）负重仰卧起坐：仰卧于垫上，双腿伸直，双手在头后持重物。腹肌迅速收缩，使上体坐起并前屈，然后再慢慢还原。反复练习。

（七）引体向上（男）

引体向上主要测试上肢肌肉力量的发展水平。引体向上是最基本的锻炼背部肌肉的方法，也是衡量男性体质的重要测试项目。

引体向上要求有一定的握力、上肢力量和肩带力量，这个力量必须能克服自身的体重。引体向上是一种力量耐力项目，对发展上肢悬垂力量、肩带力量和握力有重要作用。它以按动作规格完成的次数来计算成绩，做得多则成绩好。

锻炼方法：练习引体向上时，一般每次3～5组，每组8～12次，组间休息1分钟左右。也可以第一组时做到几乎竭尽全力（无论是3个还是4个），然后再做两组，每组尽力而为，能做多少就做多少。下次再做时，尝试每组多做一两个。

当引体向上次数超过12次每组时，即可考虑负重练习。一般要做3～8组，每组8～12次，组间休息1～2分钟。休息时间因人而异。也可按照规定次数做，例如，第一组采用顶峰收缩法做8次，有余力也不多做，组间休息1分钟，第二组也做8次，直至最后几组，用尽全力，即便借助外力，动作不太规范，也要完成规定的8次，总共做50次左右。

参 考 文 献

[1] 李大威. 北方高校体育与健康 [M]. 北京：清华大学出版社，2018.

[2] 赵学森，蒋东升，凌齐. 体育文化与健康教育 [M]. 北京：北京理工大学出版社，2015.

[3] 何少颖. 新编大学生心理健康教育与训练 [M]. 2版. 北京：高等教育出版社，2017.

[4] 黄伟明，郑印渝. 新编大学体育与健康教程 [M]. 镇江：江苏大学出版社，2014.

[5] 邹琳. 艺术体育 [M]. 北京：高等教育出版社，2017.

[6] 庄静，段全伟，王佳，等. 大学体育教程 [M]. 北京：清华大学出版社，2018.

[7] 李亮，许宇斌，高琪. 大学生综合体能训练与体质测试的方法 [M]. 北京：中国水利水电出版社，2016.

[8] 徐春华，单小忠. 大学体育与健康教程 [M]. 北京：中国水利水电出版社，2016.

[9] 孟献峰. 田径 [M]. 徐州：中国矿业大学出版社，2015.

[10] 张振县，卿洪华. 大学生体育与健康教程 [M]. 长沙：中南大学出版社，2016.

[11] 钟利，欧国强. 体操 [M]. 北京：科学出版社，2017.

[12] 毕仲春. 篮球 [M]. 北京：北京体育大学出版社，2016.

[13] 朱明江. 高校篮球运动教学开展的理论与实践 [M]. 北京：中国水利水电出版社，2017.

[14] 何维彦，谢大伟，孙成. 排球 [M]. 北京：清华大学出版社，2015.

[15] 排球运动教程编写组. 排球运动教程 [M]. 北京：北京体育大学出版社，2016.

[16] 齐效成，高巍，张陶淘. 足球 [M]. 北京：清华大学出版社，2015.

[17] 郑焕然，程会娜. 大学体育文化与运动教程 [M]. 北京：清华大学出版社，2018.

[18] 陈建强，魏琳. 网球教学与练习 [M]. 上海：复旦大学出版社，2017.

[19] 唐建军. 乒乓球 [M]. 北京：北京体育大学出版社，2016.

［20］陈庆伟，张瑞瑛．大学生体育与健康教程［M］．沈阳：东北大学出版社，2016.

［21］司红玉，韩爱芳．武术［M］．重庆：重庆大学出版社，2017.

［22］姜桂萍．体育舞蹈［M］．2版．北京：高等教育出版社，2017.

［23］张岩．高校跆拳道竞技教程［M］．北京：旅游教育出版社，2017.

［24］陈晨．自由式轮滑教程［M］．北京：高等教育出版社，2017.

［25］刘静民，李晓甜．大学生体育与健康［M］．上海：同济大学出版社，2017.

［26］张驰．大学体育与健康教程新编［M］．北京：高等教育出版社，2017.

［27］杜大勇，韩喆．"互联网+"大学体育互动教材［M］．北京：人民日报出版社，2018.